片桐ユズル

基礎英語の教え方
Teaching Basic English

松柏社

To the memory
of
my father,
a wayfaring stranger

まえがき

あなたの人生のうちで最高のことを3つあげてくださいと言われて，ひとつはわたしの通訳をほめられたことだった。アレクサンダー・テクニーク・インターナショナル（ATI）代表のジェニファー・ミゼンコさんは，まるで仏陀がとなりに座って通訳してくれてるみたいだったと言った。サイコシンセシスの世界的権威ピエロ・フェルッチ先生は，"For Yuzuru, a great Zen translator,"と書いて著書をくださった。彼はオルダス・ハクスリーのUCサンタバーバラ校における連続講演『人間の状況』の編集者としても知られている。また，めがねなしの視力回復の日本でのワークショップは参加者がとてもよく理解しているので，これはユズルの『アイ・ボディ』（誠信書房，2008年）の翻訳がよかったからにちがいないとピーター・グルンワルドさんはいつも言っている。わたしはいわゆる翻訳をしたのではなくて，彼らがいっていることのなかみ，その指し示すことがらを，わたしのことばで説明しただけだった。

これはオグデンとリチャーズの『意味の意味』にある，「意味の三角形」から学んだことだった。ことばの意味は，それが指し示す指示物にあるということだ。わたしは満州事変の年に生まれ，日中戦争のはじまった年に小学校に入り，太平洋で日本軍が負けはじめた年に中学校に入った。事実をはっきり見させないための，もやもやのことばのなかでわたしたちは育てられた。勝ち目のない戦争が長びいて来たとき，軍事教練の教官は「この戦争は勝つと思うか，負けると思うか？」ときいた。答えは二つに一つしかないが，だれも勝つとは思えず，しかし負けると

いったら殴られるにきまっている。「勝たねばならないと思います」という答えが教官をよろこばせた。論理的な質問の顔をしながら，じつは論理を求めていない。このすりかえは親や教師がしばしばやることだ。「いいと思っているのか？」はYes–No questionではなくて，「おまえは悪い」と非難している。「何をしているのだ？」は質問ではなくて，「していることをやめろ」という命令だ。戦争が終わり，大学へ行くようになると，いわゆる「ことばの魔術」によってわたしたちは操られ，戦争へ向かわされたということがわかってきた。そうならないためには明快な「報告の言語」を使わねばならないと思った。

　もうひとつ言語をわかりにくくしていたものに，「歴史的仮名遣ひ」と多くの難しい漢字があった。この問題は戦後の当用漢字による制限と，現代仮名遣いの制定により，非常にらくになった。これら表記法の改革も，憲法と同様にアメリカによる押し付けだというひとたちがいるが，じつは戦争中からすでに文部省自身が日本語表記の現状を憂い，改革の方向を探っていた。表記法の改革により読み書きが容易になり知識の伝達がひろまったことが，戦後の日本の経済的発展を支えたことはまちがいない。わたし自身としては，漢字はもっとへらすことが可能であるし，それにともなって日本語がもっとわかりやすくなってほしい。その過程として，本書での表記はそのときどきの揺れをそのままにしておいた。

　わたしの父は英語教師であった。わたしが小学校に入ったときに英語の教科書を読ませようとしたが，"This is a book,"の/th/の音など，へんな音を出すと自分が自分でなくなるような気がして抵抗したので，彼はあきらめた。中学校に入ったときにまた彼は試みたが，今度はわたしは抵抗しなかった。彼は教科書をくりかえしくりかえし音読させた。いつのまにかわたしは，テキストをすみからすみまで暗記してしまっていた。すると英作文はテキストの一部を置き換えれば出来てしまったし，文法をならえば，その例文はあのレッスンの，あのセンテンスが思い出

された。

　父は英国のスタンボロ・カレッジを出ていたが，日本での学歴がなかったので，教員免許がもらえず，普通の中学・高等学校では正式に教えることができなかった。大学教授たちが英文学を講義しても，英語がしゃべれないことを軽蔑していた。斎藤秀三郎を尊敬して，「英語は前置詞だ」といっていた。正則英語学校で教えることができたのを誇りにしていた。彼の受験英語のクラスは超満員で，廊下の窓からも首を出して聞いているひとがいたとか自慢していた。わたしの高等学校受験が近づくと，当然のことながら彼は受験英語を教えようとして，当時定番の「村井・メドレー」の問題集をもちだした。そこには（　）のなかに関係代名詞を入れる問題があり，物のあとにはwhich，人間のあとにはwhoを入れればよいに決まっているとわたしは思った。ところがそうはいかなくて，anythingとか，anybodyのように，anyがきたら，thatにならなくてはいけないのだった。これは卑怯ではないか！　この落とし穴にわたしは怒った。のちになってベーシック・イングリッシュでは，thatは関係代名詞としては使わないというルールがあることを知った。落とし穴がここにもあります，あそこにもあります，ということを教えることで受験英語という大きな産業が成り立っている！　それよりは，落とし穴など気にしないで安全確実に歩ける道を示す地図として，ベーシック・イングリッシュにわたしはたよることにした。

　そのつもりになれば知識はだれの手にも入るようになっていてほしい，というのがベーシック・イングリッシュをはじめたひとたちのねがいであった。しかしわたしたちは世界は落とし穴だらけだと思い込み，学習とは落とし穴の存在を認知することだと思い込み，"Royal Road"の存在に気づきにくい。このようなメタ認知は変わってほしい。しかしメタ認知が変わるためには，実際に道を歩いて安全確実を体感してもらうよりほかはない。というわけで本書は，鳥の目のように高いところから見はじめて，リチャーズ意味論の読み解きを経て，教室で教材のペー

ジを虫のように一歩一歩あるきまわることにつきあっていただくように配列しています。さらに詳しくは，片桐ユズル・吉沢郁生共編『GDM英語教授法の理論と実際』（松柏社，1999年）をごらんください。GDMによる外国語としての日本語教科書としては片桐ユズル『はじめてのにほんご　改訂版』（大修館書店，1993年）がある。

　本書の文章のほとんどはGDM英語教授法研究会/日本ベーシック・イングリッシュ協会の年刊論文集に出たものであり，いくつかは京都精華大学の研究紀要に発表されたものです。実践と発表の場をいただいたことに感謝しています。最後にならんでいる英文は，全部ベーシックで書いたものです。第5-8章は『メディアとしてのベーシック・イングリッシュ』（1996年）に再録されていたものです。転載を快諾してくださった京都修学社の三宮庄二さんに感謝いたします。なお第9-11章のリチャーズ意味論の読み解きは，同社発行の『見てわかる意味論の基礎とBASIC English』（2002年）における『意味の意味』の絵解きとあわせて完結するものです。

　English Through Pictures，*Spanish Through Pictures*からの転載についてはIBCパブリッシングからの許可をいただきましたことを感謝いたします。わがままな本を出してくださった松柏社社長の森信久さん，編集の里見時子さん，お手数おかけしました。ほんとうにありがとうございます。

2013年6月22日夏至と満月のあいだ

片桐ユズル

http://www.kyoto-seika.ac.jp/yuzuru/

基礎英語の教え方

目　次

まえがき ─────────────────────── iii

第 1 章　狭き門から入る：BASIC English ──────────── 1
第 2 章　はじめにことばがあった？ ──────────── 11
第 3 章　英会話は言文不一致？ ──────────── 16
第 4 章　外国語はホリスティック教育にならない？ ────── 20

第 5 章　オーウェルの「政治と英語」と名詞中心構文 ────── 23
第 6 章　ヘンリー・ヒギンズの時代 ──────────── 30
第 7 章　Question-and-Answer の問題点 ──────────── 41
第 8 章　言語と認知の共育：GDM の認知的段階づけ ────── 68

第 9 章　外国語学習は創造的であり得るか？
　　　　　―『修辞学の哲学』を読み解く ──────── 85
第10章　指示的用法から教える―『実践批評』を読み解く ──── 105
第11章　アメリア・アレナス：総合学習としての実践批評 ──── 143

第12章　Language for Learning：*EP* の使い方 ──────── 149
第13章　Where Are We ?―I. A. リチャーズの立場をはかる ── 159
第14章　習慣ではない言語習得 ──────────── 169
第15章　新世紀の GDM/BASIC：学習の仕方を学習する ───── 176

第16章　場面をあらわすセンテンスと場面をひらくセンテンス ── 186
第17章　抽象語の教え方：*English Through Pictures* とメタ言語 ── 189
第18章　GDM の AV 教材：GDM の易行道と難行道 ──────── 201

第19章	大学で基礎英語をやっても恥ずかしくない	206
第20章	升川潔さんと天国行き特急列車	220
第21章	原田弘さんのこと	222
第22章	吉沢美穂さんとわたし—1950年代—	224
第23章	杉山玉朗先生のリチャーズ	230
第24章	Changes in the Newly Printed *English Through Pictures*	233
第25章	Questioning the Question-and-Answer Work	240
第26章	Sensing or "Sensory Awareness"	242
第27章	Language Learning Is Not an Automatic Behavior	246
第28章	The 100th Year of I. A. Richards' Birth	250
第29章	Where Has the Rimbaud of Literary Criticism Gone? — I. A. Richards and "World English"	254
第30章	I. A. Richards' Uncollected Writings on Teaching English	256
第31章	Teaching the Referential Use in the Early Stage of a Second Language Learning	265
第32章	Learning a New Language is More Like a Play than Work	266
第33章	I. A. リチャーズ小伝	268
第34章	ベーシック・イングリッシュとは	270
人名索引		274
BASIC English Word List		280

第1章 狭き門から入る:
BASIC English

　狭い門から入りなさい。滅びに通じる門は広く，その道も広々として，そこから入る者が多い。

　しかし，命に通じる門はなんと狭く，その道も細いことか。それを見いだす者は少ない。(マタイによる福音書7.13-14, 新共同訳, 1999)

　Go in by the narrow door; for wide is the door and open is the way which goes to destruction, and great numbers go in by it.

　For narrow is the door and hard the road to life, and only a small number make discovery of it. (*The Bible in Basic English*, Cambridge University Press, 1949)

　BASIC Englishは850語の狭い門です。多くのひとびとは語彙とか道具立ては多ければ多いほどよいと思っています。それが広い道ですが，なかなかうまくいきません。たいていのひとは状況の数だけ言い方が必要だと思っていますが，状況は無限にあります。それに対してわたしたちは数少ない道具を選びぬき，それによってほとんどの状況に対応しようとします。

　しかし，これを良い考えだと思い，いきごんでBASICの門を入ろうとするひともいます。しかし入りかけてみると，持って入れない身近な語がたくさんあります：chair, car, like, want, know, too, next, just, each, etc., etc. これらは門の外においてこなくてはなりません。中へ持

って入れる語でも，狭い通路ですから，動詞としてやたらに振りまわしたりするとルール違反になります。Playはあるけど，play baseballはだめ，thoughtはあってもthinkしてはいけない，teachingはしてもtaughtはありえない，など，など。これでは，いいたいことは何もいえないじゃないか，と怒りだすひとは多いのです。

しかし，ふりかえって思い出してみてください。あなたは母語であっても，いいたいことが言えていますか？　ことばにならない思いでいっぱいになり，泣き出してしまったことはありませんか？　議論で言い負かされ，ことばにならない口惜しさでくちびるを噛んだことはありませんでしたか？　ことばよりも手が先に出てしまったことはありませんでしたか？　先生に質問しようにも，うまくことばにならなかったことはありませんか？

BASICだから，いいたいことがいえないというよりは，母語ならば自由に使えているという幻想に気づいてほしいのです。言語そのものの不自由さをBASICは思い知らせてくれるのです。

ヴィトゲンシュタイン（Ludwig Wittgenstein, 1889–1951）は*Tractatus Logico-Philosophicus*（論理哲学論考）で言語の限界を明らかにしようとしました。「へー，言語に限界なんてあるの？」と思う人がいるくらい大変な考えだった本書を翻訳して英語圏に紹介したのはC. K. オグデン。1922年のことで，翌1923年には『意味の意味』が出ました。ヴィトゲンシュタインの有名な前書きです：

Was sich überhaupt sagen lässt, lässt sich klar sagen; und wovon man nicht reden kann, darüber muss man schweigen.

What can be said at all can be said clearly; and whereof one cannot speak thereof one must be silent. (tr. Ogden, 1922)

what can be said at all can be said clearly, and what we cannot talk about we must pass over in silence. (tr. Pears & McGuinness,

1974）

　およそ語られうることは明晰に語られうる。そして，論じえないことについては，ひとは沈黙せねばならない。（訳，野矢茂樹，岩波文庫，2003年）

　ドイツ語は「何もない」ということについて語ることができる言語だから「無」を論じる哲学が発達したと最近どこかで読んだ。それぞれの言語はそれぞれ言いあらわすのに得意／不得意な分野がある。1950年に「日本語は原爆より強力かも？」という論文でProfessor Emilio Aquinaldo Lanirは日本語はとらえどころがないゆえに，ことばと物を同一視しないですむと評価した（Yuzuru Katagiri, "Is the Japanese Language More Powerful than the Atomic Bomb? or 'Elephant Is a Long Nose,'" *Kyoto Journal*, No. 29, 1995）。

　われわれは母語によって敷かれた線に沿って自然を分割する。現象世界からわれわれが取り出す分類とか特徴といったものは，そこに厳然として存在するものではなくて，世界は印象のカレイドスコープ的な流動体として感覚されるものだから，それは精神によって秩序づけられなくてはならない。これは主として言語システムによって行われる。われわれは自然を分割し，それを概念にまとめ，意味づけをするが，それをする仕方は自分の属する言語共同体において共通して一致したものである。…この共通理解は暗黙のもので明文化されていないが，絶対的強制力をもっている（Benjamin Lee Whorf, "Science and Linguistics," 1940. 訳, ユズル）。

　詩人はすでに自国語だけの不便を感じていた。T. S. エリオット（T. S. Eliot, 1888–1965）は1922年に外国語まじりで『荒地』を出した。現代詩の大先輩エズラ・パウンド（Ezra Pound, 1885–1972）は自国語

だけに閉じこもる文学教育の不毛にがまんできなかった：

　人間の叡知の総体は，どれか一つの言語に込められているわけではない。そしてどの一つの言語も，人間の知識のいっさいの形態といっさいの度合いを表現する能力はもっていない。…

　人びとは，ある一つの言語に「定着」している考えを擁護することに狂信的なくらいの情熱を見せる。概して，その考えは「その国（どの国であれ）の偏見」である。

　さまざまに異なる風土，さまざまに異なる血は，さまざまに異なる欲求，さまざまに異なる自発性，さまざまに異なる不得意，さまざまに異なる衝動と嫌悪感の群れのあいだのさまざまに異なる比率，さまざまに異なる喉の構造をもっている。そしてこうしたものがすべて言語に影響を印し，ある種の伝達や記録への向き不向きを与えている（Pound, *ABC of Reading*, 1934. 訳，沢崎順之助『詩学入門』富山房，1979）。

　わたしは，現代の人間がたった一つの言語だけでものを考えることができるなどとは，ちっとも認めていないし，ほのめかしてもいない。新型のキャブレターは発明できるかもしれない。あるいは生物学研究所でりっぱに働くことさえできるかもしれない。でもたぶん，すくなくとも外国語を一つ学ばずには，後者のほうはしようとはしないだろう。現代科学は従来からつねに多言語的だった。すぐれた科学者ならばけっしてわざわざ一つの言語に閉じこもって，新発見のニュースに後れをとったりはしないだろう（Pound, *How to Read*, 1931. 訳，沢崎順之助，1979）。

　1929年秋から1930年12月までI. A. リチャーズは中国の清和大学で客員教授をした。このときの文化ショックに深いところから揺り動かされた。とらえがたい中国の考え方にどのように対応したらよいか手探りし

た本が『孟子の心理学』(Richards, *Mencius on the Mind: Experiments in Multiple Definition*, 1932)。

あまりにも手っ取り早く高級な外国文学を教えようとしても失敗ばかりで，やはりその外国語の入門からはじめなくてはならないという信念をリチャーズは中国経験から得た。ちょうどその頃1930年にBASIC Englishが発表されていた。BASICの芽はすでにオグデンと『意味の意味』を共著していたときに出ていたことであったから，リチャーズはただちに収穫にとりかかった：*Basic in Teaching: East and West*, 1935.

BASICでいいあらわすにも得意／不得意な分野があることをリチャーズはいっている：

> Apart from its use for the normal needs of international communication, travel, business, etc.—translation is most instructive with passages of expository or argumentative prose dealing with semi-abstract subjects.
>
> And it is least helpful with passages of emotional evocation concerned with special local objects and activities which employ large numbers of specialized names. Thus a sentimental reverie over a cricket-match would be about the worst example we could choose, and to put even a simple remark about a linnet fluting in a myrtle-bush into Basic would not be a profitable excercise. (*Basic in Teaching*, pp. 87-88)

クリケット競技についての感傷的な思い出とは，いわばスポーツ夕刊紙の書き方である。芳香性の常緑低木のギンバイカの茂みでムネアカヒワがさえずる感動をつたえたいのも，リチャーズの意味の四分法で言えば，感情的用法である。それに対して，物事を説明するとか抽象っぽい

議論，すなわち指示的用法においてBASICはもっとも教えるところが多いと，リチャーズはいっている。

中国人のイーユン・リーはなぜ中国語で書かずに英語で『千年の祈り』を書いたのか（Yiyun Li, A *Thousnad Years of Good Prayers*, 2005）。「中国語で書くときは自己検閲して」しまい，「書けなかった」と彼女はいう。そこには，これまで読んだ中国の小説にない非情でかつ優美な筆致を感じる，と批評家はいう（加藤典洋，朝日新聞，2007年8月27日）。カンボジア人の久郷ポンナレットさんは，母国語では感情が高ぶるが，日本語で辞書を片手に言い回しを考えると，すこし冷静になって本が書けるようになった，という（朝日新聞，2001年5月20日）。日本語で詩を書くアメリカ人のアーサー・ビナードさんは「母国語でのものの見方についたさびが落ちた状態になって始めて，ものそのものと向き合うことが可能でした」といっている（朝日新聞，2001年5月20日）。ちかごろ感情的表現における方言の豊かさに目が向けられることが多くなってきたが，一方で「沖縄の言葉には散文がなかった」という指摘があるように，方言においては小説の地の文を支えるべき客観的記述が難しい（朝日新聞1997年3月26日夕刊）。

「何がいえないか」よりも「何がいえるか」に注意を向けたい。たとえばわたしの場合，*English Through Pictures*（以後EPと略す）を習いはじめたころ感激したのは，"He is taking his hat off his head," のあたりで，"off" という，いかにも英語らしい語が使えるようになった。しかも "He took his hat off," にいたっては，それまで脱ぐときは "take off" という「熟語」を使うのだとやみくもに覚えさせられてきたのだったが，そうか "take 〜 off" の "off" が残ったのかと，なっとくがいった。Offというのは，それまで知っていたつもりのin/onにくらべて，"on" でないことをひとことであらわしてしまうのだ。「なになにでない」ということをひとことでいいあらわすことは他にも，"A clock has a face. It has no nose. It has no eyes. It has no mouth."

第1章　狭き門から入る: BASIC English

(EP1, 46) などの "no" などがあるが，ずっと先に出てくる "less" などにも向けて根まわしがされてしまうのだ。これをさらに突き進むとアリスの『鏡の国』にはいってしまい，"Nobody" をめぐっての混乱した議論にまきこまれてしまいかねない。

　というわけで，リチャーズの忠告にもどれば「われわれにとって一番たしかなことは物の大ざっぱな動きであって，自分の感情とか内省的なあれこれではない」あるいは「感情のはたらきを指示のはたらきに翻訳することだ」これは1933年の国際会議でリチャーズがいったことだ (John Paul Russo, *I. A. Richards: His Life and Work*, 1989, p. 412)。

　そこで彼がいったもうひとつのことは，BASICに選ばれている語は抽象度が高いから，文化に密着していない (*Ibid.*, p. 436)。そのためにクリケット競技の感動をつたえたいひとには不便をかけるが，「英語帝国主義」から距離を保つことができる。

　たとえることの能力のような，人類がすでにやってきた，かしこいことを，議論可能な科学にしなくてはならないとリチャーズはいった (*The Philosophy of Rhetoric*, p. 94)。わたしたちがやってきたGDM/BASICについて，ことばについては語り得る部分であり，ますます明快に語られるようになってきた。しかし論じ得ない部分については論じられないままに，わたしたちはバビロン川の岸辺にへたりこんで泣くよりほかはないのだろうか？　一方で，天と地のあいだにはホレーショの哲学では夢にも思わなかったことがあるのだよと，ハムレットはいった。

　ことのはじまりはwww.gdm-japan.netの談話室にEP1読者の木村さんからの質

図1

問があった：Book 1の51ページ３コマ目で"This man has his finger on his chin"とありますが，This man hasの"has"はいったい何なのでしょうか？　絵を見れば，男の人があごを触っている，というのは分かりますが，実際英語だけを聞いたときにおそらく私は理解できません。

　それに対して親切な答えがつみかさねられましたが，そのたびに木村さんはわからないを連発しました。つまり言語について説明するメタ言語，それについてまた説明するメタ・メタ言語，それについてまたまた説明するメタ・メタ・メタ言語と果てしなく，ややこしくなってきました。BASIC愛好家のあいだにベーシック・イングリッシュのメーリング・リストという限定メンバーどうしがネット上でやりとりをする仕組みがありますが，ここでも単語とかそれの用法がBASICのルールにあてはまるかどうかの議論で，もりあがります。"He has his finger on his chin"のはてしない議論に対して黒沢文子さんが痛快な書き込みをしました。

　　「わからない」んじゃなくて「わかった！」「そういう風に言うのか，英語では，いやー，初めて，の，ことに，出くわして，何たるシアワセ！　わーい‼」ってことだと思うんですけれど…

　ご本人が，英語を習いたい，それで『絵で見る英語』をご購入なさった方なら（日本人には謙虚の美徳があると思わず，失礼ですが，その謙虚さを，カーンと無視して，言ってしまえば，英語できないんだったら，）しのごの言わずに「へーえ，そう言うのかあ，いやー，日本語では，理解しにくい表現だから，きっと英語らしいのね，大発見って，思って，それ以降，その表現を使い続けて，日本人以外が，変な顔をしなければ，それでOK，あなたは，英語ができるようになったということだと思います。

　GDMは，単語を組み合わせて，英語表現ができるようになっていく方法のように，考える人もいるかもしれませんが，わたしは，そう

第1章 狭き門から入る: BASIC English

思っていません。「そういうときは，そう言う」「ローマに行ったら，ローマ人になる」方法で，日本人が，日本人的枠組みから，離れられて，発想でき，異文化の人とつきあえる最高の方法だと思っています。(中略)

　私は，小さいとき，たぶん，5年生のときに，この表現［He has his finger on his chin.］を知って「かっこいい」と思いました。それ以降，使っています。とても便利です。

　毎年，私の教室では，この部分は，結構，受けます。

　「きっと，そうなんだ」です。そこだけ，「おかしい，分からない」っていうのは，今英語が不得意であるに至った方法で得た知識で，つっついているように，私には感じられます。今，不得意で，この『絵で見る英語』でなら，何とか英語もモノにできそうと思って，手にとられたのなら，「わかんない」って思わずに，「初めて知りました」にしたら良いと思います。

　Great, Fumiko-san! とユズルは反応しました。それに対して文子さんの返信は「ちょっと，冷たい感じがするよねえ，せっかく，談話室は，もりあがって，にぎやかになったというのに，とは，思ったんだけれど，わたし，単語が，あーだ，こーだ，って言う理解の仕方で，ベーシック・イングリッシュを理解することも苦手で（室さんは，大好きだったけれど）特にGDMというreferentがあって，hearersを含めて，全体が，speech actionに参加する形態の外国語習得方法の枠の中で，Basic Englishを語るときには，どうも『みずから，進んで，やること』それが，一番と，思ってしまうんです。やった後に，わかることも，あると思う。」

　わたしたちはレンガを積み重ねて壁を作るようにセンテンスを作るのではないのです，というリチャーズのことばがわたしにわかるには長い

ことかかりました。わたしたちが普通にしゃべっているときには，単語を区切ってはいませんよ，ということもリチャーズはいっています。まず全体があって，そのあとで部分が見えてくるということです。だから彼はSEN-SITという単位で考えたのでしょう。

　そのあとで見えてくることについて，いわゆる言語レベルでのできごとについて語ることは明快にできる。しかしこの"I am here"とか"This is a man"とかいう簡単なことをいうことで，なぜそんなに元気が出て，みんなと仲良くなりながら，面白く学習をつづけていくようになるのか？　言語レベルでの達成を水面下でささえている，いわくいいがたい氷山の見えない部分こそ，黒沢文子さんが強調したいところでしょう。この部分の言語化は，いままでの語学的な方法論では不十分で，いわゆる教育学の方に道具がそろっているのだろう。たぶん最近は大学院などでそういうことをやっているところが多いのだろうが，GDMの紹介に十分に生かされていないみたいだ。このままではバビロン川の岸辺にへたりこんで泣くよりほかはないではありませんか？

(*GDM Bulletin*, No.60, 2008.)

図版

1. I. A. Richards and Christine Gibson, *English Through Pictures, Book 1* (IBC Publishing)

第2章　はじめにことばがあった？

　2002年6月9日のGDM『教育セミナー』のアンケートを見るかぎりでは，わたしの「講演: はじめにことばがあった——道具としての英語の意味を考える」の意図はつたわったように思える。しかし松川和子さんがもっと聞きたいというので，ここから先はわたしたちの内部的な話になる。それはどんな種類の英語をわたしたちは教えたいか（what to teach）の問題であって，いかに教えるか（how to teach）は影が薄くなる。あるいはなぜ英語を教えるか（why to teach）という議論の紛糾しやすい領域にはいる。

　わたしたちは*English Through Pictures*を使うことを選んでしまった。あるいはGDMをいいですねと思いながら，わたしたちのようにはまりこんでしまわないひとたちがいる。その差は根深いところにあって，議論で解決できるようなものではない。それぞれの立場が自分をはっきりさせると同時に，そうでない立場を否定しないことしかない。

　EPはBASIC Englishにもとづいている。「ほとんど」すべてのことは850語でいえるとはいえ，BASICに得意な領域と不得意な領域がある。道具の例でいえば，ナイフよりもハサミを使った方がよい場合がある。「ベーシックの価値はどんなタイプの文章を訳すかで大幅に異なってくる」とリチャーズは*Basic in Teaching: East and West*（1935）でいっている。

　もっとも役に立たないのは，特定の地域的な対象物とか活動につい

ての感情を思い出して，特定の名前を多数つかわなくてはならない場合だ。というわけで，クリケットの試合についての感傷的な思い出などは考え得る最悪の選択であろう。ギンバイカの茂みで歌うムネアカヒワについてベーシックで一言いうのも有益な練習とはいえない。(p.88)

「ベーシックが最も教育的に使われる場合は，国際的コミュニケーション，旅行，ビジネス以外では，いささか抽象的なことをあつかう説明的あるいは議論的な散文だ」とリチャーズはいっている（p.87）。

わたしたちはそのような道具で，ことをはじめた。そのような道具でひらいていく領域こそ，今の日本の教育でもっときちんとやらなくてはならないものだと，わたしは思う。オルダス・ハクスリーが理想郷をえがいた『島』では土着のパラ語と英語の2言語が平行して使われている。

　パラ語をはなすのは料理のさいちゅうとか，おかしな話をするときとか，恋について語るか実践しているときだ。(ついでながら，われわれは東南アジアでもっとも豊富な，エロティックでセンチメンタルな語彙をもっている)。しかし，商業とか，科学，思考的哲学の問題になると，われわれはたいてい英語ではなす。そして書くときは，たいていのひとは英語の方を好む。(片桐ユズル訳，人文書院，1980年，p.151)

つぎに「道具としての英語」とはどういうことなのか？　自分の言いたいことを言うために使う道具である？　道具でない英語とは，どのようなものであったか？　英語が主人で，自分がこき使われていた？　たとえば試験とか世間的なカッコウヨサなどで，英語がモノサシで自分が

第2章 はじめにことばがあった？

それによって計られていた？　今度は自分が主人になって，英語をこき使いたい？　しかし歴史は，使われていた者がつぎに主人になる話でいっぱいだ。自分の便利のためにした発明に，うっかりしていると今度は自分が支配されている。ヨハネ伝の出だしの「ことば」を「道具」におきかえてみる：

　　はじめに道具があった。道具はなかみとの関係において存在し，なかみをきめた。なかみは道具とともに成長した。

　もっとも有名な例は活字印刷という道具によってヒトのこころがどう変わったか，という話がある。もっと些細にみえる例は，19世紀末にはじまった自転車の普及による空間移動の自由が「個人」の意識をつよめ，女性の解放を促進し，同時にコダック・カメラにより誰でも自分のイメージを保存できることが「自尊心」の発達をたすけた。この話はRoger Burlingame, *MEN and MACHINES*, 1,000-word level のLadder Editionとして洋販から出ている。リライトしたAdolph Myersは長いことインドでBASIC運動にたずさわっていたひとで，さすがによみやすく書きなおしてある。必要は発明の母であるが，次の段階で発明がヒトを変える。

　考古学者は石器から原人の脳活動を推定し，そのような道具を使うことにより脳活動がどのように進化したかを論じる。もっと前の段階をおもえば，手足が移動の道具としてあったが，空間移動をすることによって脳活動が発展した。人工知能の研究においても，知能とは，人間がロボットにつめこむものではなく，ロボットの身体（道具）と環境の相互作用から，現れてくるもののようだ（本書，第15章）。

　ヒトはまず口鼻目耳手足がある。これらは道具だ。しかしこれらの道具を意のままに使えるようになるまえに，どの道具は何ができるか知るための長い実験期間がある。赤ちゃんの場合，自分の手足を使ってでき

ることと，自分がしたいとおもうこととのあいだに，それほどの差はない。しかしおとなの場合，自分の能力と欲求のあいだの差が大きすぎて病的になったりする。わたしたちが母語でかんがえることを英語という道具であらわそうというのは，精神病のおとなに似ている。

英語という道具には何ができるだろうか？

EP1, p.98で，The milk is good. John is happy. という文がある。むかしはここで，The milk is making John happy. というようにmakeの使役形を使って，ナントカmakes me happyのようなことを言って，たのしんだものだった。しかし最近わたしはこれをしない。というのは，これがカギとなって感情の世界が開けられると，いままでキチンと言えていた文章構造が一気にくずされ，broken Englishの大洪水になるからだ。これは英語という道具では扱わない方がよい世界だ。

教育テレビで「未来への教室」という番組があり，2002年5月だかにヒーラット・バーメイ（Geerat Vermeij, 1946–）という盲目の科学者が授業をした。彼は指先でいろいろな貝類にさわり，貝類の進化について説をたてた。日本の中学生からの質問で「目が不自由で一番困ることは何ですか？」バーメイ先生の答え：

目が不自由だと，できないことがたくさんあります。まず，車の運転ができません。それから図書館に行っても，自分が欲しい本を一人で見つけることができません。…私にはできないことがたくさんあります。でも私には，できることもまた，いっぱいあります。できないことを考えるより，できることをたくさん考えるようにしています。

英語は「日本人と日本語の持つ弱点を補う素質と性格を」持っている。と犬養道子は朝日新聞2002年7月17日の夕刊でいっている。支部

ニューズの前号で引用したリチャーズの原文を最後に見てほしい。

　Thus a sentimental reverie over a cricket-match would be the worst example we could choose, and to put even a simple remark about a linnet fluting in a myrtle bush into Basic would not be a profitable exercise.
（GDM英語教授法研究会西日本支部ニューズ，Nos. 342 & 343, 2002年8月 & 9–10月）

第3章　英会話は言文不一致？

　なんで会話，会話といって大騒ぎするのでしょう？　いままでふつうに英語教育でいわれてきた四技能，読み書き話し聞くのうちの手薄だった聞く話す能力を強めればよいことでしょう？　といってもなかなかなっとくしてもらえない。その背景には根強い「言文不一致」の歴史があると，わたしは思う。

　長いこと日本語は言文不一致であったのを，明治の偉大な文学者たちが大変な努力で言文一致の文体をつくりだした。ここには日本国の生存をかけての近代化の問題がかかっていた。いま英語コミュニケーションといってさわいでいるひとたちも，このグローバリゼーションの時代に日本の生存が英会話能力にかかっているような危機感をお持ちなのでしょう。しかしその解決策が言文一致の方向をむいていません。

　実は英語は世界の言語のなかでも，もっとも言文一致っぽいものなのです。それがひとつの理由でもあって，現在の世界共通語的な位置を獲得しました。しかし多くの日本人はなんとなく言文は不一致なものであるような意識を強く持っていますから，英「会話」は普通の英語とは別に練習しなくてはならないと思い込んでいるようです。しかし何でも見てやろうと世界中を股にかけ，爆撃される側のフツーのひとたちとの連帯をつくってきた小田実は，教科書以外の英語はいっさい習ったことがなかったのでした。英語は言文一致ですから，書いてあることを口で言えば会話になるのです*。

第3章　英会話は言文不一致？

　しかし英語を教える側でも，言文不一致を強調するひとたちがいました。「言語は本質的に話しことばである」として言語学は出発したものですから，書きことばとの相異を指摘することが面白くてたまりませんでした。

　綴り字と発音の不規則な関係は英語の難点のひとつですが，これを記述するために発音記号がつくられました。昭和のはじめに来日して以来長いこと日本の英語教育に影響をあたえつづけていたハロルド・E・パーマーには『英会話の理論と実際』（開拓社，1947）という本があり，これこそ科学的な信頼おける方法だと思って私はとびつきました。すると「もし現代の英国人が十七世紀に引き戻されたと仮定したら，社交上の極めて簡単な会話をするのにさえ，非常な困難を感じるであろう…もし，英国人が自分の国語を誤用して『不体裁なものとなる』としたら，外国の英学生が自国語とほとんど類似点のない英語を使う場合にいかに『不体裁なものとなる』かは言うまでもない」（pp.40–41）。これを読んでわたしは「英会話」をあきらめた。

　一方アメリカではミシガン大学のフリーズなどが新しい言語学にもとづいて，電話での会話をかたっぱしから録音にとり，それにもとづいて *Structure of English* (1952) を書き上げたとか聞いた。これこそほんとうに Grammar of Spoken English だと期待したが，なかみはそれほど今までの文法とちがうものではなかった。

　けっきょく終戦後にわたしたち世代を解放したのは5文型という考えで，これをひろめたのは *How to Write Good English* という文法を教える検定教科書だった。文型さえおぼえればよいというのは，これは便利だと思った。文型という考えはすでにパーマーたちからはじまっていたが，彼らは二十いくつも文型があるといっていて，これは多すぎた。ところが，すべてのことが，たった5つの文型で言える！　これは画期的なことであった。ところが5文型は今ではすごく評判が悪い。たぶん文型を使ってものをいう練習をするのではなくて，This is a hat と He got a hatはちがう文型だぞ，というような分類をさせて，生徒いじめの道具になっているのだろう．それにくらべてBASIC Englishでは，すべては"I will give a hat to him"の1文型で言えるというのだから，こんな便利なことはない！

　多少のぎくしゃくはあっても，なかみさえ伝わればよいではないか？　英語を母語としない話者として，わたしは『不体裁』に居直ることにした．なかみさえ伝わればよいということについては，I. A.リチャーズの意味の四分法にサポートされた（くわしくは第10章「指示的用法から教える」）．京都精華大学事務室で電話がかかったとき，外人講師とやりとりしている私の英語がすっかりわかったと職員たちがいっていた．ユズルさんは英語でしゃべっても，いつものユズルさんでいるから安心していられると友人がいった．世の中には英語でしゃべると別人みたいになる人がいるのですね？　それが「英会話」を何か特別なものに思わせるのだろうか？

　明治以来の言文一致の動きは敗戦によって仕上げのチャンスが来た．それまでわたしたちは古い「かなづかひ」と漢字を4000字もおぼえなくてはならないことで苦しめられていた．これら表記法の改革はアメリカによる押し付けだというひとたちがいるが，じつは戦前戦中からこの不一致をなんとかしなくてはならないと考えるひとたちは何人もいた．BASICは彼らに刺激をあたえた．たとえば英文学者，土居光知の「基礎日本語」(1933)はふつうのひとが考えをやりとりするための文体をつくりだそうとした．*English Through Pictures*の英語は書きことば的だとして記述言語学のひとたちは笑い物にするが，じつはオグデンがBASICを成立させるにあたって，当時のアメリカ人の話しことばで多用されていた"get"のお世話になっていた．言文一致は書きことばと話しことばのすり合わせであるから，両側も多少の不満はがまんして，より高度な統合をめざしたいものである．(3/27/2009)

第3章　英会話は言文不一致？

＊特別に「会話」を勉強しなくても，けっこう通じさせることができた例として，次のような物理学者がいた。

　尾崎［敏］は，大阪・船場の繊維問屋に生まれた。小学6年の時，太平洋戦争が始まる。戦後，大阪大理学部の学生になった。自宅が米軍に接収され，お隣に米国軍人が住む。中学時代に習った英語を使ってみると，けっこう通じる。阪大を訪れた米国人教授の通訳をしていると，留学を勧められた。55年春，米マサチューセッツ工科大へ。加速器の実験に取り組む。（「人脈記，素粒子の狩人⑧」朝日新聞，2009年4月15日夕刊）

　他に面白い例をわたしは2005年に書いた「ものそのものと向かいあう英語入門期の指導」と題した論文にのせた。これらが英語のプロの発言でないことに注意（本書，第10章，pp.105–106）。（*GDM Bulletin*, No.61, 2009）

第4章　外国語はホリスティック教育にならない？

　天野郷子さんの「外国語教育における『気づき』のプロセス」が『ホリスティック教育研究』第8号/2005年にのっていて，触発された。わたしはもはや新しい流行をもとめていないので，ホリスティックのいいだしっぺのミラーさんの本を読んでいるわけではないが，最近の北米発の「ホリスティック」と呼ばれる傾向には親近感を持つ。教育ということをすれば，それはかならず，そのひと全体に影響を及ぼすのだから，ホリスティックでないことはあり得ない。ただ，それを認めたくないとか，無視することが多い。

　たとえば外国語。外国語は道具だ。道具は，それを使うひととは切り離された物だ，とふつう考えられている。1959–60年にわたしがサンフランシスコ州立大学に留学したとき，そこはいわゆる「進歩主義教育」の本拠であることを誇りにしていた印象をうけた。デューイやらの進歩主義教育の波に乗り遅れていたわたしは，本で読んだ「机のない教育」にあこがれを感じていた。そこではどのように外国語が扱われるのだろうか？　それに対する答えは，外国語はどうやら「教育」プロパーのなかには入っていないらしいのだった。

　似たようなことだが，最近日本の多くの大学では外国語の扱いに困って，英会話学校などへ下請けに出すような傾向があるようだ。それまで会話などはバカにしていたのに。それまで会話をバカにしていたひとたちは，外国語は文化とか教養と切り離せないものだと主張していた。このひとたちが年をとり弱くなったところで，語学の専門でない「教務」

のひとたちが外国語を,道具とか技術とか,ひとの本体と切り離して扱えるものだと考えているようだ。

　でも,ちょっと待てよ。道具を使うことによって,人間は進化させられてきたのではなかったか？　道具を使うことによって,手足から来る情報が脳を変えていったのではなかったか？　最近はコンピュータがわたしたちを支配することがはっきりしてきた。もはや「単なる」道具としては,いかなる道具も見ることができなくなった。

　外国語にくらべると「文学」は優遇されているようだ。「語学」と「文学」は,このごろはまったく別物に見られることが多いようだ。詩人萩原朔太郎は外国語を学ぶことによって,母語のこまやかな言語感覚がこわされることを心配した。それとは反対に,詩人エズラ・パウンド (Ezra Pound, 1885–1972) が1934年に*ABC of Reading*に書いたことは,

　　人間の叡知の総体は,どれか一つの言語に込められているわけではない。そしてどの一つの言語も,人間の知識のいっさいの形態といっさいの度合いを表現する能力はもっていない。…人びとは,ある一つの言語に「定着」している考えを擁護することに狂信的なくらいの情熱を見せる。概して,その考えは「その国（どの国であれ）の偏見」である。（沢崎順之助訳『詩学入門より』）

　そのころ英語文学世界を,T. S. エリオットとともに前衛的にリードしていた批評家I. A. リチャーズ (Ivor Armstrong Richards, 1893–1979) の出発点のひとつは,神経生理学者シェリントン (Sir Charles Scott Sherrington, 1857–1952) の『神経組織の統合的行動』(1906) という考えであった。文学が身心統一体にはたらきかける,つまり全人間的なできごとであるという考えに彼は元気づけられた。彼の『実践批評』(1929) は大学生たちがいかにいいかげんにしか文学を読

んでいないかを記録して読書界をおどろかせたが、そこから彼は「文学」よりもまえに、普通の読み書きをちゃんとしなければならないという方向へ足を踏みいれ、文学界から排除されるようになったと、ふりかえっている。さらに彼は1930年代の中国経験からBASIC Englishにより、すべてをつなぐ夢をもつようになる。彼の有名なテキスト*English Through Pictures*の最初の数ページは身振りと目線と間の取り方により「バレエ」のように教えることができる。普通「外国語」の看板のしたで教えられないこと、身体の動き、筋肉のコントロール、と同時に、同異の識別、関係の認知がおこなわれ、組織的な発見の手順、すなわち「科学的方法論」が身につくようになると、つながり性を強調している(*Design for Escape*, 1943)。

（ホリスティック教育ニュース45, 2005年10月）

第5章　オーウェルの「政治と英語」と名詞中心構文

　このごろはnative speaker自身の英語がかなりひどいものになっているように感じることが多い。それは彼らの文化・社会の混乱の反映でもあるだろう。すでに1946年にジョージ・オーウェルは"Politics and the English Language"でそのことを指摘した。彼はことばをきちんとすることで，文化社会の混乱をすこしでも整理したいものだとかんがえた。彼は悪い英語の例を分類して，どういう英語は使わないべきかを示している：死んだメタファー，こけおどしのことば，無意味なことば[1]。
　しかし，あることばが無意味であることを自覚しているほどの人なら，無意味なことばは使わないだろう。だから問題は，無意味なことばに鈍感な人に，どうわからせたらよいかということになる。ことばの意味に意識的であるということは，口伝文化の世界ではむつかしいだろう。ことばと意味，すなわち記号と，それが指し示すもの，とを切りはなして考えることができるためには，紙の上に文字を書くこととか，活字による印字とか，そういう経験がたすけになる。だからジョージ・オーウェルが問題にしているようなひとびとは現代世界にありながら，精神状態において活字文化よりも前の時代のくせを強くとどめている。オーウェルの主張を一言でいえば，ありきたりのことばをつなぎあわせて安易な作文をするな。自分のことばでかんがえろ，ということになるだろう。ところが，ありきたりのことばをつなぎあわせる，つまりformulaによるcompositionは口伝文化におけることばのととのえかたで

ある。活字の時代になっても，そしてさらに電子時代になってからはなおさらのこと，オーウェルが特に問題にした政治の世界では，かなり口伝文化的態度が生きのこっているようだ[2]。

　現代の悪文においては，意味をつたえるために語をえらぶとか，イメージをつくるとかすることはない。そうではなくて，すでにだれかによって用意されたことばのつながりとつながりを接着するだけで，かっこうがつけられる，とオーウェルはいう。"In my opinion it is not an unjustifiable assumption that..." という言い方に慣れてしまえば，"I think..." というより容易なのだそうだ[3]。このような長たらしい言い方はわれわれ英語学習者にとっては，めいわくなことではある。

　書き手自身がかんがえもしないうちに文章が暴走してしまうのをふせぐためにオーウェルが提案することは，"Probably it is better to put off using words as long as possible and get one's meaning as clear as one can through pictures or sensations."[4] これはまるでGDMでわれわれがやろうとしていることではないか！

　絵でかんがえることの可能性に気づいたことは，BASIC Englishを成立させ，おしすすめる上で，かなり大きな要素だったとおもう。*English Through Pictures*の洗練されたstick figureが1945年にあらわれるよりまえに，一種の稚拙っぽい絵解きのこころみがオグデンによっていろいろおこなわれていた。また国際的視覚言語ISOTYPEを提唱した論理実証主義者のオットー・ノイラートの著書がベーシック関係書といっしょにオグデン編集の*Psyche Miniature Series*にはいっていたし，*English Through Pictures*の前身*Learning the English Language*の絵はPictograph Corporationによって，ほとんどISOTYPEとおなじにつくられていた。一方でリチャーズは彼の『文芸批評原理』をモダニスムの建築家ルコルビュジエへの言及ではじめるなど，これらの運動には共通の感じがある。

　とにかく，英語の基本的な意味を視覚的メタファーとして理解するこ

とがベーシックを可能にし，その自然の結果として *English Through Pictures* にいたった，ということがリチャーズの『ベーシック英語とその使い方』(1943) を読むとわかる[5]。また英語特有の分析的な表現がベーシックを可能にしたということも，くりかえしいわれてきたことである。今，マクルーハンなどのメディア史にてらして，以上のことをかんがえてみると，英語が他の言語よりも，より多く活字文化的であった，という感じをわたしはもつ。そしてジョージ・オーウェルの限界も，彼があまりにも活字文化人であったからだとわたしはおもう。

オーウェルは悪い英語を書かないためにはどうしたらよいか，いくつかのルールを提案している。

(i) Never use a metaphor, simile or other figure of speech which you are used to in print.
(ii) Never use a long word where a short one will do.
(iii) If it is possible to cut a word out, always cut it out.
(iv) Never use a foreign phrase, a scientific word or a jargon word if you can think of an everyday English equivalent.[6]

なんと BASIC English 的であることよ！ そして，おどろくべきことに，エズラ・パウンドたちのイマジズムの宣言とそっくりである。

1. Direct treatment of the 'thing' whether subjective or objective.
2. To use absolutely no word that does not contribute to the presentation.
3. As regarding rhythm: to compose in the sequence of the musical phrase, not in sequence of metronome.[7]

要するにイマジズムは1913年にいわゆる美辞麗句をやめようといい，オーウェルは1946年にエエカッコシイはやめようといった。そして指示物それ自体を明確にすることを第一の目的にしようということではBASIC Englishのかんがえと同じなのである。1915年のイマジストのアンソロジーでは，自分たちの詩作について別の言い方をして説明している。たとえば，

> We are not a school of painters, but we believe that poetry should render particulars exactly and not deal in vague generalities, however magnificent and sonorous.[8]

指示物を，特に感覚的にはっきりさせることが最重要事であり，それに対する反応は読者個人個人にまかせよう，というのはモダニズムといえよう。1930年には映画の影響も加わって"camera eye"ということがいわれるようになった。イギリスの小説家クリストファー・イシャーウッド（Christopher Isherwood, 1904–86）の *Good-bye to Berlin*（1939）の書き出し，"A Berlin Diary（Autumn 1930）"は有名である。

> I am a camera with its shutter open, quite passive, recording, not thinking. Recording the man shaving at the window opposite and the woman in the kimono washing her hair. Some day, all this will have to be developed, carefully printed, fixed.[9]

イシャーウッドは小説作法をE. M.フォースターから学び，たいへんな悲劇にあってもそれを茶飲み話として語らせてしまうように，それが日常へはいってくるとどうなるか示そうとした[10]。オーウェルは短い語（すなわちアングロサクソン系の）日常語をつかうことにこだわり，外

来語や科学用語を使うなといっている。口伝の世界で活躍するのはスーパーマン的英雄であるが，活字文化がすすむにつれ普通人の日常生活へと，文学の視点は移っていく[11]。文章において大げさな表現をさけ，視覚的に指示物を明確化する傾向は活字文化の進行と関係があるようにおもう。言文一致ということをいうのは，そのまえに言と文の不一致が感じられたからである。言と文の不一致を感じるのは，そのひとは，口伝社会の中に埋没していない。ベーシックのような言語体系を，既存の言語の中に見出すということは，そのひとは社会をちょっと離れたところから見ているということだ。そのような態度は活字の読書によりつちかわれる，と社会学者のデービッド・リースマンもいっていた[12]。

ところでオーウェルの「政治と英語」のなかで彼が嫌っている英語のつかい方として以上のべたほかに，彼が"operators or verbal false limbs"と呼ぶものがある。彼の例では render inoperative, make contact with, give rise to, have the effect of, play a leading part (role) in, make itself felt, serve the purpose of, etc.であり，われわれにとって気になるのは，BASIC Englishを可能にしている「基本的動詞＋名詞」という言い方が槍玉にあげられているからである。たしかに non-BASIC では make contact with ダレソレ…といわずに，contact ダレソレということはできるし，play a leading part in the movement といわずに lead the movement と動詞一語でいってしまうことはできる。

しかし，わたしが1984–85年に合衆国で暮らしたときの経験でいえば，動詞でがんばるよりは，動詞は軽くすませておいて，そのあとの名詞で印象づける言い方が多いように感じた。詩人は give a reading をするし，ヒコーキにのるには make a reservation をしなくてはならない。オーウェルも認めているように These save the trouble of picking out appropriate verbs and nouns, and at the same time pad each sentence with extra syllables which give it an appearance of symmetry.[13] わたし自身も，動詞のところで何をえらぼうかと，まごまごせずに，なにか適当にいっておいて時間かせぎをし，つぎに名詞をさがすのが，しゃべりながら考えるという過程で，らくちんなのであった。ベーシックがこういうかたちで役に立つとは，あまりおもっていなかった。それはともかく，きまりことばを組合わせてoral compositionをすることは，口伝文化の方法である。オーウェルはえらいひとだったが，口伝文化的視点から政治や文化を見ることがすくなかったようにおもう。（口伝社会におけるoral compositionについては，片桐ユズル「吟遊詩人とわたし」思想の科学，1987年1月号をごらんください。再録『メディアとしてのベーシック・イングリッシュ』京都修学社，1996年。）

*

　以上の文をわたしが書いたのは1987年のことであった。オーウェルが気にしている"verbal false limbs"のような言い方はたしかに英語の特徴としてオットー・イェスペルセン（Otto Jespersen, 1860–1943）のような言語学者たちもくりかえし指摘してきたものだった[14]。最近になって，その使用頻度が高いことを実証したのは，莫大な英語の資料をコンピュータ化して作られたコウビルド（COLLINS Birmingham University International Language Database）コーパスの分析によるものであった。これはコウビルド所員にとってもおどろくべき発見であったようである。*Collins COBUILD English Language Dictionary*（1987）では，この発見にもとづいて基本動詞の記述がなされているというし，研究も相次いでいる[15]。（*GDM Bulletin*, No.39, 1987年）

NOTES

1. George Orwell, "Politics and the English Language," in *A Collection of Essays* (Doubleday Anchor Books, 1954).
2. Walter J. Ong, *Orality and Literacy* (Methuen, 1982), pp.38–39.

3. Orwell, Op. cit., p.170.
4. Orwell, Ibid., p.176.
5. I. A. Richards, *Basic English and Its Uses* (Kegan Paul, Trench Trubner & Co., Ltd., 1943).
6. Orwell, Op. cit., p.176.
7. William Pratt, ed., *The Imagist Poem* (A Dutton Paperback, 1963), p.18.
8. Pratt, Ibid., p.22.
9. Christopher Isherwood, *Goodbye to Berlin* (Chatto & Windus, The New Phoenix Library, 1952), p.13.
10. Isherwood, *The Lions and Shadows* (Methuen, 1953), p.173.
11. Ong. Op. cit., pp.70–71.
12. David Riesman, "The Oral and Written Traditions" in Edmund Carpenter and Marshall McLuhan, eds., *Explorations in Communication* (Beacon Press, 1960).
13. Orwell, Op. cit., p.166.
14. Otto Jespersen, *Essentials of English Grammar* (London: George Allen & Unwin Ltd, 1933), Chapter XXX, Nexus-Substantives, pp.316–20.
15. 相沢佳子「基本動詞(delexical verb)＋名詞の用法について」『英語教育』1990年8月号.
「Give/have/take a lookの用法について」『英語青年』1993年2月号.
『ベーシック・イングリッシュ再考』(東京: リーベル出版, 1995), 第4章, pp.148–63.
『英語基本動詞の豊かな世界』(東京: 開拓社, 1999年).

第6章　ヘンリー・ヒギンズの時代

「マイ・フェア・レディ」のヘンリー・ヒギンズ教授はロンドンのコベント・ガーデンのオペラハウスのまえで，ひとびとの会話を研究のためにノートしていると，花売り娘イライザに私服刑事にまちがえられ，その書いたものを見せろといわれて，見せる。すると，

　　THE FLOWER GIRL. Whats that? That aint proper writing. I cant read that.

それはHiggins's Universal Alphabetという一種の発音記号で書かれていたので，それを読んでイライザの発音を彼は再現してみせる。

　　THE NOTE TAKER. 'Cheer ap, Keptin; n' baw ya flahr orf a pore gel.'

それから，ひとりひとりの発音で，そのひとの出身地をあてて，みんなをおどろかす。ひとりの紳士が，なんでそのようなことができるのですが，とたずねたのに答えて，誇らしげに，

　　THE NOTE TAKER. Simply phonetics. The science of speech. Thats my profession: also my hobby. You can spot an Irishman or a Yorkshireman by his brogue. *I* can place any man within six miles.

第6章　ヘンリー・ヒギンズの時代

I can place him within two miles in London. Sometimes within two streets.

ミュージカル「マイ・フェア・レディ」のもとになった劇 *Pygmalion* をつくったときに作者バーナード・ショーは当時の実在の言語学者 Henry Sweet（1845–1912）からヘンリー・ヒギンズ教授をおもいついた。スイートは天才的音声学者としてヨーロッパの学界をリードしていたが，処世術がへたなこともあって二度もオクスフォードの教授になりそこなった。アカデミーのおえらがたや，音声学に興味をもたない古典学者に対して彼がサタンのごとく軽蔑をしたのも，しかたがないことであった。1877 年には *A Handbook of Phonetics, including a Popular Exposition of the Principles of the Spelling Reform* を出したが，標題にあるとおり綴字改革の提案をふくむものであった。英語では実際に話される音が，スペリングとあまりにもかけはなれていることに，がまんならないひとたちが増えていた。「必要とされているのは精力的な音声きちがいだ」ということで，そのようなひとを主人公にしてショーは『ピグマリオン』を書いた[1]。ショー自身も英語の「旧かなづかひ」的状況にがまんがならず，彼は日常的にはピトマン式速記で書いたり，遺産は英語の表記法の改革のために残した[2]。書きことばと話しことばの不一致は，活字文化的意識がある程度にまで達しないうちは，気にならないものである。「言文一致」がいわれるということは「言文不一致」が気になるからだ[3]。

ヨーロッパではそういう状況は 19 世紀半ばすぎからおこりはじめ，たとえば Alexander Melville Bell の *Visible Speech, the Science of Universal Alphabetics* が 1867 年に出た。このひとの子どもが電話を発明した Alexander Graham Bell である。ベルの本はスイートの "Broad Romic" という発音表記にモデルをあたえ，これはのちに現在つかわれている発音記号に影響をあたえることになる。その本家は

International Phonetic Association（IPA）であるが，これは1897年に結成された。

　ショーの『ピグマリオン』のロンドン初演は1914年であり，1930年代のはじめにかけてはProfessor Skeatたちの綴字改革運動をオグデンはベーシックに関連して言及している[4]。しかし一般大衆の意識はいぜんとして，表記法の変革イコール新しい言語の出現，としてとらえる程度であった[5]。
　字を教えることイコールことばを教えることだ，というおもいこみや，字を教えただけで発音を教えたつもりになっている無自覚，に対する批判からはじまって，スイートたちのReform Movementは，まず発音をきちんと教えようとした。そのためには発音だけを，ふつうの字は見せないで，1学期とか，長いばあいは2年間も，やることをかんがえた[6]。発音はまねするだけではだめで，りくつ，すなわち音声学を知らなくてはならない，ということで生徒は発音記号を教えられた（のちにはphoneticsイコール発音記号という単純化も生じた。）
　しかし1880年代の外国語教育改革運動のはじまりは当時の学校が勉強させすぎで，生徒が心身ともに不健康になっていた。特にプロシャではひどかったので，それに対する批判として書いたWilhelm Viëtor（1850–1918）のパンフレットが1882年に火をつけた。カリキュラムの2/3は外国語についやされたので，これが効率的に教えられれば生徒の負担はすごく軽くなるはずであった[7]。
　いうまでもなく当時の外国語はGrammar-Translation Methodで教えられていた。しかしこのグラトラ法も，よかれとおもってはじめられたことである。それより以前は外国語イコール古典語であり，良家の子弟が文法書と字引きを手がかりに，ギリシア・ラテンの古典を「読む」ことであった。19世紀半ばになり，鉄道の急速な発達により，生きた外国語習得が必要になっても，勉強のモデルは古典的名文を昔風に読む

第6章　ヘンリー・ヒギンズの時代　　　　　　　　　　33

よりほかはなかった。

　そこへさっそうと登場した新しい文法は，レッスンごとに教える文法項目は数がかぎられており，はじめに例文がいくつかあり，つぎに練習に必要な単語のリストがあり，つぎに文法規則の運用の練習のために翻訳するべき文が並んでいる，おなじみの形式であった。単語を文法規則にあてはめていけば文がつくれる仕組みになっていた。

　産業革命以後のヨーロッパ社会の変化とともに，大学も一般人に門戸をひらくようになった。たとえばイギリスではオクスフォードやケンブリッジに入るための「地方試験」の制度が1850年代には形をととのえた。しかしイートンやハロウのような名門校は自分のところでは古典語しか教えていないということで，試験科目に自国語や外国語が入ることを拒否して，がんばった。彼らは，古典語はえらく，現代語はいやしい，とおもった。ラテン語がローマの土方やどれい，ギリシア語がアテネのサンダルつくりや大工によってしゃべられた言語だということを忘れていたのだ。それはともかく現代語も古典語にまけない格調ただしい言語であることを見せつけなくてはならなくなった。フランス語はラテン語と同様に「きびしく」，ドイツ語はギリシア語と同様に「知的訓練」にたえる教え方をされねばならなかった。教科書は完璧に（すなわち例外もあますことなく）つくられ，例文は古典的名作から引用されねばならなかった。はなしことばは「正確さ」に欠けるから，試験は書きことばでなされなければならなかった。このような圧力のもとで，文法と訳読は極端な些末主義にはしっていった[8]。

　「グラトラ」のはじまりといわれる Franz Ahn（1976–1865）の *A New, Practical, and Easy Method* のフランス語コースは1834年に出たが本文66pp.＋12pp.（easy dialogs）という身軽なものであった。しかし1885年に出た，T. H. Weisse, *A Complete Practical Grammar of the German Language* は，エディンバラで「大クラス」を40年教えた経験の結果ということだけあって，500ページの大冊で「なにもかにも

がたいせつで，なにもかにもがたいせつでなくなっていた」[9]。

　これらの文法はラテン語というinflecting languageをモデルにしていたため，英語でも「格」というものがあるとして"house/ oh, house/of the house/ by, with, or from the house"などを暗記させようとしたり，名詞に一致して動詞を変化させることに異常に神経をつかったりした。一方で，word orderにはあまり関心がはらわれていなかったため，文法規則に単語をあてはめてみても，出てくる文章は，かならずしも満足のできるものではなかった。これは'arithmetical fallacy'としてスイートたちによって批判された[10]。

　一方で，学校へ行かないひとたちのあいだで，外国語の必要は，交通網の発達とともに，ますます高まった。こういうひとたちのために多くの自習書がつくられ，いろいろなmethodを名のった。有名なひとつは前述のアーンのものであり，もうひとつはH. G. Ollendorff（1803–65），*A New Method of Learning to Read, Write, and Speak, a Language in Six Months*で，1835年にドイツ語コースが出た。それからフランス語，イタリア語，英語などとつづいた。彼は言語構造を難易順に配列し，1レッスンでひとつのことしか教えないようにした。彼の'interaction theory'と自称したかんがえは，どうやらquestionのなかにはanswerがふくまれているという，一種の文の変形練習のようなことらしい。レッスンごとに，うんざりするほどの練習がついていることなども，のちの構造言語学的アプローチをおもいださせる（いわば会話形式をとった文法であった）[11]。

　　Where do you live? I live in the large street. Where does your father live? He lives in his friend's house. Where do your brothers live? They live in the large street, number a hundred and twenty… etc., etc.[12]

この練習にはsimple presentと同時にdo-transformationがふくまれている。

テキストのグレーディングについてスイートは別の考え方をしていた。Descriptions, narratives, dialoguesという順番である。Descriptionsは良いテキストの4要件をみたしているとスイートはかんがえた，すなわちdirect, clear, simple, and familiarである。彼は1885年のテキストでは地理，人類学，その他の自然・社会学から題材をとった。

> Nature: the earth, the sea, the River Thames, the sun, the seasons, the months, the days of the week, light, colours.
> Man: different races of men, tools and weapons, food, houses, clothes, language.

しかも事実を述べるテキストは動詞は単純現在ですむとか，ややこしいことがない。過去形は次の物語りの段階で自然にあらわれてくるし，完了形も必要となるだろう。「対話」がいちばんむつかしい理由は話者の心的態度（確信，疑惑，願望，命令など）が動詞をややこしくするし，疑問文の変形などの問題がある。ナチュラルかどうか，ということを気にしだしたら，母語ではないひとはテキストをつくれない[13]。

スイートたちが口頭練習から入るということをいっていたのは，「会話」を教えることではなかったことがわかる。いわゆる「ナチュラル・メソド」に反論して，第二言語の習得はかならずしも第一言語の習得とおなじ過程をとおらなくてもよい。もうすこし効率的な方法がつかえるはずだ，とスイートはいっている。すなわちグレーディングのことである。たとえば単語数は3,000以内にかぎるべきだと考え，これらは家のなかの物，衣服，飲食物などで，あまり刺激的ではないかもしれない（本書8章をごらん）。"Be dull and commonplace,"と彼はいったそう

である。あまり刺激のつよいものは言語それ自体から学習者の注意をそらす。それよりも、おもしろさはレッスンの過程のなかから出てくるもので、教科書から出てくるものではない[14]。

彼の仲間でReform Movementの火つけ役だったフィエトルは彼の教科書から「青少年をひきつけないものはすべて排除した。英文学は掘り出し物でいっぱいだ。Spring, summer, autumn, and winter, and what they bring in the way of work, fun, and play; home, farm, garden, meadow and wood, land and water, earth and sky——これらはドイツの若者にも知られるべきだ」と内容のおもしろさを誇っている。しかし一方ではゲーテの警告を引用して「目的だけをめざし、途中の道のりを楽しまない」教育はよくない、といっている[15]。先生のいうままにリピートし、単語を暗記し、文法規則をおぼえるのは「教育的」に有害である、なぜなら生徒自身でかんがえたり努力してものごとを発見するのではなくて、すべておぜんだてして与えられるので、「わかった！」という瞬間がない[16]。

文法はテキストから自然に出てくるものだ、というように帰納的にわかるようにもっていくというのが、Reform Movementからパーマーやホーンビーにいたる流れでのコンセンサスになってきた。A. S. Hornby (1898–1978) の *Oxford Progressive English for Adult Learners* (1954) ではセンテンス・パターンはテキストのなかに自然にちりばめてあり、レッスンのおわるごとに "For Study" で帰納的に文法をふりかえってみるようになっている。この本はまじめで、ときには退屈で「あそびがない」という批判に対して著者自身のこたえは：レッスン自体はおもしろくなりえるし、そうなってほしいが、それは先生と生徒のあいだでおこることであって、教材によるのではない[17]。リチャーズも学習の誘因は外にあるのではなくて、それの「最大のものは、自分自身の力がついていくことの自覚だ」といった[18]。

フィエトルやスイートなど学校内での改革派たちが気づかないうち

に，学校外で状況は急速に変わっていた。特にアメリカ合州国へヨーロッパ諸国から人口が流出し，英語の需要がふえ，またアメリカへの移住民たちがヨーロッパの家族とのコミュニケーションのためにヨーロッパ各国語をならう必要がふえた。それにこたえることになったのがベルリッツであるが，はなしはペスタロッチまでさかのぼる。

　Johann Heinrich Pestalozzi（1746–1827）は18世紀スイス農民の貧困にふかく動かされた。彼らの悲惨を軽くするのは教育によって彼ら自身のなかにある向上心をめざめさせることだと信じ，失敗と成功をくりかえした。彼はいわゆる'object lesson'をはじめたことで有名である。彼は教育は子どもの発達心理学にあったものでなくてはいけないとかんがえた最初のひとであった。具体から抽象へ，というようなことも彼がいいだした。実物からはじめるというのも，彼のばあいはラテン語ではなくて，自分の国のことばを教えるためだった。しかし "This is a book. It is red. It is on the table" というようなことは，外国語を教えるのに応用できた（彼はまたはじめてカードに字を書いて見せたひとである）[19]。

　ペスタロッチの弟子のひとりGottlieb Henessはドイツの方言をしゃべるひとたちに，標準的ドイツ語を教えるためにobject lessonをしていた。それがうまくいったので，外国語としてのドイツ語でも同様にやってみたくなった。彼がたまたま1865年にアメリカにきたとき，エール大学のスタッフの子弟に9か月ドイツ語を教えてみたところ大成功であった。彼はこの方法で外国語学校をはじめることにした。フランス語コースもひらくためにひとをさがすと，たまたま Lambert Sauveur（1826–1907）という才能にであった。彼らの学校は大成功し，1869年にはボストンに進出する。彼らのレッスンは1回2時間，週5日，4か月半で100時間の集中コースであった。はじめの1か月は口頭練習のみであった。ソーヴールは，人間ならだれでも持っている生来の言語習得能力を信じ，自信をもって生徒に話しかけ，生徒はその期待にこたえた。

Here is the finger. Look. Here is the forefinger, here is the middle finger, here is the ring-finger, here is the little finger, and here is the thumb. Do you see the finger, madame? Yes, you see the finger and I see the finger. Do you see the finger, monsieur? ——Yes, I see the finger. ——Do you see the forefinger, madame? ——Yes, I see the forefinger. ——And you, monsieur? …

　まるで目に見えるようではないか！　ソーヴールによれば生徒に話しかける原則がふたつある。ひとつは「本気で質問」することであるが，これは教師が自分の知らない情報をもとめるという，せまい意味だけではなくて，引用でもわかるように，生徒の答えを本気でうけとめることだ。もうひとつは 'coherence' であって「細心の注意をはらって質問をうまくつないで，次の質問へ自然に」流れていくようにすることだ。生徒はその流れにのれば，次におこることは予測できる。つまりcontextから学ぶ，というたいせつなことだ。しかし，ことばを教えることイコール文法事項を教えることだと誤解すると，流れが起らない："This is a house. It is big. And this is a book. It is green."[20]

　ソーヴールのやりかたは "Natural Method" として広く認められるようになり，1887年にはModern Language Associationで「もっとも哲学的な言語への入門」とほめられるほどになった。批判の主なものは，会話ではたいしたことは話題にできないのではないか，というのであった。「しかし外国語ではおとなでも，これらの平凡なことをいうのはとてもむつかしい。しかもさいわいなことにこの必要悪の期間は短いものだ」と評者はいっている。それよりも問題は 'the teacher is required to do a disproportionate share of work.' それは教師がしんどいだけでなく，生徒が教師のリードにたよらざるをえず，自発的発言ができにくい。質問に答えることはうまくなっても，自分で質問するようにならない，ということでもあった[21]。

第6章 ヘンリー・ヒギンズの時代

　このころはアメリカ合州国にヨーロッパ諸国から移民が殺到していた。しかも彼らの大部分は中等教育もうけていない，貧しい，自国に住んでいられない人たちであった。そのようなひとりにMaximilian Berlitz（1852–1921）がいた。彼は教師の経験とドイツ語を母語とする利点を生かして，外国語学校をはじめることをおもいついて，1878年にロードアイランド州プロビデンスで開校した。ここはエール大学のすぐ近くでもある。ソヴールのオリジナルな直接法は，ベルリッツによって単純化され組織化され，くりかえし可能で，だれでもが使える方法論につくりかえられた。

　1900年までにベルリッツはアメリカに16校，ヨーロッパに30校のネットワークをつくりあげていた。ベルリッツの原則は，翻訳はぜったいやらないこと，口頭練習の重視と，問答法を最大限につかうこと，文法説明はかなりすすむまでひかえること，教師はその言語を母語とするひとに限ること——これらがセットになって，どのような未熟で不熱心な教師であっても，同じように教えられるシステムをつくりだした。ニューヨークでやめたレッスンをパリやベルリンで継続しても，ぜんぜん支障はありません，というのがベルリッツのじまんするところでもある[22]。

　ベルリッツ・スクールで教えたひとたちのなかにはイギリスの詩人ウィルフレッド・オウエンや，ジェイムズ・ジョイスがいた。またハロルド・E・パーマーは1902年にベルギーのベルリッツ・スクールで教えはじめたことが，外国語としての英語教育に入るきっかけであった。
(3/23/1991)　　　　　　　　　　　　　　（*GDM Bulletin*, No.43, 1991年）

NOTES

1. Bernard Shaw, *Pygmalion* (Penguin Books, 1957), "Preface", pp.5–6.
2. David Crystal, *The Cambridge Encyclopedia of Language* (Cambridge University Press, 1987), p.216.

3. Walter J. Ong, *Orality and Literacy* (London: Methuen, 1982).
4. C. K. Ogden, *Basic English and Grammatical Reform* (Cambridge: The Orthological Institute: 1937), p.8.
5. C. K. Ogden, *Debabelization* (London: Kegan Paul, Trench, Trubner & Co., Ltd., 1931), pp.119–21.
6. A. P. R. Howatt, *A History of English Language Teaching* (Oxford University Press, 1984), pp.178–79.
7. Wilhelm Viëtor, "Language teaching must start afresh!," tr. by A. P. R. Howatt and David Abercrombie, in Howatt, op. cit.
8. Howatt, p.135.
9. Ibid., pp.137–38.
10. Ibid., pp.144–45.
11. Ibid., p.145.
12. Ibid., p.143.
13. Ibid., pp.186–87.
14. Ibid., p.187.
15. Viëtor, in Howatt, p.358.
16. Ibid., p.356.
17. Howatt, pp.262–63.
18. I. A. Richards, *Design for Escape* (New York: Harcourt, Brace & World, Inc., 1963), p.3.
19. S. E. Frost, *Essentials of History of Education* (New York: Barron's Educational Series Inc., 1947), p.162.
20. Howatt, pp.200–01.
21. C. F. Kroeh, "Method of Teaching Modern Languages", Transactions and Proceedings of the Modern Language Association of America, III (1877), pp.169–85, quoted in Howatt, pp.201–02.
22. Howatt, pp.205–06.

第7章 Question-and-Answerの問題点: Direct Method vs. Graded Direct Method

I

　きょうは何がGraded Direct Method（略してGDM）か？　ということをはっきりさせたいとおもいます。何がの「が」っていうのは，とりたてていうときの「が」ですから，英語流にいえばwhich...?に対する答えで，これ「が」GDMですとか...ということは他にGDM類似のやり方がたくさんありまして，わたしがずっと気になっている言い方は「GDM的に授業してます」ってなことをいう人がたくさんいらして，もちろん私たちのGDM研究会からいろいろ学んで，もってかえって利用して下さるのは，うれしいことなんですけれど，本当はそれは「GDM的」というよりは，GDMなんてのは忘れてDirect Methodでやっていますといって下さればいいのですね。教材がgradedでないかぎり，つまり *English Through Pictures*（略してEP）をつかわないかぎり，GDMとはいえません。Gradedというのは意味論的につみかさねられているということですが，いま話をはっきりさせるためにGradedでない，ふつうのDirect Methodとはどういうものかということを，ちょっとばかり歴史をたどってみたいとおもいます。

　Direct Methodということは100年以上も昔からありました。そのあいだにいろんな人がでて，いろんなことをやって，大筋としてのコンセンサスみたいなのが，ある程度できているとおもいます。つまり英語教育だけではなく，語学教育というのはこういう風にやるのが本当なんだけど，自分は能力がないから，そうやっていないとか...あるいは状況が

ゆるさないからできないとか，でも本当はこうやればいいはずだ，というおおよそのagreementはあるとおもいます。

ひとつは，できるだけ母語による媒介をつかわないで，できるだけ今おしえようとしている外国語でおしえるのがよろしい，というのはコンセンサスだとおもいます。できるだけ母語をたくさんつかっておしえましょう，なんてことはだれもいいません。ただしそこにはいろいろ，程度の差がありまして，絶対つかったらいけないという人と，また場合によってはいいじゃないかという程度の差はあります。そのなかで極端なのはベルリッツと，GDMで，母語は絶対つかわないようにしましょうといっています。その理由はGDMでは，(1)母語とその外国語との音がこんがらがって，英語を教えている場合だったら日本語式の英語の発音になってしまうという発音上の問題がひとつありますが，これはただ発音が日本式になるだけではなくて，頭のなかで音と意味とがむすびついて，おおざっぱにいえば英語の引き出しができるのを，じゃましているのです。それから(2)としてシンタックスの問題があります。"ゾウは鼻が長い"みたいな文章構造を英語にもちこみがちになりますね，動詞のあとに目的語をもってこれないとか，そういうことがおこります。(3)意味上の混乱をおこしやすい。よくある例は，"on"という前置詞はふつう「〜の上」というふうに教わっているけど，"on"すなわち"〜の上"とおもっていると，それはじつはイコールではなくて，「〜の上」っていうのは"over"もそうですよね。あるいは"on"には他の日本語でいわなければならない場合もあって，on the wall, on the ceilingのときは「カベとか天井の上に」とはいえません。このように見ていくと英語の単語と日本語の単語の意味はある部分は一致しているけど，他の部分は一致していません。しかし翻訳をつかうとあたかも意味が100パーセント一致しているかのような錯覚をもちますね。以上言った3つの理由により，GDMでは母語はつかわないようにしています[1]。

とにかく，できるだけ母語を使わないで，できるだけその外国語をつ

第7章　Question-and-Answerの問題点

かいましょう，ということは反対がないことだとおもいます。その外国語を使ってoral workをするというのが大切であるというのもおおよその一致があるとおもう。そこにどれくらいエネルギーをかけるかということについては程度の差がありますが。そのオーラル・ワークのなかみですが，ひとつは発音で，正しい発音を教えなければならない。もうひとつはsentence patternというものを口でしゃべるということで神経におぼえさせる，頭でだけ理解するのでなく。ところがこのオーラル・ワークについて，GDMと他のものはかなりちがいがあります。というのはたいていの場合，ダイレクト・メソッドにおいては，最初のあいだは書いたりせずに，テキストも見ないで，とにかく耳と口の練習だけやります，というのが非常に多いやり方です。GDMでやっているように，もう1時間目からしゃべらせて，それを書くようにもっていく，ということは他のやり方ではやりません。だいたいにおいて最初の何週間とか，あるいは最初の何か月とか，あるいは最初の1学期とか，極端な人は最初の2年間はオーラルでやるということをいった人もいたようです。最近はそこまで極端な人はいないようですが。

　それに対してGDMは，レッスンの最初はオーラルで導入しますけど，同一レッスン時間内にreading, writingまでもっていきます。このように非常にwritten languageを大切にする（書くことを大切にする）ということは，GDMの特色としておぼえておいてほしいのです。それから今，sentence patternということをいいましたが，それに気づいたのは比較的最近のことなんですね。それでもかなりな歴史があります。Grammar = sentence patternみたいなものですね，最近では。

　Grammarはいつ教えるか，どう教えるかということについても，おおよそのコンセンサスはあるわけです。それはグラマーは帰納的におしえる。演繹の反対ですから，これがルールだからこういう文を書かなければならないというのではなく，こういう例とこういう例とこういう例とこういう例とがあって，ここが似ているでしょう，だからだいたいこ

ういう時はこうなるんだと観察から結論を引き出すのが帰納法というか，科学的なやり方でしょう。演繹法というのは最初に原理があって，その原理を何にでもあてはめていくというのですよね。だから，最初に主語がきて述語があとにきますと教えておいて，あとは単語だけ与えて，文章をつくりなさい，というのは演繹法です。数学の公式にデータをあてはめれば自動的に正しい答えがでてくる，というようなりくつですが，その結果，

The philosopher pulled the lower jaw of the hen.

というような文が平気でつくれてしまう，という批判がありました[2]。今では，そんなことやってる人はいないとおもいます。しかし昔はそういうやりかたがあったのです。今はgrammarをどう教えるかというと，とにかく初心者に文法を教える目的は，言語についての知識を得るのではなくて，言語をつかえるようにするためですから，できるだけ文法用語はつかわずに，いろんな例から自然にわかるように，つまりinductiveに，あるいはimplicitに教えるということに，おおよその一致はあるとおもいます。もちろんGDMにかぎらず，良心的に理想とするのはそういう姿なんですが，気の短い人が世の中にはたくさんいますから，そうもいきません。

　ダイレクト・メソッドの歴史みたいなことをおおざっぱに見てみますと，ベルリッツという人がいました（Maximilian D. Berlitz, 1852–1921）。そしてベルリッツ・スクールは1870年代のおわりから，80年代にアメリカでさかんになりはじめたので，ちょうどヨーロッパからアメリカへわたってくる人がものすごくふえた時代ですね。そのころになって交通手段が急激に発達して，大きな人口がアメリカへ移動してきたわけで，そういう人たちに英語を教える必要というものはものすごくあるわけです。今では政府やらコミュニティやら大学やらが

第7章　Question-and-Answerの問題点

TESOLとかなんとかいって教えてるけど，そのころはほとんどベルリッツがひとりでがんばっていたようなものではなかったでしょうか？そしてたぶんそのベルリッツに影響を与えたとおもわれる人はソーヴールというフランス人で，この人はかなり天才的な人でした（Lambert Sauveur, 1826–1907）。このソーヴールという人に機会をあたえた人はゴットリープ・ヘネス（Gottlieb Henness）というドイツ人で，やっぱりヨーロッパからアメリカへきた人で，ペスタロッチ（Johann Heinrich Pestalozzi, 1746–1827）の弟子でした。ペスタロッチという人は，教育史上で有名ですから聞いたことがあるとおもいますが，実際何をやったかというと，あまりにもいろいろやったので，まとめるのがたいへんですが，いろんなことをやって失敗したり成功したりして，かなりロマンチックな，時代に生きた人です。スイスの人で，当時貧しい農村の困った人たちがかわいそうだったので，どうやったらその人たちを救うことができるかということで，結局はやっぱり教育しかないとペスタロッチは考えました。それはどういうことかというと，ひとりひとりの中にある向上心というか，ねむっているその力をめざめさせて，ひとりひとりがもうちょっと勉強できるようにする。そういうめざめさせるようなことをスイスの貧しい人たちの中でやりはじめたわけです。

そういう彼のロマンチックな理想主義はフランス革命のものですね。人類は平等でしょう，つまりだれにでも能力はあるはずだ，というかんがえです。この信念は別の経路をとおってGDMをはじめたリチャーズにきています。彼はイギリスのロマン派の詩人哲学者のコールリッジ（Samuel Taylor Coleridge, 1772–1834）について『コールリッジの想像力論』 *Coleridge on Imagination* （London: Kegan Paul, Trench, Trubner, 1934）という本を書きました。その友人の詩人ワーズワスはフランス革命のときにフランス娘と恋をしていましたし，コールリッジはアメリカにわたって完全平等主義のコミューンをつくることを計画していた。当時の過激派だったわけです。というようなところから，人類

は平等であり，ふつうのひとにもひとりひとり偉大な能力があるはずだ，という信念はコールリッジからリチャーズにつたわっています[3]。

そのころ学校教育というのは，何を習うかというとラテン語だったんです。お百姓の子どもがラテン語を習ってなんの役にもたたないんだけど，学校はとにかくラテン語を教えるところだったわけです。そこでラテン語を教えてもしょうがない，自分の国のことばをきちんと教えなくてはいけない，ということで母国語を教えるように変えていくわけですね。あるいは学校へ行くとわけのわからないことを教わるわけ，神様がありがたいとか何とか…抽象的なことを。でもそんなことをやったって役に立たないわけで，やっぱり実際の経験から入って，具体から抽象へと行かなければならないということを最初にいったのは，ペスタロッチなんです。どういうことをやったかというと object lesson というのをやりました[4]。実物を見せて（経験させて）そこから教えていくという…その object lesson っていうのはその頃は，今でも学校教育の中ではそうかもしれませんが，めずらしかったのです。それは当時の人びとにとって非常に革新的なもので，ああこれでやらなくてはだめだとか，だから今までうまくいかなかったのか，とかいうことで，かなり注目をひいていたわけです。

いろんな人がペスタロッチの学校へ見に来たり，教育思想に共感したりして，そのひとりがゴットリープ・ヘネスで，彼はドイツの田舎に住んでいて方言しか話せない人たちにドイツの標準語を教えていました。そのうちそれがうまくいったものだから，今度はドイツ語を母国語としない人たちに外国語としてこの object lesson をつかったらいいじゃないかということをおもって，アメリカのエール大学へたまたまあそびに来ていて，そこで教職員の子弟にドイツ語を教えたらすごくうまくいった。じゃあ学校をはじめようか，ということになって，ドイツ語だけじゃつまんないからフランス語もやりましょう。で教師を募集したらこのソーヴールという人が応募してきました[5]。

第7章 Question-and-Answer の問題点

このランベール・ソーヴールという人は天才的な人で，フランス語だけで授業したわけですが，それがとてもうまくいって，それが 'natural method' とかいうことで知られるようになったんです。それをピック・アップして商業的に成功させたのがベルリッツだったと，おおざっぱに言ってもいいとおもいます。ソーヴールの熱気にあふれた「最初」のレッスンは次のようであった。

いかなる種類のレッスンにくらべても，わたしに想像できる最も美しいレッスンであり，あり得るレッスンの中で最も興味をうごかされるものは，文法なしで外国語をならうクラスの第1回目のレッスンである。いかなる雄弁家といえども，デモステネスといえども，聴衆の注意をこのようにひきつけ，一語一語に熱心な期待をもって聞きいらせることができるものは，最初のレッスンをする教師以外にはいない。彼のうごきはひとつとして見おとされはしない。彼のことば，彼の目，彼の身ぶり，彼の全存在が，はなしかけている。目のまえの人たちのこころがひとつになって彼の意のままになる。2〜3時間のあいだ，生徒も教師も気をそらすことは一度たりとも，一秒たりとも，ない[6]。

それは具体的には英訳で紹介すれば次のようであった。

Here is the finger. Look. Here is the forefinger, here is the middle finger, here is the little finger, and here is the thumb. Do you see the finger, madame? Yes, you see the finger and I see the finger. Do you see the finger, monsieur? —Yes, I see the finger. —Do you see the forefinger, madame? —Yes, I see the forefinger. —And you, monsieur? ...[7]

まるで目に見えるようではないか？　彼は生徒ひとりひとりの能力を信じて本気で話しかけている。字引や文法書と首っぴきでギリシア・ラテン語を勉強するのはエリート階級の方法であったが，それに対して，ここには革命思想で解放された，ふつうのひとへの，はなしことばによる，うったえかけがある。しかし，これをうまくやるのには二つの大切なことがあって，ひとつは，先生が本気の質問をしなければいけない，genuine question をしなければいけないということです[8]。これは GDM でも非常に大切なことなんですね。Question だけではなくて，GDM では situation においても"make believe"ということはさけることになっています。ナニナニになったつもりとか，ナントカごっこをする，ということでは，ほんとうに自分とむすびついた言語活動はできにくいのです。GDM だっていつもそううまくいっているわけではないのですが，基本的には，あまりにわかりきったことを，あまりにわかりきったものを見せて"Is this a book?"なんてのはあまり馬鹿げているからやりません。もうちょっとわからない状態にしておいて本当に"なんだろう？"とおもわせておいて，質問をつくらせるというのが genuine question ですね。先生の発する question も genuine でなければならない。Genuine ということはもちろん答えが全然わからないことを聞くばかりではなくて，答えがある程度わかっていても，とにかく生徒のいうことを本気になって受けとめる姿勢がなければいけないということですね。

　それからもうひとつは，"coherence"ということがたいせつだとソーヴールは言ったんですね[9]。これは何ていうかな，首尾一貫した流れが必要だということで，いまのことばでいうと discourse をもっと意識しろ，ということになりますかね。たとえば，その頃までには，すでに，いろいろと手っ取り早い入門書ができていて，レッスンの最初に見本の grammar の例文があって，その次に vocabulary があって，練習問題はそれを使って文章を作りなさい，というような今のパターンは，そ

の頃にはもうできていたわけですね。たとえば，be動詞を教えるとしてね，"This is a house. It is big. This is a book. It is green. This is a pencil. It is long" とか何とか，そんなふうな文章があるとすると，いま言ったような文章では，houseのはなしをしていて突然bookのはなしになったりして，あまりつながりがないわけです。ただセンテンス・パターンとしては同じですよね。しかし話題としては，あっち行ったり，こっち行ったりして支離滅裂。そういうのはよくないので，やっぱり何かの流れがなくてはいけません。流れがないと入りにくい，という批判ですね。やっぱりアタマがとりいれやすい連想なり，なんなりのかたちがあるのですね。これはやっぱりフリーズ先生（Charles Carpenter Fries, 1887–1967）などのOral Approachに対する批判，あるいはそれと類似のやり方と，それに対する批判と，まったく似たような感じであるわけです。つまりパターン・プラクティスというのが，とかく文法要素の入れ換えだけすればいいんだ，とおもうと，話題として，話としての流れというものが無視されてdisconnectedになりがちなのですね。

　それに対して，"connected text" が大切だということを言い出す人たちがいました。このことを非常に言ったひとりに，ヘンリー・スイートという人がいて，この人は現代英語学の元祖みたいに言われているのかな（Henry Sweet, 1845–1912）。わかりやすく言えば，「マイ・フェア・レディ」のプロフェッサー・ヒギンズのモデルはヘンリー・スイートだったということですが，ただスイートさんは，ど近眼で，ヒギンズさんみたいにはかっこよくなかったらしい。そして，世渡りが下手なもんですから，オクスフォードの先生になりそこなって，二回もなりそこなって，非常に怒っているわけでね。アカデミーに対して恨みがこもっているわけです。だからいつもbitterな顔をしていたからbitter Sweetなどと言われていた。だけど，そのスイート先生は，外国語の新しい教え方の，いわゆる "Reform Movement" というのがありまして，その

原動力の一人として非常に大切な人だったのです。

　このReform Movementというのは，1880年代にはじまりました。これがどうしてはじまったかというと，これもまたしょっちゅうこういうことがあるんですね。主にドイツではじまりました。プロシャではじまったのです。プロシャのものすごい受験主義体制の学校教育というのがあった。そして日本はそのまねをして，がんばって来ているわけですが，そのプロシャの受験体制の学校教育のはげしさ，ひどさというのは，たとえばヘッセの『車輪の下』とか，ああいう本でもわかると思うんですが，大変なものだったらしい。それでReform Movementがはじまったのは，フィエトル（Wilhelm Viëtor, 1850–1918）というドイツ人の言語学者が火をつけた。その最初のパンフレットの出だしは，"Children are overworked,"という文章ではじまっています。それで，このoverworkをなんとかして助けてあげないといけない。それでしかもそのoverworkのカリキュラムの三分の二は，外国語の学習に使われている。しかもその外国語の学習がはなはだしく非効率である。だから外国語の学習を能率的にすれば，ものすごくらくになるはずだと考えて，言語学者は団結して，もっと合理的な外国語の学習を世の中に教えて，そのoverworked childrenを助けないといけない，というヒューマニスティックなところからもReform Movementは，はじまったわけなんです[10]。それで，非常におもしろいのは，スイートはいろいろと当時の教科書について文句があったりするわけです。スイートは彼自身の言語学に基づいて，いろいろgradingということを考えていた。それはどういうことだったかというと，最初に"description"からはじめましょう。たとえばスイートの影響をうけてドイツでダイレクトで教えはじめたHermann Klinghardt（1847–1926）のLesson 1はこんなでした。

　　People used to think the earth was a kind of flat cake, with the sea all round it; but we know that it's really round, like a ball —— not quite round, but a little flattened, like an orange.[11]

　Descriptionからはじめて次に"narrative"（物語）にいきます。そこで過去形をやります。そして"dialogue"というのは一番あとまわしです。Dialogueがなぜあとまわしかというと，dialogueはいろいろ動詞のあたりでムードとか，いろいろややこしいことが起こる。それに対してdescriptionは，動詞はただ単純現在形ですむわけです。ナニナニは何々である，という断定ですむんだけど，dialogueになると，いろいろと，相手に気を使って，ていねいな言い方をしないと失礼だとか何とか，そのために動詞の周辺でややこしいことが起こりますよね。"Will you...?"でいいのか，それとも"Would you...?"にしなくてはならないのか，"Could you...?"の方がいいのかしら，などといろいろ迷いますよね。いわゆる"modal verbs"とか"mood"という問題はわたしもさけてとおりたいところです。そのように，言語学的にややこしいものなのですから，dialogueは一番あとまわしにしようとスイート先生は言いました[12]。そしてI. A. リチャーズも同じく"question"はword orderが入れ変わったりしてむつかしい。だからquestionはしばらくあとまわしにして，普通のstatement patternに慣れてからでなければやらないということにしました[13]。*English Through Pictures*では30ページまでquestionは出てきません。ここでいわゆるDirect Methodがたよっている主なやり方としてquestion-and-answerというのがありますね。先生が"Do you see the finger?"とか言って生徒は"Yes, I see the finger,"とか何とか言うわけでしょ。先生question生徒answer，先生question生徒answer，先生question生徒answerというパターンで授業がすすみます。そして，たいていの場合，生徒の答えは，きちんとした文の形でいわなければならないことが多い。たとえば日本語を教える場合から例をあげると，

あなたは昨日教会へ行きましたか。
　と教師が「質問する」のに対して
　　　はい，私は昨日教会へ行きました。
　と「答える」ように要求される。しかし実際の会話では，
　　　はい，行きました。

ですむし，あるいは「はい」だけでも用はたりる。それなのに，なぜ長たらしく答えなくてはならないのか，学生としてはあまり気分のよいものではない。しかし目的は「ダレソレは，イツ，ドコソコへ行きました」という文型をおぼえるための練習であり，その文型でものをいわすためのcueとしての質問であるのだ[14]。さきほど引用したソーヴールのレッスンの例では，"Do you see the finger, madame? Yes, you see the finger and I see the finger," と先生が自問自答してみせることで，生徒のいうべき模範解答の手がかりが見せてある。もうひとつ例をあげれば，ベルリッツたちのダイレクト・メソドより一代前に全盛をきわめた"Grammar-Translation Method"ではオッレンドルフが有名であった（Heinrich Gottfried Ollendorff, 1803–65）。彼のしつこさは，後のオーディオ・リンガル・アプローチをおもいださせる。

　　Where do you live? I live in the large street. Where does your father live? He lives at his friend's house. Where do your brothers live? They live in the large street, number a hundred and twenty... Do you still live where you did live? I live there still. Does your friend still live where he lived? He no longer lives where he did live. Where does he live at present? He lives in William Street, number a hundred and fifteen, etc.

　オッレンドルフは平叙文と疑問文が同じ文型でくりかえされるように

第7章 Question-and-Answerの問題点

練習をかんがえて，"interaction theory"と名づけた[15]。まあ，こういった例からもわかるように，これまでの人間の知恵としては，きちんとした文章を生徒にいわせる機会はquestionに答えさせる以外にないように思っていたんですね。しかしGDMはquestionなしで生徒にいろいろなことをしゃべってもらえるようなテクニークを開発したわけです。ここが他のもろもろのやり方と非常にちがうところだと思います。

II

いくつかちがう点が出てきましたけど，question-and-answerを主な方法とするダイレクト・メソドに対して昔から批判があるわけで，そのひとつは，ダイレクト・メソドはあまり大したことはしゃべれない。というか，ささいなことしか話題にできない，という批判があります。子どもにはいいけど大人にはつまらない。あるいは入門の時はいいけど，後はだめだ，とかそういう批判が昔からあります。この当時もありました。それからもうひとつの批判は，先生が大変だという批判で，これもだいたいいつもあるんじゃないですか？

それで第一番目の批判で，ダイレクト・メソドでおもしろいことはできないというような批判に対して，当時の言語学者が答えているのはつまり外国語を習うというのは難しいことなんだから，一見かんたんなことをしゃべっているかに見えても，じつは頭のなかではものすごい大変な作業をしているわけです（第8章をごらん）。だからテキストを表面的に見て，何かささいなつまらないことをやってるみたいでも，実は大人の頭の中でもchallengingな作業をやってるんだということがひとつあります。それからもう一つは，ダイレクト・メソドがうまくいった場合には，つまんない期間ていうのはそんなに長くなくて，つまんない期間は短いんだという反論があります[16]。

それからまだあるんですね。今度はスイートたちの反論としてはね，スイートは実は徹底的なことを言って気持ちがいいんですが，テキスト

なんかでそんな関心を引こうなんてしなくて，"Be dull and commonplace,"といっているんです。退屈で平凡であれ，それでいいじゃないかと。レッスンをおもしろくするのはテキストじゃなくて先生なんだと[17]。これはスイートが言っただけじゃなくて，その後ずっとのちに語研でパーマー先生（Harold E. Palmer, 1877–1949）といっしょに日本の英語教育をいろいろ動かそうとした，そしてかの偉大な字引 *Advanced Learner's Dictionary* を作ったA. S. Hornby（1898–1987）という人がいます。このホーンビーさんが作った *Oxford Progressive English Course for Adults* という本はやっぱりこのつまらない教科書なんです。一見つまらないけど評判がいい，その秘密はどこにあるんでしょうということになるんですが，テキストだけ読んでたらね「ホーンビー先生，あなたは本当にユーモアのないつまらない人ですね」という批評もあったわけで，このことを直接ホーンビーさんに聞いた人がいたそうです。そしたらホーンビーいわく，やっぱりレッスンはおもしろくなくてはいけません。"Language lessons can, indeed should be fun." おもしろいべきなんだけど，それはやっぱり先生と生徒のあいだで起こることで，教科書で起こることではないんです，と言いました[18]。

　それで，次に第二番目の批判，先生が大変じゃないですか，というのはこれはちょっと深刻な問題だとおもいます。それで確かにパーマー先生が日本でいろいろ教えていったことのなかには，例えばレッスンの最初に先生がね，"Oral Introduction" ということをするわけです。それは先生が教壇に立って今日のレッスンのストーリーを全部あらかじめ英語でしゃべってあげなきゃいけなかったりするわけでしょ。これはやっぱり先生が独演つまりリサイタルをしなきゃならないわけで，これは大変なことです。それからソーヴールさんみたいに天才的な人は，流れを作ってうまく生徒をのっけて，いっしょうけんめいひきこんでしまうことができるけど，それもまた大変なことかもしれない。しかも先生が大変なだけじゃなくて，生徒の方にも問題がおきます。やっぱりquestion-and-answerが主な方法ですと，生徒はanswerすることはできるようになるけど，questionを作るようにならない。本気でquestionを作るようにならない。つまり生徒が受動的になる。それに対する批判としてようやく100年近くたってからコミュニカティブ・アプローチみたいなものは生徒どうしのinteractionがたいせつである，それでどうしたらinteractionさせられるだろうかということを考えているわけなんですが，それまでのダイレクト・メソッドがteacher-centeredになりがちだったということだったのですね。このことについてもGDMはできるだけ生徒の自発的な発言をencourageするようにしていますが，外から見ると，GDMをteacher-centeredだと言う人もいるかもしれません。というよりはGDMをわたしはlanguage-centeredだとおもうのですが，あるいはquestionしないで，しかも生徒が自然に何か言いたくなるようにもっていくように，わたしたちはいろいろ工夫をこらしてがんばっています。これはダイアローグというよりは，モノローグっぽいものなのかもしれません。何か言語を教えるっていうと，ダイアローグを教えるみたいにおもわれているかもしれないけど，モノローグの大切さということをやっぱりわたしは言いたいとおもうんです。それでこのモノローグというのは，特に日本語の場合にね，日本語は「対話」の言語ではない，と水谷修・信子さんたちがさかんに言うではないですか[19]。ダイアローグ，つまり対話といって，一人がquestionして相手が答える，そういう話の進め方をするのではない。向かい合ってしゃべるんじゃないんだな。そうではなくて日本語は水谷さんのことばでいうと「共話」といいまして，ふたりが同じ方向を向いて「また雨ですね」「ほんとに，いやなお天気ですね」と言ってつねに相手の同意というか合意をさそいながら，その合意，合意，合意を作りながら，会話をつくっていくのですね。向かいあって目をみつめながら「この雨はいやだと思いませんか？」「はい，おもいます」という対話をすると，中学英語の教科書のジャック＆ベティみたいになります[20]。ですから，変に対話っぽく

ないGDMはその線でいっても割に日本語の話の流れにも乗りやすい性質を持っているとおもうんです。

　英語もどれくらい本当に対話の言語かどうかわかりませんが，中国の人が日本語を習う場合に，かなり対話的に日本語をとっちゃって，いろんないきちがい，というかコミュニケーションの意図がつたわらないことが多いということを聞きました。日本人の中でもそういう人がいます。落語になるような人が神戸のS大学の事務室にいました。それで今，ベーシック協会の事務所は，その大学のO教授研究室にありますから，O先生と話したいとおもって，電話するわけです。078のなんとかかんとかダイアルしますね，そうするとまずS大学の事務室がでますね。ですから，「O先生はいらっしゃいますか」というquestionをします。でもこれはほんとのquestionじゃない。ところが，その人が電話をとると，「はい，いらっしゃいます」というわけね。それだけなんですよ。つないでくれないんです。だけどquestion-and-answerとしてはなりたっているわけ。だけど，コミュニケーションとしてはなりたたないわけ。ですから，対話としては，極端なかたちの対話なわけ。だけど，「O先生はいらっしゃいますか」と言ったら，こちらの意図はO先生と話したいからつないでほしいわけ。もし，いなければ，「今日はいらっしゃいませんけど，何かご用があったらうかがいます」とかなんとか，それくらいのこと言うのが日本のコミュニケーションの仕方ですよね。だけど，わりとそうじゃない文化もあるらしい。だからその時はごりおしに，「O先生がいないのならば，わたしはこういうことを伝えてほしいけど，あなたはそれを伝えてくださいますか」くらいまで言わないと用事が足りない文化もあるらしい。ですが，とにかく対話の原型というものはそういうものなのです。本当の対話をやるのはそうやさしいことではないのです。したがってquestion-and-answerということはそんなにやさしいことではないのです。

　もう一つ，ピアジェという児童心理学者があげている話によれば，幼

稚園くらいの子どもは、もちろん3歳になればだいたい母語はマスターしているということですから、ほとんどマスターしているんだけれども、3歳4歳くらいのこどもは、対話ということはしない。他人との話はあまりきちっとしていない。いつも独りごとっぽいことは言ってる。あるいは他人と話はします。大人の人をつかまえて、いろんな自分のやったことを話すけど、その話が伝わっているかどうかについてはどうでもいい。つまり一方的なコミュニケーションですね。だから、ことばというものはむしろ対話が原型じゃなくて、一方的に自分でなんか言うことの方が、原型であっただろうというようなことを、スーザン・ランガーという人は『シンボルの哲学』という本で言っているわけです。これはとても大切なことだろうとおもいます[21]。

　「コミュニケーション」ということをうっかりかんがえますと、なんか対話があたかも言語活動の原型であったかのような錯覚をもってしまいます。たしかに大人の世界においては、一応人と人とがしゃべっていますから、それが言語活動で、それを「対話」だというふうにおもって錯覚しているといったらいいんでしょうか。本当は独りごとなんじゃないんですか。ですから、独白の場合、言語っていうのはどういうものかというと、ある経験を思い出す手だてというか、あるいは自分が経験したその経験に対して、ある秩序を与えるための手がかりですね。それでGDMはかなりこちらの独りごと、あるいは対話というよりは認識の言語という側面が強くでているとおもいます。

　これに関連して、おもしろいのはグワンというひとがいました（François Gouin, 1831–96）。彼のやりかたは"Series Method"ということで1880年代から今世紀初頭にかけて一時かなりもてはやされました。すべての経験は、それを構成する細かい動きに還元され、それを、そのできごとの順番にseriesとして描写して、おぼえるということです。これはダイレクト・メソドでI am walking to the door. I am opening the door, etc.といったふうにつかわれています。そのはじまり

はというと，外国語学習に失敗して疲れはてたグワン先生が，ある日ノルマンディのいなかで3歳の男の子といっしょに粉引小屋を見にいったのです。とてもたのしい一日をすごしたのですが，のちになってその子が家でいろいろオモチャや何かをならべて，ひとりごとをいいながら粉引小屋ごっこをしていたのを見て，先生はハタと気がついたのです。ものごとにはsequenceということがある。Sequenceをきちんとふんでいけば自然にことばはおぼわるのだ——というわけで，外国語学習のためのシークエンスをたくさんつくりました。その3歳の子どもが言語を手がかりに粉引小屋の経験を再体験する，あるいは体験をありありとおもいだすことでことばが口をついて出てくる。このように言語と経験の相互作用により，世界についての認識がだんだん深まっていくという，感動的なはなしがつたえられています[22]。リチャーズも「学習者のなかでの言語の構造化と，彼の世界の構造化は，いっしょに成長していくものだ」といっています[23]（くわしくは第8章をごらんください）。

　そういう立場から言語を見ると，それの正反対の極にね，言語がコードつまり暗号というか符号というか，そういうものだという考えがあるでしょう。コードというのは一番の代表的符号はMorse code，モールス符号でしょ。モールス符号は1対1の関係でアルファベットに対応しているわけですね。1対1の関係で対応しているのがコードなんです。だけど，ことばは1対1の関係で意味と対応していません。対応はことばの使用者ひとりひとりが頭の中でつけなきゃならない。これが例のオグデンとリチャーズの「意味の三角形」ということです。ですから私たちがことばを使っているときは，実は常に不安定——頭の中はそんなに安定してないんです。常に不安定に「本当はあの人の言った意味はこうなんだろうか」とか揺れうごきながら，「一応仮にこうだろうと仮定して，それならばこういうふうに反応してみようか」とか，そういう手さぐり状態で意味をいつもさぐっているのが，わたしたちの言語活動の本当の姿なのでしょう[24]。GDMでは，ですから，わりに本当の姿に近い

第7章　Question-and-Answer の問題点　　　　　　　　　59

状況で言語を教えているとおもうわけです。だから，「これの訳はこれです」というふうに1対1に符号的に訳語を与えてしまう translation ということは非常に困ったことになるわけです。それで，意味というのは，常に不安定な，常に推論して，常にフィードバックして，これでいいのだろうか，ということを考えていなければならない，そういうものなんだということを，その世界をそのまま入門のときから外国語で頭の中に起こさせたいわけです。そこで大切な道具として writing というものが登場してくるのです。

III

　Writing の登場は，人類史上においてアルファベットの発明ということがあったわけでしょ。字を書くことで，私たちがどういうことができるようになったかというと，「記号」と「意味」を切りはなして考察できるようになった。Writing がない限り，頭の中はもっともやもやしたものです[25]。たぶん「意味」なんていうようなことを考えないんじゃないですか？　日本でも古代においては「こと」は「ことば」と「ことがら」の両方を意味したそうです。『古事記』などを漢字で書くときになって「言」「事」などと書きわけようとする努力がはじまったといいます[26]。一般意味論のコージブスキーは荷札からおもいついて，「抽象構造分離モデル」（Structural Differential, p.67 参照）をつくったといわれています[27]。ことばは "label" のようなものだということは，それが指し示す物から切り離れているということですが，荷物や手紙を送ったりする交通・通信手段がなければ，こういう感じ方は出てこないとおもいます。要するに文字化しないままで口から出て空中に消えることばでは，対象として取りあげて観察するのはかなり難しい。そういうわけで，「意味」について自分でふりかえって考える習慣をつけるという意味で，writing は非常に大切であるということをリチャーズはいっています[28]。

リチャーズはBASIC Englishあるいはsimplified Englishに，ホメロスの『イリアッド』と，それからプラトンの『共和国』を訳しています。この二つのギリシア古典を訳したときの経験で，ホメロスの世界と，プラトンの世界がものすごくちがう。そのちがいはどこから来たのかということをおもったのです[29]。どちらもわれわれは，いわゆるクラシックのギリシア文学だとおもっているけども，クラシックの世界のなかでやっぱりものすごくちがうのは，ホメロスはアルファベット以前の人ですね。文字なんてものがこの世にあるなんてことを全然知らない，そのときの伝承です。それから『共和国』はアルファベット出現以後のものです。Writingに書きうつされたテキストを見ることによって，「なに？　これがホメロス⁉　へんな人ね！」ということになった。なんでホメロスの神様はそんなばかなことを争って人間を苦しめているのか，というような疑問が出てきました。文字でそういう話を定着してみてはじめて「なんでこのゼウスなんて，いばってるけど…？」というような感じが出てきたとおもうんです。それでプラトンは，そういうばかな話をはなす詩人というものは「共和国」から追放しなきゃいけないということを言ったわけです。そういうわけで，文字の出現ということがものすごく人類史上画期的な発明だったことはわかってます。それと同様にわたしたちも外国語を学ぶときに，発音についてのフィードバックをwritingですることができます。あるいはwritingによって発音を確かなものにするという手だてがあります。

　意味についてのフィードバック，もうひとつは発音についてのフィードバックといいましたが，それからもう一つwritingについていうと，われわれは手を使ってwritingしていますね。目も使いますね。それに対してhearingの時は手を使わなくてもいいわけ。目も使わなくてもいいかもしれない。使うともうちょっといいですけど。というのは発音だけでわからなくても相手の口を見てて［b］だか［v］だか見ようというインチキができます。インチキというより，かしこいことだとおもい

第7章　Question-and-Answerの問題点

ますが。とにかくわれわれが使う感覚，あるいは使う手段，あるいはチャネルの種類が増えてくると，非常に安定した学習ができるわけですね[30]。聞いたことを目でチェックすることができる。あるいは目で見ただけではわからないことを読んでもらったらわかります，ということがありますよね[31]。

わたしたちが情報を処理する場合にこのように3つのモードがあるということを，認知心理学の元祖といったらいいか，ジェローム・ブルーナーという先生が言いました（Jerome Bruner, 1915–　）。そのひとつは"enacting"，別の言い方をすればaction, muscular act，筋肉を使って動くことによる認知ということがあります。2番目は"depiction"で絵にするんですね，あるいはイメージ化といったらいいのかな。3番目にことばにする"symbolization"，言語化[32]。

ブルーナー先生は語学よりもサイエンスとか，それから数学を教えるときの心理から入ったわけです。よくある例は，シーソーです。ギッコンバッタンのあれです。あれは誰でもできる。二人で乗って，それでその理屈はわかりませんが，何となく，こうやって，こうやってという，ただ自分が上がりたい時は上りたいふうにして，それで今度は自分がこっちにいく時はちょっとこっちへやるだけ。このちょっとの筋肉の変化でやるわけでしょ。

ところがしばらくすると，どうやらこれはこのシーソーの支点との距離と関係があるんじゃないか。自分が前の方に乗ると，上ったきりになって動きません。あるいは相手がうんと重いひとだったら，自分はウーンとがんばって，身をうしろにそらせる——つまりうしろの方へ重心を移動させるということで，支点から長い板の先にのっていることになる。それでなんとなくそういうバランスの図式というのが，頭の中にある程度のイメージとしてできてくる。

それでその次には「自分の目方×自分側の長さ＝相手側の長さ×相手の目方」という言語化，この場合では数式化で3番目のsymbolization

に至るわけですが，こういうことがわれわれの情報処理として方々で起こっているのです。

　しかし外国語をやるときには，とかく筋肉でおぼえる部分が少なくなりがちなんですよね。やっぱり40人50人のクラスだったら先生が教壇でやってみせるだけにおわりがちです。生徒ひとりひとりにcomeしてgoしてtakeしてputしてということをできるだけやらせるといいんですが，この筋肉の部分が少ないとおもう。とにかくこの3つのモードが互いに助けあうことで情報処理というのはやっているんですが，このうちどれか一つだけを取り出して観察すると取り扱いやすいものですから，いつのまにか自分がたまたま観察しているそのひとつのモードだけがたいせつだ，という錯覚になってしまうんですね。それに対してGDMは，channel interplay，つまり一つの感覚だけではなくて，体のいろんな部分で，その同じひとつの情報を処理してわかっていくということを非常に徹底して推し進めた点で，他のやり方とちがっているとおもいます。

　それでこういうやり方をしていきますと，どういうことが起こるかというと，何ていうかな，授業がおもしろいわけ。とにかくおもしろいんですよ。おもしろくてしょうがないんだよ。だけどそれがうまく説明できないですね[33]。それでしかもそのおもしろさはね，overflowして，よその領域まで行くわけ。つまり英語の領域だけに限らないで，全体的になんとなく元気になるわけ。その人が，その学習者なり，その先生なりが，元気になって他のこともはじめるわけ。つまりここがGDMが宗教的だとか悪口を言われる理由の一つなんで，つまり，今の世の中ではとにかく分業の世の中で，それぞれが別々のところにいなくてはいけないのです。これが「疎外」ということでもあるわけですが，とにかくそういう分業の壁を壊す人は悪い人とされます。その種の悪い人にはだいたい「宗教」の名前がつくわけ，というか，わけのわからないものは「宗教」というところに押し込めて，自分からとおざけておきたいのです

ね。実はリチャーズ自身がここでひどい目にあってるわけなんです。彼がインタビューでこういうことを言ってますね。彼は English Language Teaching の映画を作りました。そのずっと後になってですよ，インタビューした人がね，「フィルムを作って一番まなんだことは何ですか」と聞きました。リチャーズいわく「プロフェッショナリズムの悪意でした」。つまりそのフィルムを作ったときにもすごくメディア人間は抵抗して，リチャーズの言うようにフィルムを作りたがらなかった。メディア人間にいわすと「おまえみたいな素人は黙っていろ。おれたちの方が知ってるんだから」っていうんですね。そこでそういうメディア人間のプロフェッショナリズムに非常に苦い思いをしたということがある[34]。ところがそれ以前にまだあるんですね。今わたしがしゃべったダイレクト・メソドの歴史というのは，ほとんど A. P. R. Howatt という人の *A History of the English Language Teaching* という本が種本なんだけど，Oxford University Press から出ていますが，そのホワットさんいわく，BASIC English のうまくいかなかったひとつの理由は，学閥の抵抗にあったということである。その学閥はどこかというと，ロンドン大学を中心とするパーマー先生周辺の人たちが一致団結してスクラムを組んで排除した。このホワットさんの本では，パーマー先生というのは English Language Teaching を"profession"として確立したという画期的な人なんですが，その English language teaching の professionalism が「なに？　ケンブリッジのあの哲学の先生が English language teaching に口だして，なにさ」っていう感じで，「こっちの方が玄人なんだ。おまえは素人なんだ」ということで，たいへん抵抗したということが書いてあります[35]。それからリチャーズが抵抗されたもうひとつの professionalism は，リチャーズはケンブリッジで文芸批評をやっていたんだけど，文芸批評を教えていてもね，ネイティブでさえなかなかちゃんと本が読めない。これは困ったことだ。だから文芸批評なんて高等なことやる前にもっと初等教育をちゃんとやらなきゃ

いけないということで,「文芸批評,私はやめます。そして教育に専念します」と言って新しい本を書いたわけ。*Interpretation in Teaching* (1938) という本です。そしたらその本はほとんど無視されて書評もされなかったし紹介もされなかった。これは教育界というprofessionalismによる抵抗がすごく大きいということをリチャーズは知らなかったし,それで教育界は教育界でガッチリと,文芸批評の,文学の先生,詩人の先生に何がわかるかということで,言うことを聞かないわけですね[36]。この三つのprofessionalismによって非常に抵抗されたということが最近いろいろ資料を調べているうちにわかってきたわけです。

なぜ抵抗されたかというと,つねにセクショナリズムの壁をどうしてもこえてしまって,他の領域まで行ってしまう。だからリチャーズ自身が英語,beginning Englishを教えることは同時にteach everything elseになってしまうんだといっています。それで普通の「外国語教育」という看板の下におさまること以外のことに,どうしてもなってしまう。また,そうなってしまうのはいいことだ,という立場でありますね[37]。

(1991年3月26日,京都堀川会館におけるGDM中級セミナーでの講演に加筆訂正。京都精華大学紀要,2,1991年)

NOTES

1. I. A. Richards, "Notes on Principles of Beginning Language Instruction," Prepared for a UNESCO conference in Paris on June 19, 1947. Reprinted in *Design for Escape* (New York: Harcourt, 1968), pp.125–27.
2. A. P. R. Howatt, *A History of English Language Teaching* (Oxford University Press, 1984), p.145.
3. It is seen in Richards' frequent quotation from Coleridge: When we consider, that the greater part of our success and comfort in life

depends on distinguishing the similar from the same, that which is peculiar in each thing from that which it has in common with others, so as still to select the most probable, instead of the merely possible or positively unfit, we shall learn to value earnestly and with a practical seriousness a mean, already prepared for us by nature and society, of teaching the young mind to think well and wisely by the same unremembered process and with the same never forgotten results, as those by which it is taught to speak and converse. (*Biographia Literaria*, Chap. XXII.)

4. S. E. Frost, *Essentials of History of Education* (New York: Barron's Educational Series Inc., 1947), pp.161–62.
5. Howatt, pp.197–98.
6. Ibid., p.199.
7. Ibid., p.200.
8. Ibid., pp.200–01.
9. Ibid., p.201.
10. Ibid., p.171.
11. Ibid., p.174.
12. Ibid., pp.186–87.
13. Richards, *Design for Escape*, p.126.
14. 草薙裕『日本語はおもしろい』(講談社, 1990年), pp.171–72.
15. Howatt, pp.141–43.
16. Ibid., p.202.
17. Ibid., p.187.
18. Ibid., pp.262–63.
19. 水谷信子「言語行動と教室の指導」, 寺村秀夫編『日本語教育教授法 (上)』講座日本語と日本語教育, 第13巻 (明治書院, 1989年), pp.375–80.
20. 清水義範『永遠のジャック&ベティ』(講談社, 1988年).
21. Susanne K. Langer, *Philosophy in a New Key* (New York: The New

American Library, 1948). pp.35–36.
22. Howatt, pp.161–67.
23. Richards, *Design for Escape*, p.14.
24. I. A. Richards, *The Philosophy of Rhetoric* (New York: Oxford University Press, 1936), pp.47–55.
25. Walter J. Ong, *Orality and Literacy: The Technologizing of the Word* (London: Methuen, 1982), pp.75–77.
26. Fujii Sadakazu, *The Formation of Monogatari: Furukoto, Katari, Monogatari*（東京大学出版会, 1987), Chapter One, Abstract, p.1.
27. Conversation with Robert P. Pula, Director of the Institute of General Semantics, Baltimore, 1985.
28. I. A. Richards, *So Much Nearer: Essays Toward a World English* (New York: Harcourt, 1968), p.6.
29. Ibid., p.20.
30. I. A. Richards, *Basic English and Its Uses* (London: Kegan Paul, 1943), p.80.
31. I. A. Richards, Interviewed by Reuben Brower, in Reuben Brower, Helen Vendler and John Hollander, eds, *I. A. Richards: Essays in his Honor* (New York: Oxford University Press, 1973), p.37.
32. Jerome S. Bruner, *Toward a Theory of Instruction* (Cambridge: Harvard University Press, 1966) quoted Richards, *So Much Nearer*, p.144. See *Design for Escape*, p.16.
33. It may be "that a learner can know that knowledge is returning thus in him as power." Richards, *Design for Escape*, p.25.
34. I. A. Richards, "An Interview Conducted by B. A. Boucher and J. P. Russo," in I. A. Richards, *Complementarities*, ed. John Paul Russo (Cambridge: Harvard University Press, 1976), p.262.
35. Howatt, p.217.
36. John Paul Russo, *I. A. Richards: His Life and Work* (London: Routledge, 1989), p.416.

第7章　Question-and-Answerの問題点

37. Richards, *Complementarities*, p.268.

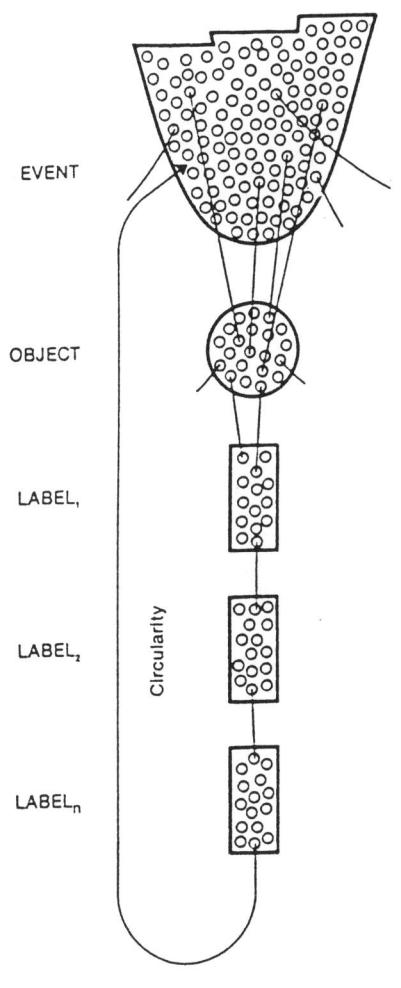

図　The Structural Differential

第8章　言語と認知の共育:
GDMの認知的段階づけ

　ことばはコミュニケーションのためにあると大ざっぱにおもっていたが，ちかごろのように「コミュニケーションのための英語」などとことさらに強調されると，その「コミュニケーション」というのはじつは特殊化された，とてもせまい意味にちがいないとおもうようになってきた。そのようなことを強調する例文とか言語材料から受ける印象は，どうやら，どのような手つづきで，目的のひとに会う約束をとりつけるかということのようだ。そのあとで，自分の立場をどう説明するかという問題は入ってこないようである。

　言語の本質は象徴性であって，社会的協調が第一番にくるのではナイ，とスーザン・ランガーはいって，シンボル作用を手がかりに思想の世界に新しい地平を見せてくれた[1]。認知心理学をはじめたジェローム・ブルーナーは1988年のコージブスキー記念講演で，ローマン・ヤコブソンなどのロシアや東ヨーロッパ系の言語学にふれて，彼らは言語をcommunicativeであるだけでなく，constitutiveに見ている，といっている。現実をうつしだすだけでなくて，現実をつくりあげるものだ，ということだ[2]。

　理想的には，学習者のあたまのなかでおこる言語の構造化と，彼の世界の構造化は，いっしょに成長していくものだ，とリチャーズはいっている。しかし非常にしばしばおこっていることは，言語がそのように探求の手段となるのではなくて，むしろ現実を探求からそらせたり，思考も行動もしないですますための代用手段として，つかわれている[3]。あ

第8章　言語と認知の共育

らかじめわかりきったものとしてある世界を，ことばで言いあらわすのではなくて，ことばで手さぐりしながら言いあらわせた分だけ世界がはっきりしてくる，という立場をわたしはとりたい。

　リチャーズの方法がそれにもとづいているベーシック英語は，それ自体で完成した小世界で，一目で見わたすことができるし，ひとつひとつの語のうごきが，雑多なものにじゃまされないで，すきとおって見える，一種の実験室である。そのためにGDMで教えているわたしたちも，しばしば語のはたらきや，生徒のあたまのうごきが，はっきり見える瞬間がある。たとえば1993年の秋に水谷広子さんが *English Through Pictures*（*EP*）で小学6年生をおしえはじめていて，"picture"という語をなかなか子どもがしゃべってくれない。自動車の絵を見せると"This is a car"，家の絵を見せると"This is a house"と言ってしまって，"That is a picture"とは言ってくれないのだった。モノそれ自体よりも，モノをうつした"picture"は，より抽象的なんだな。やっぱり"picture of a car"とか"picture of a house"として共通した概念をうかびあがらせなくてはならないんだな。しかし"of"をつかうとなると，それは*EP*の26ページ以降だ。教えはじめたばかりにしては，すこし早すぎる。「今どのへんをやってるの？」「こんど"take"にはいるから，絵を"take the picture off the wall"などにつかえる伏線としてやっておきたかった。」なるほど，しかしtakeするものはbookとかbagもあるだろうし，pictureはやっぱり，実物と動作の世界にもうすこし慣れたあとで，入れるのがいいようですね。

　Direct methodで教えていると，言語の構造化と世界の構造化が，からみあって成長するものだと実感する瞬間がしばしばある。わたしがオハイオで日本語を教えていたとき「のれん」と「でんわ」という語を「それはのれんです」「あれはでんわです」という文型で言わせるのがむつかしかった。ひらがなをわたし流にコントロールした範囲の既習の文

字でその語は書けるし，どちらも実物もさわれるし，絵にもかける。しかし「わたしはたなかです」「この/その/あのひとはたなかさんです」「これはほんです」「それはかさです」の言語・世界になれつつある学生にとって「のれん」はあまりにも異文化のものであった。部屋の機能から切りはなされて教室にもってこられたモノは，なんの意味もなさないようであった。部屋のなかにある「ほん」「かさ」「かご」などで精一杯で，外部とのコミュニケーション手段である「でんわ」でさえ，遠く，異質無縁の世界のものとして感じる段階であったらしい。

同じ文型なら，同じスロットに何をいれても，むつかしさは変わらない——というのはウソである。

これはいぬです。
これはばくです。

どちらも絵であらわせるが，非日常的な「ばく」は，日常世界にかなり慣れてからでないと，あまり意味をなさない。

He has money.
The north exploits the south.

同じS-V-Oという文型で語られていても，南北問題が英語としてほんとうに意味をなすに至るまでには，かなりの英語世界経験が必要である。リチャーズは*EP*のBook IとBook IIを経て，Book IIIでそれをやろうとした。

言語の構造化と世界の構造化の相互作用のユニットをリチャーズはSEN-SITと名づけた。はじめのSEN-SITから，芽が出て，根が出て，茎ができて…というようにSEN-SITsの発展が順をおっていけば，言語・世界はらくに育っていく，とリチャーズはかんがえた。SEN-SIT

の順序づけ，すなわちgradingのひとつの原理として，大まかな言いかたから小まかな言いかた（general → particular）という流れがあることを，わたしたちは知っている。たとえばIt is here/thereと大まかに二分していた世界が，It is in/on this boxというように分化してくる。あるいはIt is his/her hat → It is Mary's/Hanako's hat.あるいはgiving, puttingの特殊の仕方としてteaching, writingはEP, Book II（以後EP2と略す）で出てくる。この順序を逆にすると，生徒はこまかいことにこだわり，大ざっぱな自由ないいかたができなくなる。はじめのうちはball-point penだのfelt-tip penだのfountain penだのいわせないでpenにしておくのがよい。第一に単語として長ったらしく，その段階の言語・世界にふさわしくない。Bookですむところも，text book, dictionary, pamphlet, directoryなどを教えたりすることが多いようだが，これらはもっと言語・世界が成熟してからすればいいことだ。これはわたしたちがふつうにものごとを認知する順番でもある。図1を見たときに，ふつうわたしたちはイヌだとおもう。ポインターだとか，ドーベルマンとか，ダルマシアンだとかは，イヌのことに深入りしているひとでないかぎり，まずはおもわない。もうひとつ「動物」というふうにも，すぐにはおもわない。イヌやネコのようになれたものについては，「動物」という分類作用は，第一印象としては出てこない。しかし見なれないものについては，「へんな動物」とか「あの動物は何だ？」というふうに「動物」という語がでてくる。日常から一歩ふみこんだレベルである。わたしはかつて夕方に京都の北山を自動車を運転していて前方の道をよこぎるイヌみたいなものを見たが，なんだか気になるのでふりかえって見ると，それは道ばたでキツネのようなかっこうをしてこちらを見ていた。その瞬間にはなんとなく日常とちがう感じがあったので，わたしは「イヌのような」ものを見たとおもい，ふりかえるとそれは

図1

「キツネのような」かっこうをしていた。

　オグデンやリチャーズによると動詞beの反対語はseemである。Beをつかったstatementは，あまりにも確信に満ちているので，一般意味論のコージブスキーはなるべくbeをつかわないようにしたほどである。それが彼の本を読みにくくする理由のひとつともいえよう。彼の弟子のなかではbe動詞をぜんぜんつかわない英語"E-Prime"でがんばろうとしているひとたちもいた。EPはBook Iのbeではじまり，Book IIはseemでほとんどおわる。"I am here."という確実なものではじまり，"The part of the pencil which is under the water seems to be where it is not"（EP2, 106）となり，それ以後はわたしたちの感覚（senses）が不確かなものであるという話題にはいっていき，EP2, 143ではモナ・リザを例にあげて"There is no measure of the beautiful"という。

　確実のbeから，その正反対のseemのあいだに，いわゆる動詞がどのような順番に並ぶのだろうか？　EPに出てくる動作語を順番にまとめてみると（カッコの中はEP1のページ），

1. be(1)
2. take(14), put(15), give(19), go(29)
3. see(41), have(42), say(42)
4. come(60), get(71)
5. do(77)
6. make(93), keep(96)
7. let(EP2, 15), send(EP2, 16)
8. seem(EP2, 103)

　第2グループのtake, putなどの動作はまぎれもなく見ることができるし，やってみることができるのに対して，第3グループのhave, see

は動作というよりは状態と言ったほうがいいかもしれない。さらにsayについてリチャーズは，これは"reporting statement"につかうものだ，と言っている[4]。とすれば，"I see two seats in the room"とくらべて"There are two seats in the room"というばあいに（図2），"There are"は疑いもなく2つあると言っているが，"I see"は私に見えるのは，ということで認知についての反省を含んでいる（図3）。He said, "There are three persons." But I see two persons.というように情報や判断が何にもとづいているか，ふりかえって検証するというメタ認知的な態度がseeやsayにはある。このへんを教えるときには，何に見えるか答えにばらつきの出そうな教材提示をしたいものである。そのためには絶対確実のbeが確実にわかっていることが前提である。

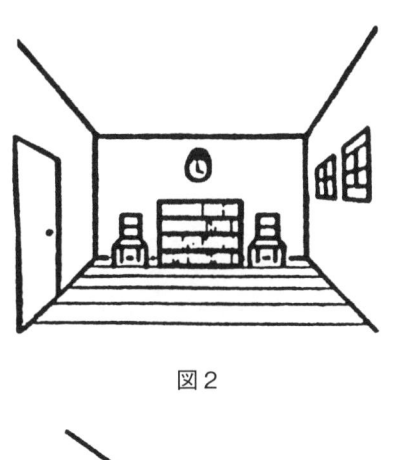

図2

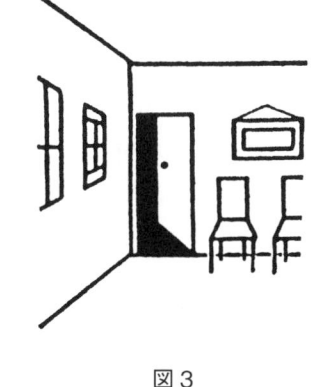

図3

　第4グループのcomeはgoの反対であるが，同じ動作を，異なった視点から見ると，異なった語で言わなくてはならない。それに反してtake/putのばあいは動作それ自体が反対なのである。Getも，giveという同じ動作を，受け手の側から言うことばであって，これもリチャーズたちがLELで教えた経験をふまえて，EPではgiveと同時に提示しない方がよいことがわかったのだろう。またgetのばあいは，第2グループのよう

に単純な動作でなくて，いくつかの動作の結果としてこうなった，という意味にまでひろがりやすい: John says, "I will get my hat."(EP1, 71)

Doはもちろん他の動詞のかわりをするわけだから，それのまえには他の動詞が出来ていることが前提となる。

第6, 第7グループ。Makeはじつは単一の動作ではなくて，いろいろなものをputしたりする複合的なものだ。さらにThe heat of the flame is making it give off steam (EP1, 94). のように，他の動作語をつかって，いわゆる使役形のしごとをする。The heat of the flame is making the room warm (EP1, 94), のように「変化」をおこす。それと反対に，keepは変化に抵抗して，現状を維持しようとする: The cold air in the icebox keeps the milk good (EP1, 98). Makeは強制的に変化をおこすが，letは変化がおこるままにして，抵抗しない: Let me have your bag, please (EP2, 15). 変化は動作によっておこるが，それが強制によるものか，放任によるものかを示すことで他の動詞とかかわりあうので，文型がいささかややこしくなる: make him go, let him go. 維持のkeepが他の動作にかかわって抵抗するときにはThe pull of the cord is keeping the weight from going off in a straight line (EP2, 85) のようにkeep the object from 〜ingのかたちをとる。そのためには-ing formが，それ以前に導入されていなくてはならない: A clock is an instrument for measuring time (EP1, 97). 変化というかんがえは，EP1, 91におけるmakeの導入以後，EP2のおわりにいたるまでの基本的なテーマのひとつである。

Sendはmake 〜 goという複合の動作で，ベーシックにとってはいささかぜいたくな語であるが，英語をなめらかにするのに便利であると判断された。Mrs. Smith is sending Jane and Tom to school (EP2, 18c). そのとなりのワク (EP2, 18d) では，Tom is writing the word learning on the board. The teacher is teaching him the word learning

という文があり，ここではじめて，いわゆるS–V–O–Oという文型が登場する。それまでは"I will give you a card"という言い方はせずに，動作の順番にことがおこる"primitive lucidity"のある文型の"I will give a card to you"でおしとおしてきたが，このあたりまですすんで十分に慣れた学習者に対しては，文中で一部分に逆流がおこっても大丈夫とかんがえられる。日常場面では"give you a card"の文型が非常に多く使われるので，"teaching him the word learning"を機会に"give you a book," "send him a letter,"（あるいは学習者しだいでは，"reading them a letter," "writing her a card"などにも）慣らせることで，full Englishへの導入の準備とすることも出来る。

　ベーシックでは「動詞」を排除したことにより"ask him questions," "tell them a story," "show her the picture"の文型がおこる確率がたいへんにすくなくなり，学習者の文法的負担がものすごく軽くなった。ついでながら上の例にあげた「動詞」は，たとえばshowはlet 〜 seeという複合の動作であったり，askはputがquestionsなどにかぎってつかわれるparticularな言い方であるし，tellはstoryなどにかぎってつかわれるgiveとかsayの特殊な言い方であり，いわゆる「動詞」とベーシックの16の「動作語」とのちがいがよくわかる。またask him to go, tell them to go, show her how to goなど，いわゆるto不定詞との組合せも，これらの動詞の排除とともに，ベーシックではほとんどおこらなくなった。このような文法の単純化により学習者の注意は形式よりは，なかみに集中できることになった。

　To不定詞がベーシックでおこる場合のひとつはseemである。The part of the pencil which is under the water seems to be where it is not（EP2, 106）。Seemは確実な存在beの正反対のものであり，これは動作詞の確実性のスペクトルの一方の極である。そのあいだに，はっきり動作が見えるtake, put, give, goがあり，つづいてsee, sayという情報のもとを気にするメタ認知的なことばがあり，次の段階は他の動作をさ

らにコントロールするメタ動作と言ったらよいだろうか，make, let, keepのトリオがくる，というのが動作の確実/不確実，単純/複合の層構造である。

　Direct Methodで抽象的なことはどう教えるのですか，という質問がしばしばある。Direct Methodは子どもの言語・世界にすぎないではないか，とおもわれている。しかしはじめからベーシックを言語材料としてあたえられているかぎり，ベーシックそれ自体が抽象性をつよくもっている。だからGDM教師はベーシック以外の内容語をもちこむのに慎重でなくてはならない。はじめからbookだけを教えておけば，textbook, dictionary, pamphlet, atlas, directory, etc.を知らなくても，状況に対応することができる。へたにball-point pen, felt-tip pen, fountain pen, etc.などを教えると，幼児的傾向としては，そのレベルにこだわりつづけ，penという抽象をしたがらない。ベーシックが英語圏に固有の文化を教えるものでなく，それとはちょっと距離をおいているということは，制限された単語としてえらばれる語は，現象ベッタリの語ではあり得ないからだ[5]。絵にかくことができて，数えることができる，物の名前であっても，ベーシックにえらばれた語には一種の「垂直上昇力」がある。

　吉沢美穂さんはGDM Teacher Trainingでしばしばstructure wordsの重要性を強調し，content wordsはstructureの練習のための手がかりだといった。それまでのhat/cap, table/deskの差をおぼえることが英語だとおもっていたひとたちにとっては目のさめるような指摘だった。しかしstructureの練習のためなら，どんなcontent wordsをつかってもよい，ということにはならないことは，言語の構造化と世界の構造化がたすけあって育っていくというリチャーズのことばをおもいだせば，なっとくできるだろう。しかし自然言語の獲得とはちがって，第二言語を学ぶばあいには，子どものときのように時間をかけるわけにはい

第8章 言語と認知の共育　　　　　　　　　　77

かない。スピードアップのしかけが必要である。そこで文法とか翻訳というものの出番があるとかんがえられる。しかし，ちょっと待ってほしい。すでにpictureという語がおしえにくかったという例をあげたが，pictureはモノそれ自体というよりは，モノを反映したモノという意味で，メタ言語っぽいのだ。ふつうはなかなか意識されないこういう問題が浮びあがってくることが，ベーシックという小世界，GDMという実験室で経験できる，おもしろいことだ。それでは文法とか翻訳というメタ言語をつかわずに，どのようなスピードアップがEPには仕組まれているのだろうか？　EPでの最初のメタ言語はp.30の "What is this?" is a question. "It is a hat," is an answerである。小学生などに教えるときオーラルだけではWhat is this is a questionがひとかたまりに頭にはいってしまいやすい。What is this?というカードを見せて "It is a question." It is a hat.というカードを見せて "It is an answer." としゃべることで，対象言語とメタ言語のレベルのちがいを感じさせることが必要である。GDMでならう学習者たちがフラッシュカードに一種の魅力を感じているらしいことは，きわめて興味ふかい。音声として発せられては空中に消えていく時間的経験のながれから，ことばがカードに個体化する，一種のふしぎな気もちがあるのではなかろうか？　声だけの世界に対して，文字のもつ機能がここにはっきりとあらわれている。Utteranceのながれのなかから，ある部分を切りとり，それを考察の対象にすることができるためには，文字の使用ということが必要だということは，メディア史でくりかえし指摘され，リチャーズも強調していることだ。この意味でGDMにおけるreading and writingの重視は，これを軽視する他の教授法にくらべて，人類の進化という大きな流れにそっている[6]。

　ことばをとりたてて議論するばあいに必要なquotation marksはreporting statementのHe is saying "mouth"（EP1, 42）でふたたび出てくるが，たいせつにあつかいたいものだ。そうそう "question mark"

(EP1, 30), "numbers" (EP1, 36) もメタ言語である。もちろん教師は「これはメタ言語です」などという必要はない。それどころか，かえって混乱をみちびくだけである。

　確実/不確実ということからいうと，Yes-No questions は50％の確率である。ここにくるまでに確実のbeは十分に身についているはずであるが，EP1, 25でarmsやlegsが，seatやtableについても使える，というおもしろい発見がある。Metaphorということだが，それまでは人間に確固としてくっついていたはずのarmsやlegsが，はずされて，ほかのモノにくっつけてもいい。ここで異質物のなかに類似を見る，という抽象作用が活性化される。

　Questionsによって不確実の世界が導入され，はじめてメタ言語が紹介されたあとで，things/persons (EP1, 37) によってリチャーズがいう classifying statements に出会うことになる[7]: Men and women and boys and girls are not things. They are persons. さりげない日常的なことばだが，things and persons は世界を大きく分類しているし，わたしたちはもっとこのことばをつかいこなせると便利である。また将来 definition words として他の語を説明するときに活躍する語である。Classifying statements は Dresses and stockings and shoes and gloves are clothing (EP1, 81). A clock is an instrument for measuring time (EP1, 97). Apples and oranges are fruit (EP1, 100). を経て Cows and sheep and pigs and horses and goats are animals. They are different sorts of animals (EP1, 107). の "sorting" にいたる。経験のつみかさねが，ある程度にまで達しないと分類への準備体勢はできてこない。だからすべてを大から小へ分けて clothing, food, animals を先に教え，その小分類として hat, apple, dog を教えるという順番にはならない。わたしたちの普通の認知としてはまずイヌとかネコがあり，「動物」はそのあとでする分類である。しかしイヌともネコともつかない非日常的なものを見ると，あの動物は何？　という反応になり，大きなワクのたすけを

かりることになる。

　Seeとhaveは動作というより状態といったほうがよく，どちらも進行形の導入はなくて，三人称単数のときにsees, hasとなるところが，それまでの動作とちがう。あまりいっしょうけんめい見るとtaking a look（EP2, 19）になってしまうから気をつけるようにいわれている。Seeは見えているとか，見えてくるという状態で，クラスの一部のひとには見えないふうに教材が置かれているとか，一部のひとにはなかなか見えてこないとか，多少の不安をともなうものである。ひとによって発言がことなることを利用して男女不明の写真などを見せれば，"Did you see a man? Did you see a woman?" などquestion-and-answerを生きたものにすることができる（図4）。Reporting statementをつくるsayまですすめば，さらに認知のよってくるところを掘りさげることができる: He said, "There are two men in the picture." But I do not see two men. I see a man and a woman.

図4

　Be動詞はI am here (locating statement). This is a man (pointing-naming statement) ではじまり，classifying statementによる定義への第一歩にいたったが，ほかにqualifying statementsをつくるはたらきがある[8]: This door is open / shut（EP1, 27）。しかしEPでは形容詞の導入に慎重で，次のqualitiesはlong / short（EP1, 45）で，その次はwarm / cold（EP1, 96），thick / thin, good / bad（EP1, 98），soft / hard（EP1, 103）といったぐあいだ。動詞の排除のほかに，もうひとつベーシックを成りたたせたものとして，emotive wordsの排除がある[9]。形容詞には自分の感情を対象に投影して，対象それ自体の性質であるかのごとくレッテルをはるものが多い。同じネコに対して，「かわいいネコ」とおもうひとと，ネコのきらいなひとは「こわいネ

コ」とレッテルをはるばあいがある。それはそのネコの特性ではなくて，話し手の反応をあらわしている。このように分けてかんがえるのがベーシックをなりたたせた意味論である。GDMにベーシック以外の形容詞をもちこむことはきわめて危険である。

　Part (EP1, 45) は分析的にものを見るのに欠かせない道具になることばだ。特にBook IIIではたえずpart←→wholeの相互関係が強調される。またことばの意味のpart-whole shiftということもリチャーズがくりかえし注意をひこうとしている[10]。ひとつの例はThe part which is between his head, his arms and his legs is his body (EP1, 51) の"body"はpartだが，Nobody (EP1, 79) となるとからだ全体の人間となる。ついでながらbodyはさらにAll bodies which have weight have an attraction for one another (EP2, 80) のように拡張された言い方も出てくる。

　Partsを教えるには，本来の形でなく，まずバラバラに分解した状態で見せて"These are parts of a clock"とか導入すれば印象がふかい。あるいはthingsも，テーブルのうえに既知のもの未知のもの，いろいろな物品をどばーっと並べて"These are things"と印象づけるのがわたしは好きだ。そしてだんだんに物品のレベルからはなれて，ことばだけで"Doors and windows are things"とか"His eyes, his nose, and his mouth are parts of his face"などと言語レベルでの例にはいっていくのがよい。ただはじめから口頭で"His head, his arms, his legs, and his body are parts of a man"などといってわからせようとするのは，verbalismコトバ依存主義というか，手ぬきである。実物が提示できないばあいでも，なんらかのしかたで話題としてとりあげ，十分ウォーミングアップしてからの分類でないと，おしつけの丸暗記であり，抽象へむかっての知的な作業にはならない。

　EP, 49には論理学的に重要な概念allとorが登場する。Allはnoの反対としてここでは練習すればいいとして，some (EP1, 91) のところで

第8章 言語と認知の共育　　　　　　　　81

もう一度とりあげる必要がある[11]。Orは疑問のWhich...?とくみあわせて，生徒にいわせる機会をたくさんつくりたいものである。

　"Name"という一見かんたんな語の登場がEP1の58ページまで待たねばならないということに，わたしは感心してしまう。あるひとをさして"This is John"といってもよいし"His name is John"といっても同じことだ。しかし学習者としてはひとつひとつの言い方に必然性を感じたいものだ。ひとを紹介する言い方としてこれまで"This is John"にしぼってきたのはかしこいことであった。そればかりでなく，Direct Methodで教えてみるとわかることだが"name"という語は教えにくい。それはメタ言語だ。ものの名前をとりたてて問題にするときにつかう荷札のようなはたらきをするものだ。ものやひとを直接的に提示する対象言語の言い方にかなり慣れたあとでの導入が，わたしには好ましくおもえる。(図5)

図5

　EPの前身であるLEL (*Learning the English Language*) では，まだそこまでかんがえられていなかった。Step Oneで "That is Mrs. Brown. Her name is Mary Brown." Step Fiveで "This is a statement: These are letters, numbers, words and pictures." しかしletter, wordsはEPではBook II, 16である。LELにあらわれる次のような文は，このテキストをつかっていた移民たちには，むつかしかったのではなかろうか:
There are five words on the board. The word *over* is over the word *between*. The word *under* is under the word *between*. The word *between*

is between the words *over* and *under*. (図6)

EP1, 59 には giving a turn, giving a push という言い方で出てくるが，これは give するのは things だけでなくて，turn とか push とかの動作でもよいということで，モノの世界から抽象の世界への入口として，一段階あがったものとして，たいせつにしたい。

EP1, 79 では新しい語をはじめて「定義」してみせる: Nobody = no man or woman or boy or girl or baby. 語の定義をいろいろしているうちに，だんだん形をとりはじめたのがベーシックであり，定義はベーシックが得意とする領域である。EP なり，なんなりで，ある程度ベーシックになれた学習者は，次の段階としては *The General Basic English Dictionary* によって未知の語の定義がわかれば，あとはひとりで普通の英語の大海へのりだせるはずだと，リチャーズやオグデンはかんがえた。しかし，わたしたちは，どのようにして字引のつかいかたを教えたらよいだろうか？　　(*GDM Bulletin*, 46, 1994)

図6

NOTES

1. Susanne K. Langer, "The Land of Creation," *Fortune*, Vol. XXIX, No. 1 (January, 1944). Reprinted in *The Language of Wisdom and Folly*, ed by Irving Lee (San Francisco: International Society for General Semantics, 1967), p.10.

2. Jerome Bruner, "Life and Language in Autobiography," *General Semantics Bulletin*, No. 57 (1993), p.15.

3. I. A. Richards, *Design for Escape* (New York: Harcourt, Brace & World, Inc., 1968), pp.12–13.

4. I. A. Richards, "Basic English in the Teaching of Reading," *The Weekly News: The Teacher's Edition*, 5/24 (Dec. 1943), 7-12. Reprinted in *A Semantically Sequenced Way of Teaching English: Selected and Uncollected Writings by I. A. Richards*, Edited with an Introduction by Yuzuru Katagiri and John Constable (Kyoto: Yamaguchi Publishing House, 1993), p.89.
5. "At the Basic English conference in 1933, Richards had argued that Basic words were on a high generality level and therefore would be more palatable to foreign culture than any standard language (including English)." John Paul Russo, *I. A. Richards: His Life and Work* (Routledge, 1989), p. 456.
6. I. A. Richards, "Instructional Engineering," in *A Semantically Sequenced Way of Teaching English*, pp.324–27.
7. Richards, "Basic English in the Teaching of Reading," in *A Semantically Sequenced Way of Teaching English*, pp.87–88.
8. Ibid., p.88.
9. I. A. Richards and Christine Gibson, *Learning Basic English* (New York: W. W. Norton & Company, Inc., 1945), p.17.
10. I. A. Richards, *How to Read a Page* (Boston: Beacon Press, 1959), Chap. VIII.
11. たとえば次のような練習問題がある.

    You will put "Some," "All," or "No," on the lines.

    1. All　men were boys.
    2. ___ persons have gardens.
    3. ___ women have rings on their fingers.
    4. ___ boys are small.
    5. ___ women are mothers.
    6. ___ men are women.
    7. ___ men have heads.
    8. ___ water is wet.

9. ___ birds have hands.

10. ___ men have automobiles.

(*Workbook for LEL, Book Two*, p.54)

図版

1, 2, 3. I. A. Richards and Christine Gibson, *English Through Pictures, Book 1* (IBC Publishing)

第9章　外国語学習は創造的であり得るか?
―『修辞学の哲学』を読み解く

I

　むかしむかしのこと，学校教育で英語を教えるのは実用のためか教養のためか，という論争があった。いまでは，役にたつことが，あたりまえのように目標とされている。しかし一方ではいぜんとして「たんなる英会話」というような軽蔑的な言い方をするひとたちがいる。この軽蔑はどこから来たか？　たぶん外国語学習はつまらないことのくりかえしをがまんしなくてはならない，という考えがある。それをがまんしたひとは勝ち組となり，がまんできないひとは負け組となり，手のとどかないところのブドウは酸っぱいものだと思いたがる。もうすこし同情的にいえば，言語活動において創造性が無視されていることにがまんがならないのだ，面白くないのだ。しかし外国語の習得は，りくつをいわずに機械的にものまねし，それが自動的習慣になるまで，くりかえさなくてはならない，という主流派の考えに反論することはむずかしい。ところが20世紀英語文学批評においてT. S. エリオットとならんで言語感覚随一といわれた I. A. リチャーズ（Ivor Armstrong Richards, 1893–1979）は，習慣ではなく洞察によって言語を使う試みとして850語の基礎英語BASIC Englishを紹介している（本書，第27章）[1]。言語活動がわれわれ自身で思っているよりずっと創造的なものであることを彼は『修辞学の哲学』（*The Philosophy of Rhetoric*, 1936）で次のようにいった[2]。

　　たとえは言語に遍在する原理である

このことばを見つけて以来，これがわたしの仕事の原動力となってきた。1950年代のなかばごろ，わたしはたとえばT. S. エリオットの"April is the cruelest month,"のような英語現代詩の逆説的表現が面白くてたまらず，さらにどんな本を読んだらいいでしょうかと鶴見俊輔さんに聞いたら即座にThe Philosophy of Rhetoricだといった。これは彼の見当ちがいで，本には逆説的表現については何も書いてなかったが，"metaphor is the omnipresent principle of language"という一行がたねとなって，わたしを元気にした。

この本は1936年にブリンマー女子大学で行った講義を活字にしたもので，前書きでリチャーズは，「あえて話しことばに近いままにしておいた」といっている。現在手探り中の主題をあつかうには，あまり決定的な感じにならない方がふさわしいと信じた，といっている（Richards, Rhetoric, vii. 以下Rと略す）。これがまた気に入った。すごく前衛的なことをいうと，厳密主義者たちの証明は，ずっとあとから追いついてくるのだな。彼と同時代の批評家ハーバート・リード（Herbert Read, 1893-1968）は『芸術と人間の進化』(1951)で，芸術的認識が科学的証明より前にくる，といっていた[3]。わたしが尊敬していた批評家がふたりとも，そういっているので心強かった。特にリチャーズは『文芸批評の原理』(1924)，『詩と科学』(1926)で文学の説明に科学をもちこんだひとであったから，そのことばには重みがあった[4, 5]。

わたしたちがものをいうときには，レンガのように単語を積み重ねるのではなくて，まず何かの思いがあって，それを口にする。はなしことばにおいては，ある単語がどこからはじまって，どこで終わるかの意識はない（R, 47）。まさにそのようにこの本は「話されて」いる。定義を積み重ねていく学術書のように読むことはできない。まず彼のいいたい思いがある「たとえは言語に遍在する原理である。」たとえは詩とかゲージツにつかわれる何か特別なものとか，かざりたて目立たせるため

の，よけいなものではなくて，だれでもが普通にことばを使うときに，はたらいている原理なのだ。詩とか芸術とか創造的とかいうことを何か，えらそうに特別視するのではなく，それはすでにわたしたちの日常生活にあったり，それの延長線上にあったりすると考えたい。わたしの気持ちに共鳴が起こった[6]。

　えらそうなことばに対する，わたしのアレルギー的反応は，15歳まで「正義」のための戦争漬けにされたことから来る。1951年に邦訳が出たS. I. ハヤカワ『思考と行動における言語』がわたしたちを言語の魔力から解放する大きな助けになった[7]。そのころハーバート・リード『平和教育論』が紹介され，戦争はまず心の中から平和にしないと止められない。そのためには教育からはじめなくてはならない，ということをわたしは読んだ[8]。早稲田大学で教育原理の戸川行男教授はA. S. ニイルを読みなさいといった。ニイルの「自由学校」のもとになっている考えはウィルヘルム・ライヒの『ファシズムの大衆心理』や『性と文化の革命』にあるような心理学にあった[9]。リードは平和のための教育の主な方法論として美術を考えていたが，わたしは美術家ではなかった。一方，第一次大戦の苦い経験からC. K. オグデンと『意味の意味』を書いたリチャーズは，修辞学は誤解の研究であるとして（R, 3），意味のうつしかえのパターンを整理することにより，科学としての議論が可能になるといった（R, 94）。ここにわたしの出る幕があると思った。実際に1955-6年に *English Through Pictures* [10]の教え方について吉沢美穂さんたちの議論に参加して，そのことが実感できたのは感激であった[11]。

　なぜわたしが自分のことを書くかというと，わたしたちは純粋に刺激を白紙でうけとることはできない。新しい刺激のうけとりかたは過去の経験によって左右されることを，リチャーズは強調している（R, 29-30）。寒暖計は現在の温度だけに反応する。わたしたちは寒暖計ではないから，過去の温度に左右されながら現在の温度に反応する（*English Through Pictures*, Book 2, pp.127-8. 以後EP2と略す）。

Very cold　Very warm

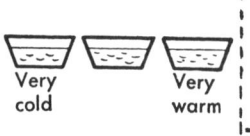

Here are three basins. The basin to the right has very warm water in it. The basin to the left has cold water in it. The basin in the middle has water which is not cold and not warm in it.

I put my hands in the basins at the sides. One of my hands is in the cold water; the other is in the warm water. I keep them there for a time.

Now I am putting them together into the middle basin where the water is not cold and not warm.

図1

　まんなかの水は，片手には冷たく，同時に，もうひとつの手には温かく，感じる。過去に熱い水を経験した手と，冷たい水を経験した手は，同じ温度に対して異なった反応をする。このような反応をする寒暖計があったら，それは「こころ」をもった寒暖計といえるだろう，とリチャーズはいう。わたしたちは過去に左右されずに純粋に新しい刺激に反応できるだろうか？　新しい刺激は新しい感覚，たとえばある種の痛み，を生じさせるだろうが，わたしたちは依然として，それを「ある種の」痛みとして認知する。過去における類似のできごとが，現在のできごとを意味づけする（R, 29-30）。一般意味論のコージブスキー（Alfred Korzybski, 1879-1950）によれば，「同じ」ということはあり得ない，「類似」があるだけだという。わたしたちは類似の現象を「同じ」と見ている。だれでも「類似を見る目」をもっている。「たとえをうまく作るには，類似を見る目がなくてはならず，これは天才のしるしである」とアリストテレスはいったそうだが，わたしたちにはだれでもそなわっている能力だ（R, 89）。わたしの娘が生まれてはじめて動物園でクマを見たとき「ワンワン」といった。自分の過去の経験の延長線上からは当然の分類である。動物行動の研究者たちは，生物たちが，どの程度まで

第9章　外国語学習は創造的であり得るか?

異なった刺激を同じものとして分類するかを，彼らの反応をとおして調べてきた。アメーバのような下等な有機体でもすでに食べられるものと，食べられないものの分類をする。それは考えることのはじまりだ。『意味の意味』ではロイド・モーガン教授の観察したヒヨコが，いちど口にして嫌だったイモムシと類似のイモムシを二度と口にしなかった例があげてある[12]。ここには一般化と抽象への傾向が根元的に存在する，"Its act is abstractive and general," とリチャーズはいう。それは過去の経験とのいくらかの差異を無視する側面において抽象をしている。また完全な同じにこだわらずに，同種類の他のものに対して応用するという点において一般化への傾向があるということだ (R, 31)。

わたしたちの認知の順番というか，分類方法の進化が，抽象的おおまかな一般論からはじまって，こまかい個別的な具体にいたるという指摘は目からウロコであった。わたしたちはまず，おおざっぱな抽象から出発して，それをこまかく種類に分けたり，分類を重ねあわせたり共通点をみつけたりして，個別的な具体に達する。

　いまわたしの手にあるこの紙が，具体的な個体であるということは，それが紙っぽいものであり，現在にあり，ここにあり，わたしの手にあるというかぎりで，そうなのです。これをもっと多くの分類を重ねあわせ，分類をもっとこまかくし，まぎれなくしていけばいくほど，具体的になるのです (R, 31)。

From general to particular という，おおまかなものから，こまかなものにいたるという認知の過程は，その後リチャーズが入門期の英語教授法として開発したテキスト，*English Through Pictures*（First named *The Pocket Book of Basic English*, 1945）の段階づけに，はっきりあらわれている。この発見はわたしたち Graded Direct Method (GDM) でおしえている教師たちにとって大いなる財産となった[13]。

English Through Pictures, Book 1（以下EP1）はまず，I am here. You are there. He is here. She is there. It is here. というような場所をあらわすおおまかな言い方からはじまる（EP1, 4-7）。He, She, It はつぎの段階で分類をされて，This/That is a man/woman. This is a table/hat（EP1, 8-10）。つぎに here/there は in/on を使って，こまかくあらわされるようになる：My hat is in my hand. My hat is on my head. His hat is on his head. Her hat is in her hand（EP1, 11-12）。複合語や前置詞句 into, out of（EP1, 63）は方向をさらにくわしく説明する。所有をあらわす his, her は EP1, 18 へいくと，the man's/woman's hand, さらに this man's hand, that woman's hand, John's hat, Mary's hat という個別的な言い方が可能になる。

　同じような状況をあらわすにしても，あっさりと通りすぎるか，深入りして説明するかについて，いろいろな段階（scale of explicitness）があるという議論も役にたった。Come in/come into the room; at the station/in front of the station（EP2, 12）などの例を見れば，言い方が長くなればなるほど説明が微に入り細をうがってくる[14]。

　EP1に出てくる基本的な動作語は take, put, give, get, see, say など，大ざっぱで，応用のひろい BASIC words に限られているが，EP2, 18-19 に出てくる teaching/learning は giving/getting の特殊なかたち；reading = saying words, writing = putting down words のように基本的動作語が特化されたものと考えることができる。Look も see の特別な場合である（EP2, 19）。あるいは，はじめに seat という一般的な言い方を教えておけば（EP1, 25），chair, stool, bench, sofa などの区別はのちに自分でピックアップするだろう。「区別」をならうことイコール「学習」みたいに世間で普通おもわれていることが多いのではなかろうか。しかし *English Through Pictures*（EP）を学習する過程で，かんたんなことばこそ，何にでも応用できることが実感できれば，それは英語を使うことへの自信となる。認識のプロセスを，ある程度自

覚的に再体験することで，元気がでてくるらしい。リチャーズの理想としては，学習者の頭のなかで言語の構造化と世界の構造化が相互作用で育っていくことだった[15]（本書，第8章）。

　普通には「たとえ」とは思われていないような認知のプロセスが，すでにたとえ的なものであることからリチャーズは説き起こして，最後にはものすごく異質な要素を結合させる「たとえ」の例まで『修辞学の哲学』はすすむ。認識におけるたとえの次ぎには，これもまた普通にはたとえと思われない，気づきにくい，ことばの意味のshiftsにリチャーズは注意を向ける。じつはわたしは1957年に，この本ではじめて，このことばに出会った。まだ自動車の運転をしない頃でギアのシフトも知らなかったし，交替制勤務のシフトも知らなかった。わたしたちは知らず知らずのうちに，ことばの意味をうつしかえて使っている。じつはそれをやらないと，ことばは硬直化して，うごかなくなってしまうと，リチャーズはいう。たとえば「本」というような，かんたんなことばを取り上げて見る（R, 74）。

　本は雑誌と区別されるが，「本」屋さんで売っている。「こんないいかげんなもの本といえるか！」「彼の頭のなかは本でいっぱいだ。」まだ本という物体になっていないが，あのひとは「本を書いている。」「本を印刷している。」「本を製本している。」「リストの本を年代順に並べかえてください。」「そんなことは本に書いてある。」「本当ですか？」

　このように融通がきくということは，言語の欠陥というよりは，美徳だとリチャーズはいう。普通にはほとんど気づかれないが，このしなやかさがあるからこそ，わたしたちは日常的にことばをつかいこなしている（R, 72-3）。しかし科学における厳密なことばづかいは対極のモデルだ。これについては論理学の方でガンガンやってもらうことにして，わたしは守備範囲をことばのふわふわなところにすることにして，『意味論入門』（思潮社，1965年）を書いた。

　ことばの意味が知らず知らずのうちに移り変わっていることに気づ

き，それのパターンを整理することで，科学としての議論が可能になるはずだと，リチャーズはいった（R, 94-5）。すでに BASIC English が成立する過程において，最低限の語彙で最大限の意味領域をカバーするためには，それぞれの語がいろいろな意味において使われなくてはならないから，BASIC words における意味変化のパターンは研究されていた。いろいろな意味があるとして，どの意味からはじめて，どのような順序で並べたら学習者の頭にはいりやすいかをまとめた本がつくられた: C. K. Ogden, *The Basic Words* [16]。

　Be動詞の導入がわかりやすい例になる。わたしが英語をならった頃は，まず "This is a pen,"（これはペンです）のように物や人の名前をいう naming pattern からはじまった。しばらくすると "There are books on the table,"（テーブルの上に本があります）のように存在をあらわす locating pattern が出てきた。わたしたち初心者は（です）と（あります）の区別もはっきりしないばかりか，"They are..." と "There are..." もこんがらがったままだった。

　English Through Pictures では，I am here. He is here. She is there. It is here. It is there. They are here. They are there.（EP1, 4-7）のように存在の be 動詞からはいり，それが確立してから，つぎに This is a man. That is a woman. This is a table. のように名前をわからせる（EP1, 8-10）。存在感から，そのものの名前への横すべりは，なんの抵抗もなく受け入れられる。これが英語の be 動詞の意味の移り変わりだ。

　ところが移り変わっていることに気がつかないことが問題だというひとたちがいる。たとえば He is my friend. He is kind. というような場合に，存在そのものが，つまりいつまでも，どこにあっても，そのような状態なのだと思い込ませてしまう危険があると一般意味論のひとたちからの指摘がある。何人かのひとたちは，be 動詞を排除した英語，E-Prime を提唱した。これは結果としてわたしたちには分かりにくい

表現になる。提唱者のひとりはパーティで "This is my wife," といおうとして、be動詞をさけるために、"This constitutes my wife," といったという笑い話がある。わたしたちの日本語とかスペイン語では、存在と命名は別物のようだから、それほど心配しなくていいのかもしれない。あるいはbe動詞を使いながらも、ことばは、かりのものだということを、たえず意識していることのほうが、安全確実な道具によりかかってしまうよりも、いいのかもしれない。

いままで見てきたのは、「本」とかbe動詞とか、普通なら「たとえ」とはいわないような、一見些細なレベルでの意味の変動であった。もう少し振り幅を大きくして、イスとかテーブルの「あし」のレベルで見てみよう。これもふだんはあまり気づかないで使っている、あたりまえのことばだが、This is a seat. These are its arms. These are its legs. Its feet are on the floor. (EP1, 25) というように、ことさらに取り上げて注意を向けると学習者はがぜん面白がる。普段は無意識的にはたらいている「たとえ」の能力が意識化され活性化されるのだろう。

からだの部分はたとえになりやすい。リチャーズの指導をうけたヒュー・ウォルポール『意味論』では英語の "head" という語を取り上げて、フランス語と比較している[17]。

Take for example the English word "head," the central referent of which is symbolized in French by *téte*. My head, *ma téte*. The head of the cabbage, *la téte du chou*. All right so far, but: a head of celery, *un pied* (foot) *du céleri*; the head of a cane, *la pomme* (apple, pommel) *d'une canne*; the head of an ax, *le fer* (iron) *d'une hache*—and so on.

日本語では、「ひとたま」のキャベツ、杖の「にぎり」、斧の「刃」といったところだろうか。日本語では鼻の「頭」が、英語では the *end* of

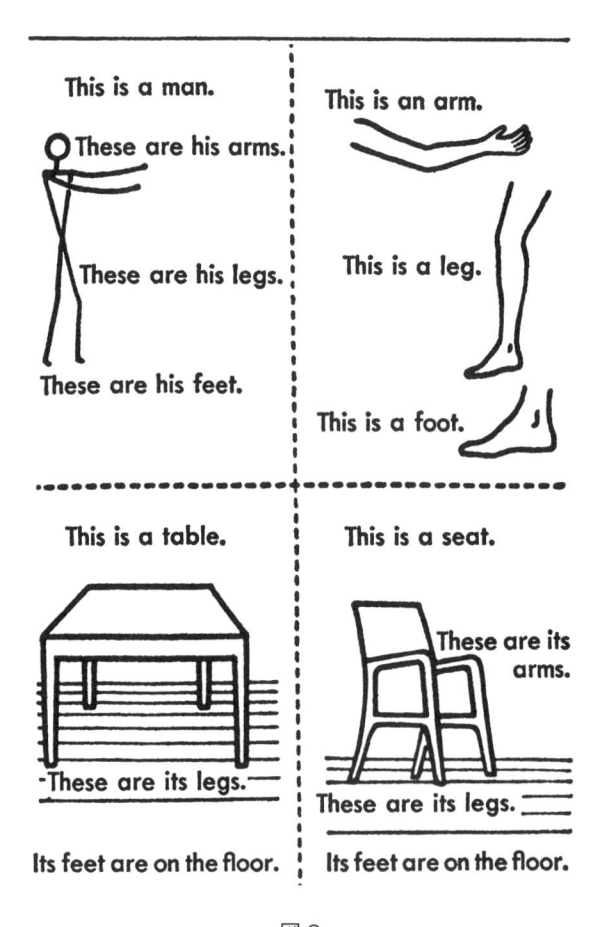

> This is a man.
> These are his arms.
> These are his legs.
> These are his feet.
>
> This is an arm.
> This is a leg.
> This is a foot.
>
> This is a table.
> These are its legs.
> Its feet are on the floor.
>
> This is a seat.
> These are its arms.
> These are its legs.
> Its feet are on the floor.

図2

the noseになる。英語の "the hands of a clock" のたとえは他の言語ではそうはならずに，日本語では「針」を縫い物の道具名からかりてきた。ドイツ語では時計のZeigerは，針Nadelではない。たとえば，それぞれの言語で，異なった方向へ発展する。イスの「あし」くらいなら安全と思うかもしれない: les pieds de la chaise（French），die Beine des Stuhles（German），しかしスペイン語になるとそうはいかない。ヒトにはpiernasがあるが，イヌにはない。そのかわりpatasがある。

第9章 外国語学習は創造的であり得るか?

テーブルやイスにあるのはpatasだ。まさにサピア=ウォーフの仮説で知られるように,

われわれは母語によって引かれた線により自然を分割する[18]。

英語をしゃべるひとたちの足には指がない,そのかわりにtoesがある。ドイツ人の足にもFingerはなくて,Zehenがある。フランス語では手にも足にもdoigtsがある。だいたい日本人が「あし」とおもっているものは,英語ではlegかfootのどちらかでなくてはならない。逆に英語でbrother,sisterといわれても,older/youngerを決めてもらわないと,日本語であらわせない。異言語間で一語でぴったりあらわせる訳語というものはない。リチャーズは中国での経験や,マサチュセッツ州での移民に英語を教える経験をへて,けっきょく翻訳にたよらずに,directに直接法で教えるのがよいという結論に達した。

　それぞれの言語には特有のたとえの方向性,意味の移り変わりの流れというものがあり,それによる自然の分割の仕方に慣れるためには,ことばによる説明,メタ言語を使うのではなくて,マルチ感覚的に体験でわからせる直接法direct methodがすぐれている。母語からの干渉を最低にした環境においては,たとえのはたらきを再発見して面白がりながら,それぞれの言語独特の流れに乗りやすくなっていく。

　たいていの学習法では,この流れがあまり考慮されていない。特に基本的なことば,たとえば"take"というような語を字引で見ると,えんえんとスペースを使って,いろいろな使い方が出ている。たいていは用例の使用頻度順に並んでいることが多いようだが,それらの用例どうしの相互関係が見えるようには並んでいない。しかしEPでは,ある場所にある何かの物を手にとって移動させることをtakeの一番もとの意味"root sense"として,そこから発展させるから流れに乗りやすい。しかもこういったことは,ことばで説明するとややこしいが,絵では一

目でわかる:

He will take his hat off the table (EP1, 14). He is taking his hat off his head. He took his hat off (EP1, 16). John took the key from the lock (EP1, 60).

His hat is on the table.

He will take his hat off the table.

He is taking it off the table.

He took it off the table.

図 3

第9章 外国語学習は創造的であり得るか?　　　　　　97

　She will take the hat in her hand (EP1, 66). John is taking the seats to the table (EP1, 78). Now they are taking their soup (EP1, 79).
　She will take the apple from the branch. She took the apple (EP1, 82).
　Mary has a potatoe in her hand. She is taking its skin off with a knife (EP1, 92).
　We take in air through our mouths and through our noses (EP1, 95).
　How much money did he take with him for his journey? (EP2, 14)
　Mrs. Smith is taking a look at Tom's work (EP2, 19).
　They are taking a walk (EP2, 59).
　He took the dollar and he gave a half dollar and a quarter (dollar) and twenty cents (EP2, 71).

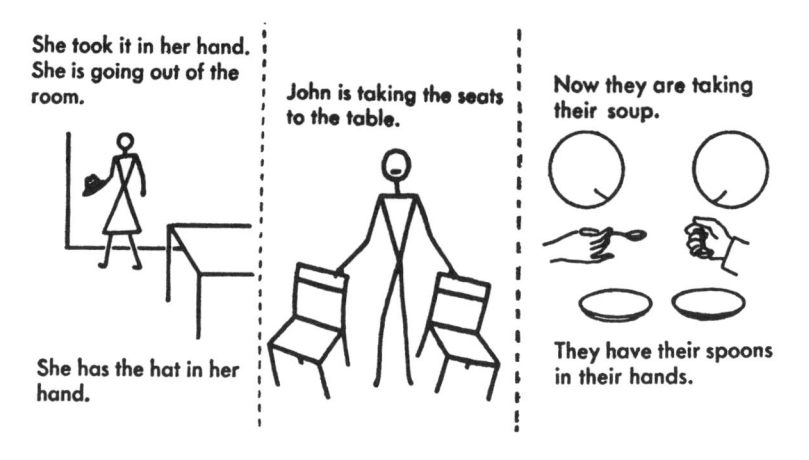

She took it in her hand. She is going out of the room.

She has the hat in her hand.

John is taking the seats to the table.

Now they are taking their soup.

They have their spoons in their hands.

図 4

なにかの物を手にとって，もって行くことから，物がだんだんに空気とか動作とか，とらえがたいものに移り変わっていく。Take+（動作をあらわす名詞）という，たいていの字引では最初にあがっている使い方に来るのは，EPではかなり先のところだ。

II

『修辞学の哲学』の講義は6回にわけられていたが，それのおおよその組み立ては，たとえは言語に遍在する原理であることをテーマにしながら，たとえの原理の認知における目立たないはたらきからはじまり，普通ならたとえとは呼ばれないような意味の振れ幅を指摘したあとで，最後にはかなり想像力を必要とするシェークスピアのたとえにいたる。この最終段階になると英語を母語としないわたしにとってピンとこないことも多い。以上をリチャーズ自身は次ぎのようにまとめている：

> さきほどわたしは，たとえという用語の意味を，おしひろげ，ほとんど破裂するところまで，拡張した。わたしは，ジョンソン博士流にいえば，ひとつの語がふたつの考えを起こさせる場合すべてを含めた。語の異なった用法が混ぜ合わされ，あるひとつのことを別の何かであるかのように語る場合だ。わたしはさらに，たとえ的なものとして，ひとつのものを何か別のものであるかのように認知したり考えたり感じたりする過程をも，含めるようにした。たとえばなにか建築物を見ると，それがなにか顔をしているように見え，なにかの表情でわたしたちを圧倒するみたいだったりする。こういったことは認知の過程においてまったく正常なことであり，わたしたちの認識の成長（子どものアニミズム的世界とかいったこと）を研究すればきっとわかることだ（R, 116-7）。

はじめて動物園でクマを見て「ワンワン」と分類したわたしの娘は，

第9章 外国語学習は創造的であり得るか?

ある日とつぜん自分は「ニャーニャ」であることを宣言した。自分はネコでないことを知りながら、ネコであるといったについては、ひとつの語にふたつの考えがはいっている。かつてわたしたちは鼻をかむ紙をハナガミと呼んだが、すこし成長したころにそれを聞いて彼女は「はながみさま」といって、おかしがっていた。また「ひざ小僧」という言い方をきいて「ひざ小僧様」といって笑っていた。たとえが意識化された瞬間であり、言語意識のはじまりであった。『クマのプーさん』や、石井桃子の『ノンちゃん雲に乗る』などに描かれた子どものシンボル意識の夜明けに興奮したわたしは「ことばの国のアリス」という文を書いた[19]。

ことばに遍在する原理はたとえであるとすれば、ひとつひとつの語には意味の振れ幅がある。それぞれの語に意味が自動的に固定されていると思うことを、"Proper Meaning Superstition"「迷信」であるとリチャーズは批判している。『意味の意味』であきらかにしたことは、使い手の意識が、語とそれの指示物を関係づけるのであって、話し手・聞き手の意識をはなれたなら、シンボルとそれの表すものはバラバラになってしまう、ということを「意味の三角形」で示した（図5）。

しかし語には固有の意味がくっついていると信じているひとたちは、固有の意味どおりに「正しい使い方」をせねばならないと、こだわっている。"Usage Doctrine"と呼んで、リチャーズは、18世紀以来の教科書にあらわれてきたこのような考えをたえず批判しながら、話しをす

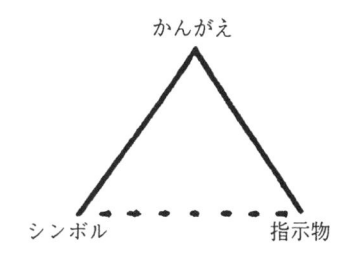

```
           かんがえ
            /\
           /  \
          /    \
         /      \
        /        \
   シンボル ----- 指示物
```

図5

すめていくが，「正しい使い方」にこだわる態度が特にアメリカの学校教育で影響が大きかったと指摘していることが面白い（R, 51）。ことばの魔術からの解放をめざしながら，ことばの「正しい」使い方の教科書に化けてしまうのが嫌で，わたしは落語スタイルで『意味論入門』（1965年）を書いた。

　リチャーズのチョムスキー批判を，京都精華大学助教授だった原田弘（1951–98）は，1993年のリチャーズ生誕百年記念シンポジウムで，わかりやすく解説した：

　　チョムスキーの言い方をすると，言語というのは，…意味と音のペアリングだと。…［意味の］三角形のこの真ん中のところが…グシャッとくっついてしまって，一本線になってるわけですよね。意味というのは初めっからあって，いつもシチュエーションにはそれに適切な文がくっついているという前提がチョムスキーの考え方ですよね。だけどリチャーズは，その意味というのはその言語活動，シチュエーションに対して発話をし，頭の中を通して作る過程というか，その全体，すなわち三角形の真ん中に意味があるんだということですよね。

　　それで［チョムスキーの］無限な文を作り出す有限個のルールということと関連づけますと，…無限なのは文ではなくって，シチュエーションが無限だということですね[20]。

　無限な状況を有限なことばであらわすとしたら，たとえになるほかはない。ことばには「固有の意味」があり，それを守って「正しい使い方」をしなくてはならない，という考えをリチャーズははげしく批判しながら話しをすすめているが，『意味の意味』であきらかにした「意味の三角形」を思えば当然のことである。『意味の意味』では言語の指示的用法をはっきりと喚情的用法から分けることが強調されていたが，じ

第9章 外国語学習は創造的であり得るか?

つはことばは指示的に使われるよりは、そうでないことのほうが多い。1929年の*Practical Criticism*においてリチャーズは、ことばの使い方を4つに分けて詳しく説明した（本書、第10章）。指示的用法においては意味の振れ幅はすくないが、『修辞学の哲学』では振れ幅それ自体を話題の中心とした。リチャーズは認知の過程それ自体がたとえ的な構造をもつことから説きおこしたが、彼が最終的にいいたかったことは、ことばがうまく使われれば、

　感覚だけではできないことをなしとげる。ことばは出会いの場であり、そこでは直感とか感覚だけではつなげることのできないような経験の領域の組み合わせが起こる。ことばが契機となり手段となって、精神がそれ自体を組織化する果てしない成長が起こる。だからわれわれには言語がある。それはたんなる記号システムではない。ことばという道具があってこそ、われわれは人間として、他の動物たちを抜いて、発達してきた（R, 131）。

わたしが最後まで分からなかった彼の有名なことばは、"what the sign or word means is the missing part of the context."（R, 34 & 35）

　脈絡の欠落部分が意味である。

シンボルは、本物がそこに「不在」でも、あたかもそこに存在するかのような効果をもたらす。水戸黄門が「ご印籠」を見せれば、そこに将軍様がいるかのごとく、「へへー」とみんなが平身低頭するようなものか？　わたしなりの理解を『見てわかる意味論の基礎とBASIC English』（京都修学社、2002年）という絵本にまとめてみた。いま『修辞学の哲学』をわたしなりにしめくくるにあたって、脈絡の欠落部分が意味であることを明快に示したものとして写真家アンドレ・ケルテス

(André Kertész, 1894-1985) の作品を紹介したい (図6)。

図6 アンドレ・ケルテス：マルティニーク，1/1/1972
京都国立近代美術館所蔵．
André Kertész: Martinique, 1/1/1972 ⓒEstate of André Kertéz/Higher Pictures.

NOTE

1. I. A. Richards, "The New World Language" 日本ベーシック・イングリッシュ協会『研究紀要』No.9（2000年10月），p.2.
2. I. A. Richards, *The Philosophy of Rhetoric* (New York: Oxford University Press, 1936), p.92.
3. Herbert Read, *Art and the Evolution of Man* (London: Freedom Press, 1951).
4. I. A. Richards, *Principles of Literary Criticism* (London: Kegan Paul, Trench, Truber & Co., Ltd., 1924).

5. I. A. Richards, *Science and Poetry* (London: Kegan Paul, Trench, Trubner & Co., Ltd., 1926).
6. 片桐ユズル「現代詩とコトバ」『文学』, 1958年6月号.
 ——「詩のコトバと日常のコトバ」『英文法研究』, 1958年8月号.
7. S. I. Hayakawa, *Language in Thought and Action* (New York: Harcourt, Brace and Company, Inc., 1947). S. I. ハヤカワ『思考と行動における言語』(大久保忠利訳, 岩波書店, 1951年).
8. Herbert Read, *Education for Peace* (London: Routledge & Kegan Paul, 1950). 加納秀夫「ハーバート・リードの『平和教育論』」(『英語青年』, 1951年5月, 6月号) という紹介が, たまたま土居光知「終戦以後のBasic English」(『英語青年』, 1951年4月, 5月号) と同時期に出たので, たいへん元気づけられた. ここで印象深かったのは, BASICがはなしことばへもどることによって, 特権階級の言語から解放する方向をもつことと, あわせてリチャーズが平和への思い入れを深くもってプラトンやホメロスなどの古典をnear-BASICに訳した仕事であった. ナショナリズムの脅威と世界平和への希望についてnear-BASICとマンガを組み合わせた本をリチャーズは作っていた: *Nations nad Peace* (New York: Simon and Schuster, 1947).
9. Wilhelm Reich, *The Sexual Revolution*, tr. by T. P. Wolfe (London: Peter Nevill & Vision Press, 1952). ウィルヘルム・ライヒ『性と文化の革命』中尾ハジメ訳 (東京: 頸草書房, 1969年). 1950年代にはまだ翻訳が出ておらず, わたしは上記英訳で読んだ.
 ——, Die Massenpsychologie des Fascismus (New York: Orgon Institute Press, 1946). 『ファシズムの大衆心理』平田武靖訳 (東京: せりか書房, 1970年).
10. I. A. Richards and Christine Gibson, *English Through Pictures* (First named *The Pocket Book of Basic English*. New York: Pocket Books, Inc., 1945. I. A. リチャーズ/クリスティン・ギブソン『絵で見る英語』(東京: IBCパブリッシング, 2006年).
11. ガリオア資金によりハーバード大学に1年間留学してGraded Direct

Methodを学んで帰国した吉沢美穂は1952年から，*English Through Pictures*を使って教える教師養成講習会をはじめていた．ユズルは1955年にはじめて参加した．Graded Direct Methodについて詳しくは：片桐ユズル・吉沢郁生編『GDM英語教授法の理論と実際』（東京：松柏社，1999年）．http://www.gdm-japan.net

12. C. K. Ogden and I. A. Richards, *The Meaning of Meaning* (New York: Harcourt Brace Janovich, Publishers, 1989), pp.52–3.
13. 片桐ユズル「ハーバード・メソドと言語観」『英語教育』，1958年7月号．
   ──「教授法における一般と特殊」『英文法研究』，1958年11月号．
14. Harold Whitehall, *Structural Essentials of English* (New York: Harcourt, Brace and Company, 1951), p.60.
15. I. A. Richards, *Design for Escape: World Education Through Modern Media* (New York: Harcourt, Brace & World, Inc., 1968), p.13.
16. C. K. Ogden, *The Basic Words* (First printing, 1932. Tokyo: The Hokuseido Press, 1987, eighteenth printing).
17. Hugh Walpole, *Semantics* (New York: W. W. Norton & Company, Inc., 1941), p.145.
18. Benjamin Lee Whorf, *Language, Thought and Reality* (Cambridge, Mass.: The M. I. T. Press, 1956), p.213.
19. 片桐ユズル「ことばの国のアリス」東京都立杉並高等学校紀要，No. 2，1962年1月．
20. 京都精華大学紀要，第6号，I. A. リチャーズ生誕百年記念特集，1994年11月，pp.42–43.

図版

1. I. A. Richards and Christine Gibson, *English Through Pictures, Book 2* (IBC Publishing).
2, 3, 4. 同上，*Book 1*.

第10章　指示的用法から教える
──『実践批評』を読み解く

I

　日本の英語教育が役に立っていない，という大合唱が聞こえる。しかし「役に立つ」とはどういうことなのか？　どのように役に立ちえるかを語る小さな声に耳を傾けてみよう。それらが示す一筋の赤い糸をたどってみよう。

　　鯨が魚でないのは馬が魚でないのと同じである事は覚えていても，使える英語とは無縁であった企業戦士たちが，かつての日本経済隆盛を支えた。文部省が使える英語を教えろと全国の大学に命じて以来，戦士たちの発音は良くなったが内容は消滅した。それが長期不況の一因といってもいいすぎではない。
　　文法重視教育は25年前に深夜のシカゴで私を幸福にした。バーの主人に煙草を注文した私に何がいいかと彼は聞く。何でもよい，煙が出さえすればと，私は見事に答えた。すると一同は私をあたかもケンブリッジから迷い込んだ青年であるかとみなし，私は一同の敬意と温かさのなかで時を忘れた。夜ふけに帰るとき，客の中の一人は私が明日まで存在するか存在しないか，それが問題だといって，ホテルまで送ってくれるほど十分に親切だった。…（小泉允雄，朝日新聞，1998年8月5日夕刊）

　日本人にとって，英語が分からない国が欧州にふたつある。英国と

アイルランド。上手過ぎて理解しがたいのだ。そのアイルランドに出張しダブリンのホテルでチェックインしたときのことだ。一団のグループ客がどやどやと入ってきた。見るからに米国人だ。急に騒がしくなった。何かもめている。「日本の方ですか。どうもアイリッシュの英語が分からない。あなたが通訳してくれませんか」

　フロントのアイルランド人も私を見た。「そうだ，助けてくださいませんか。このヤンキーたち何言ってんだか全然分からない…」日本人の英語は最もインターナショナルなのだから，もっと自信と誇りを持っていいのではないだろうか。(吉本卓郎，朝日新聞日曜版，1998年7月19日)

あなたの英語はアメリカ英語に毒されてもいないし，イギリス英語でもない。文法の誤りは少ないけれど，ちょっとフォーマルですね，と批評されている藤川鉄馬さん(欧州復興開発銀行日本代表理事)はついにこう結論した。

　イギリスで，地元ロンドンっ子の英語は，別の世界の英語である。地方の人の英語はひどいなまりがある。あれは絶対に英語ではない。
　アメリカ人やイギリス人にいいたい。発音も正しく文法もきちんとした英語をしゃべってほしい。そうすれば，ぼくらだってわかるのに。(朝日新聞，1993年4月10日夕刊)

どうやら役に立ったときには，べたべたにネイティブっぽいしゃべり方をしていなかった。その反対に役に立たない会話とはどういうものか？

　中国の朱鎔基首相が，日本から訪れた政財界人にあまり会いたがらないそうだ。「日本人との会見は儀礼的で面白くない」「何が言いたい

第10章　指示的用法から教える　　　107

のか要領を得ない」といった理由らしい◆ある自民党の幹部が，はるばる英国のサッチャー首相（当時）を訪ねたときのこと。握手のあと，幹部は長々と時候のあいさつを述べ，ついで英国の素晴らしさをたたえて，いつまでも本論に入ろうとしない（本論などなかったのかも知れないが）。いらいらを募らせていたサッチャー首相，ついに「アイム・ビジー」と一言，さっと部屋を出ていったという。つまり朱首相の感覚が特別なわけではない。（朝日新聞「天声人語」，1998年11月25日）

いまやネイティブの英語はモデルとしてまねするほどのことはないとも考えられる。たとえば，

　V. S. ナイポールという作家は骨っぽい。カリブ海の小島トリニダード生まれの65歳，両親はインド人だがオックスフォード大で英文学を修め，1965年代からロンドンで著作活動をつづけている。...
　ナイポールは，いまやイギリス英語さえテレビや大衆文化の影響で腐敗しつつあると語る。アメリカ英語などは論外，インドの英語こそが「正確で明晰な英語だ」というのである。たしかにナイポールの文章を読むと，その気持ちは分からないでもない。例えば「インド――傷ついた文明」は，現代インドの真実を，その残酷や美もろとも，とぎすました精神のレンズで鋭く捕らえた紀行文だ。よけいな装飾をはぎとった簡潔な叙情性。「正確な言葉か...なるほどねえ」とうなずきたくなる。（西垣通，朝日新聞，1998年3月20日夕刊）

タイプライターの発明が英語を，ワープロの普及が日本語を，垂れ流し的にした。それらのハードウェアの専門家たちのいいかげんなことばに，困らされているのはわたしだけではない。

パソコンをめぐって，関係者にとりあえず要望が二つある。第一に日本語の文章表現をもっときちんと勉強してもらいたい◆つぎの文がすんなり頭にはいるだろうか。〈DOSは物理的または論理的なディスク・ドライブを両方サポートするために，ラスト・ドライブのリソースを利用します〉──多かれ少なかれ，パソコン本体や付属ソフトのマニュアル（操作説明書）は，こんなふうに書かれている。悪名高い判決文も脱帽すること疑いなしだ（朝日新聞「天声人語」，1995年8月29日）。

　必要なのは，とりとめのない会話ではなくて，明快に指示物をわからせる，共通の言語だ。

　丸山真男氏は，悲惨に向けてなだれおちる戦争への勢いを，戦前・戦中の知識人がどうしてくいとどめえなかったかを思いかえし，それぞれに高い専門家たちが，じつは「タコつぼ」にひそんで共通の言葉を持たなかったからだと考えられた。敗戦直後の数年，この強い反省は丸山氏一人のものでなく，「悔恨共同体」の動きは様ざまに起こって，丸山氏はその共同作業のために知識人の共通の言語を作りだす仕事をリードされた。（大江健三郎，朝日新聞，1996年10月2日夕刊）

　大学の英語教科書としては異例の，十万部を超えるベストセラーになった東京大学教養学部のテキストが，5年ぶりに全面改訂された。
　「英語を勉強する」のではなく，「たまたま英語で書かれたもの」を読んで，知的な刺激を受けて欲しい。…作り手のこんな意図がこめられている。

　前作では文学作品を「ツッパって」はずした（柴田元幸助教授）。「当時，仮想敵が二つありました。一つは学生の専攻分野に関係なく

英文学を読ませればいいという伝統的な英文学至上主義。もう一つは学生の知的関心を考慮しないかのような英会話指向でした」

それから5年。「使える英語」を求める社会からの大合唱のなかで，一番目の敵へのツッパリは必要なくなった。…しかし，二番目の敵に対するツッパリの必要は以前よりも強くなったと感じている。（朝日新聞，1998年4月8日）

柴田助教授が文学作品をはずしたことについて，わたしも同感だ。というのは，たとえば文学の言葉の韻文的側面において，方言が積極的に活用できるのではないか，と池沢夏樹は文芸時評をしながら，1996年12月に那覇で開催された「沖縄文学フォーラム」をふりかえって次のように述べている例があるからだ。

…会場から「沖縄の言葉には散文がなかった」という発言があって，参加者一同なるほどと思った。これは沖縄の言葉にかぎらない。小説の地の文を支えるべき散文の文体を方言は持っていない。会話と，祈りと，詩歌，芝居までにもちいられるのが近代以前の民間の言葉であって，そこには客観的記述の文体，つまり散文は含まれないのだ。（朝日新聞，1997年3月26日夕刊）

それに対して，英語の特性として，散文的すなわち客観的記述の文体になりやすい，ということがある。たとえば，「女性の能力活用，英語力向上が『足元にある再生の《秘密兵器》であるとグレン・フクシマ（日本ケイデンス・デザイン・システム社社長）は考える。

英語は，背景の異なる人々が一緒に働く際の共通のコミュニケーションの手段であるだけでなく，客観的で，戦略的な思考を助け，討議

やビジネスにおける革新的なアイデアや経営手法を考え出す起爆剤にもなり得る。(朝日新聞, 2001年3月3日夕刊)

彼女は言語の専門家ではないから, おおまかな言い方しかしていないが, ことはかなりサピア=ウォーフ的な見方を必要とする。ひとは言語によって感じ方や物の見方や考え方が無意識的に左右されているということだ。ひとは母語によって敷かれた線にそって自然を分割する, とベンジャミン・リー・ウォーフはいった。母語によって限定された世界から出るためには外国語の刺激が必要だ。

日本語で書かれた詩集『釣り上げては』で中原中也賞を受けたアメリカ人, アーサー・ビナードさん (33) が語る創作のイメージはこんな風だ。

暗く, 長い廊下に面して部屋がいくつかある。一つは, 慣れ親しんだ英語の部屋。もう一つは, 32歳から学び始めた日本語の部屋。そしてもう一つ, 言葉のない部屋があると気づいたとき, 詩を作る手法が固まった。

「母国語でのものの見方についたさびが落ちた状態になって初めて, ものそのものと向き合うことが可能でした」(朝日新聞, 2001年5月20日)

［久郷ポンナレットさんは］カンボジアで生まれ, ポル・ポト政権時代に両親と兄弟4人を失った。炎天下の強制労働と集団生活。自らも飢えと病気に苦しんだ。…ゲリラにおびえながらタイの難民キャンプに逃れた。80年15歳のとき, 日本に留学していた姉を頼って2人の兄と一緒に来日。小学校4年生に編入し, 19歳で卒業した。アルバイトさえ見つけるのに苦労し,「壁」を感じた。日本人男性が卒業を伝える新聞記事を読んで手紙をくれた。その人と結ばれ, 2人の子

供に恵まれた。いま通信制の高校で学ぶ。[『色のない空』という本に] 波乱に富んだ半生をつづった。

「本を読んでくれる人が一人増えるたびに，私の苦しみが小さな米粒ぐらいは和らぐ気がする」。母国語では，かえって感情が高ぶる。日本語で辞書を片手に言い回しを考えると，少し冷静になって書けるようになった。（朝日新聞，2001年5月20日）

詩人萩原朔太郎は，「概して多くの良き詩人は，外国語に対する素養を欠いている」何故ならば外国語を学ぶことによって，母国語のこまやかな言語感覚が打ち滅ぼされてしまう，といった[1]。しかし国際的大詩人エズラ・パウンド（1885-1972）は『詩学入門』（1934年）で反対のことをいった：

人間の叡知の総体は，どれか一つの言語に込められているわけではない。そしてどの一つの言語も，人間の知識のいっさいの形態といっさいの度合いを表現する**能力**はもっていない。

これはきわめて不愉快でつらい原則だ。しかしそれに目をつぶることはできない。

人びとは，あるひとつの言語に「定着」している考えを擁護することに狂信的なくらいの情熱を見せる。概して，その考えは「その国（どの国であれ）の偏見」である。

さまざまに異なる風土，さまざまに異なる血は，さまざまに異なる欲求，さまざまに異なる自発性，さまざまに異なる不得意，さまざまに異なる衝動と嫌悪感の群とのあいだのさまざまに異なる比率，さまざまに異なる喉の構造をもっている。そしてこうしたものがすべて言語に影響を印し，ある種の伝達や記憶への向き不向きを与えている[2]。

パウンドは「いかに読むか」（1929年）において世界的古典のすぐれ

た英訳を紹介しながら，

　［しかしながら］わたしは，現代の人間がたった一つの言語だけでものを考えることができるなどとは，ちっとも認めていないし，ほのめかしてもいない。新型のキャブレターは発明できるかもしれない。あるいは生物学研究所でりっぱに働くことさえできるかもしれない。でもたぶん，すくなくとも外国語を一つ学ばずには，後者のほうはしようとはしないだろう。現代科学は従来からつねに多言語的だった。すぐれた科学者ならばけっしてわざわざ一つの言語に閉じこもって，新発見のニュースに後れをとったりはしないだろう[3]。…

母国語では感情が高ぶるが，日本語で辞書を片手に言い回しをかんがえると，少し冷静になって書けるようになったと，久郷ポンナレットさんはいう。母国語でのものの見方についたさびが落ちた状態になって初めて，ものそのものと向き合うことが可能でしたと，アーサー・ビナードさんはいう。オルダス・ハクスリーの描いたパラというユートピアでは，二言語併用政策がとられている。

　パラ語をはなすのは料理のさいちゅうとか，おかしな話をするときとか，恋について語るか実践しているときだ（ついでながら，われわれは東南アジアでもっとも豊富な，エロティックでセンチメンタルな語彙をもっている）。しかし商業とか，科学，思索的哲学の問題になると，われわれはたいてい英語ではなす。そして書くときは，たいていのひとは英語の方を好む[4]。…

わたし自身おもいだすのは，英語を教えるネイティブの非常勤の先生をおねがいするときに，どんなにものすごく日本語ができるひとが相手であっても，時間とか給与とかビジネスのことを話すのに，わたしは英

第10章　指示的用法から教える　　　　113

語でしゃべるほうが気が楽だった。

　それやこれや，いろいろ考えあわせると，わたしたちにとって英語の役割は，事実に即してものを考えたり，伝えたりすることが大きい。そしてそのスタイルは実際に行われている英語の実態から，いくらか距離をおいた中立的なものになるだろう。

　British American Scientific International Commercial English，略してBASIC Englishという試みがあったことが思い出される。BASIC Englishの単語のひとつひとつの発音を音声学者のLloyd Jamesが吹き込んだソノシートを聞いたことがあるが，わたしの耳にはとてもわかりやすく聞こえた[5]。ヨーロッパ大陸のひとの英語にわざと近づけて発音することとか，スコットランドのひとのように"r"をひびかせたらどうか，英語の発音をもっとらくにするために，BASIC Englishのひとたちはいろいろ議論していた。1920年代にInternational Library of Psychology, Philosophy and Scientific Methodを編集していたときオグデンは当時の学術書のスタイルにそって"get"のような動詞を多用するアメリカ語を書きかえねばならなかったことに疑問をいだいた[6,7]。"Get"のような動詞にたよることで成立したBASICが，それがイギリス産だからという理由で1940年代のアメリカでは嫌うひとが多かった。「英語帝国主義」ということもいわれているが，BASICにえらばれている語は現象ベッタリの語ではないので，英語国民の文化からはある程度の距離がある[8]。

II

　ものそのものと向き合う冷静なことばの使い方は，言語の指示的用法と呼ばれる。言語の使い方を指示的用法と感情的用法に大きく分けてみせたのは，オグデンとリチャーズの『意味の意味』(1923) の功績であった。第二次大戦に向けて猛威をふるっていたファシズムの「ことばの魔術」に対して，だれにでも共通に理解できるような事実に則した言語

用法をおしすすめようという動きは，英語圏ではBASIC English（1930），コージブスキーの「一般意味論」（1933），スチュアート・チェイズの『ことばの暴政』（1938），さらに戦後にかけてS. I. ハヤカワ『思考と行動における言語』（1949），Rudolf Flesch, *The Art of Plain Talk*（1951）などの著作となってあらわれた。第二次大戦中に英首相チャーチルの演説はだれにでもわかることばで，イギリスの苦境そのものに向かい合わせ，かえってイギリス国民をふるいたたせた。ローズヴェルト大統領はラジオの「炉辺談話」というスタイルで，それまでの難解な政治用語を使わなくした。イギリス政府はそれまでの官僚用語をやめて，だれにでもわかるようなことばをめざし，そこからSir Ernest Gowers, *Plain Words*（1948）のような手引書があらわれた。チャーチルとローズヴェルトはBASIC Englishが活用されることに希望をもっていた[9]。

　一方，学問の世界では，それまでひとまとめに感情的用法といわれていた分野が精密に取り扱われるようになり，やがては「コミュニカティブ」といわれるような外国語の教え方につながっていく。ひとに思いを伝えるためには，まずひとと関係をつくらなくてはならないが，関係作りばかりやって，何を伝えたいのかが空っぽになっていると，朱首相に嫌われたり，サッチャー首相に逃げられたりした。ひととうまくやっていくためのことばの使い方を『意味の意味』の共著者リチャーズは"tone"（口調）と呼んでいる[10]。日本語は敬語の体系がややこしいということは，どんな口調でしゃべろうかと苦労しているあいだに，かんじんのなかみがどこかへ行ってしまう。

　オグデンとリチャーズの『意味の意味』をさらに発展させて，あらゆる場合における言語のはたらきをはっきり示し得るような術語の体系をめざしたチャールズ・モリスは『記号・言語・行動』（1946）で意味仕方の4分法を提案し，それらをさらに4つのつかいみちにわけて16の話しのタイプを表示した[11]。しかし普通のひとに対してそれはややこしす

第10章 指示的用法から教える

ぎる，意味仕方の2分法は今後も続けた方がよくないか？　と鶴見俊輔はいった:

　　イミシカタ…などが，この［モリスの］術語体系におけるように4つに分けられる事わ，一つの進歩と考えられる。しかしそのために，従来行われていた二分法が，止められなければならないなら，困ると思う。
　　記号論の中で，今の社会にとって一番役に立つ部分わ，それが「本当か本当でないかお皆の人の納得の行くよおに 公けに確かめ得る種類の記号」と「確かめ得ない記号」との区別お人々に教える所である。論理だとか科学の上の問題ならば，皆の同意し得る解決法が見つかり易いが，美の問題だとか生活態度の問題だとかわ，個人個人によりまた個々の時期によって解決法の違う事が多く，これらについて皆の人の同意お得る事わ難しい。それだけの事お世界の子供達がみんなはっきりと把握するならば，無用の口喧嘩，闘争，迫害，戦争などわ，ずい分と避けられるだろお[12]。…［かなづかい原文のまま］

学習がうまくいかないことについて，ひとことでいえば教材と学習者の生活との関わりを実感できないからだ，といわれる。教師主導で教材を「教える教育」から，人間を中心とした「学ぶ」教育への転換が説かれる。いままでの教育の誤りは「首から上」しか扱わなかったという反省がある[13]。そこから出てくる教材観は，言語の感情的用法を重んじたものになりがちだ。あるいはそこから出てくる教師観は，学習者との積極的なかかわりあいが重視されるだろう。しかしこれらは教材として頼るにはあまりにうつろいやすい。

もうひとつの誤解は「認知」が「首から上」の活動だけで成り立つという心身二分法だ。すでに認知心理学の大先輩ジェローム・ブルーナー（1915-）がいっていることだが，筋肉・イメージ・言語の3つのモー

ドがたすけあいながら認知がすすむ[14]。失敗はむしろ筋肉モードの軽視にあったといえば，より具体的だ。

「筋肉」といえばただちにボディビルとかスポーツしか思い浮かべないとしたら，それはいまだに心身二分法をひきずっているからだ。人間は心身統一体であることを19世紀末からいいつづけてきたF. M. アレクサンダー（1869-1955）によれば「すべてのことは，それが生理的なことであれ，心理的なことであれ，霊的なことであれ，すべて筋肉の緊張として翻訳される。」[15]

もうひとりモーシェ・フェルデンクライス（1904-84）も実践的に心身二分法とたたかってきたひとだが，「あらゆる行動は筋肉活動から生まれる。見ること，話すこと，さらに聞くことでさえ，筋肉のはたらきである」といった[16]。自分自身を良くしようとしたら（すなわち何か新しいことを学習しようとしたら）一番良い方法は運動系から入ることだ，といった。なぜならば，運動の質は，怒りや愛や憎しみ，あるいは思考よりも，比較的らくに認識することができるからだ。そして運動の体験から入るほうが抵抗がすくない。

　だれでも運動の体験や能力のほうが，感情や思考の場合にくらべて豊富である。たいていのひとは，過敏症と感受性の区別をせず，高度に発達した感受性を欠陥とみなす。そしてわずらわしい感情を圧し殺し，そのような感情をひきおこしかねない情況を回避する。同じく思考の場合も，それを抑圧したり中断したりするひとは多い。自由な思考が公認の行動原理にたいする挑戦とみなされるのは，なにも宗教の場合だけでなく，人種問題，経済，道徳，セックス，芸術，さらには科学の分野でも変わりない[17]。

はっきりと運動系を利用できるような言語入門に適した教材を考えるとき，すべての動詞を14の動作に還元したBASIC Englishという遺産

があった。オグデンとリチャーズが『意味の意味』を書く過程で，いろいろな語を定義しようとすると，ある少数の語がくりかえしくりかえし現れて来ることに気づいた。これらの基礎的とおもわれる少数の語をうまく組み合わせれば，それだけでほとんどすべてのことがいいあらわせるのではないか，とおもいついたことから BASIC English へ発展した。「ものごとの動きは大まかだから，わたしたち自身の感情とか，内省的なあれやこれやより，ずっと確かめやすい」とリチャーズは BASIC についての 1933 年の国際会議で発言したといわれる。「ベーシックでおこなわれていることは，感情的機能を指示的機能に翻訳することだ」[18]。

人類にとって言語の起源は，感情的つかいかたであったにちがいない。しかし感情的につかっているうちに，だんだんに指示的なつかいかたがあらわれて来た，とリチャーズは "Preface to a Dictionary"（1933）でいっている：

　言語がもし，起源的にはまったく感情的なものだったとしても，このように他のはたらきを指示に翻訳するという過程があったからこそ，それによって言語の精密さが育ち，知性をのばすという使命に仕えるようになった，と多分そのようなことが起こった[19]。

外国語を使うというプロセスのかなりの部分は，じつは感情的機能を指示的機能に翻訳することではないのか？　この側面にもっと注意を向けたい。

III

「子どもにはまずあいさつから教えます」「一番いいたいことは自分の気持ちです」「ことばは情報をつたえる」。ことばのはたらきについて，

まず思い浮かべることはひとそれぞれに異なる。ヴィトゲンシュタイン流にいえば，ことばはいろいろな言語ゲームに使われる。いま行われているのはどの言語ゲームであるのか，をまちがえると行きちがいが起こる。ゲームにはおおまかにいえば指示的用法/換情的用法の2分法があり，あるいはチャールズ・モリスは16に分けたりしたが，ここではリチャーズの4分法を紹介する[20]。

(1) Sense, (2) Feeling, (3) Tone, (4) Intention

(1) これは一番普通にことばの意味とおもわれていることかもしれないが，Senseという英語は日本語になりにくい。リチャーズの説明によれば「わたしたちは何かを言おうとして，しゃべり，何か言われたはずのことを聞こうとする。わたしたちはことばを使って，聞き手の注意を何かの状況に向けようとしたり，考えるための話題を提供したり，その話題について何かの考えを呼び起こさせようとする。」物事のありさまが何であるかを示し，指示物が何かを指さし，情報が何だか提供する。

(2) 注意を向けられた指示物とか話題に対して，わたしたちは「感情」をもつ。好きだとか，嫌いだとか；こわいとか，かわいいとか；よかったとか，いやだったとか。しばしばあげられる例としては，「よい」という語はきまった情報をはこばない。これはよいナイフだ。これはよいパンだ。ナイフは切れたらよいが，パンは切れたらこまる。パンはおいしいのがよいが，ナイフはおいしくない。ふたつの「よい」に共通するものは，指示物に対する話者の「態度」が好意的だということだ。指示物に対して高い「価値」を与えている。

(3) さらに，話し手の聞き手に対する態度が「口調」となる。それは無意識的自動的であったり，意識的であったりする。「あいさつ」は人

間関係をスムーズにするための口調であり，情報的意味はほとんどない。日本語では敬語がややこしいために，口調をととのえるためにエネルギーがとられすぎ，情報，感情，目的をつたえることが不十分になることが多い。情報にはほとんど関係のない口調だけのことばがある：もしもし，あのね，どうも，どうぞ...。

(4) 最後に，何か言うということは，意識的無意識的にかかわらず，普通は「目的」があってのことだ。目的を達するとは，たいていの場合，他人に何かの行動をさせたいことが多い。目的を達するために普通は，情報，感情，口調の3つの使い方を，目的にあわせて組み合わせていく。すなわち目的にそった話し方をする。

例外的にひとつの使い方だけが「目的」となることもある。(1) 事実を述べるだけ「水は蒸発して水蒸気になる。」(2) 感情表現だけ「やったー！」「ちくしょう！」(3) 聞き手に対する態度をあらわすだけ「もしもし」「...ですね？」

以下にわかりやすい例をあげるから，読者はちょっとあそんでみてください。1連の文があります。それぞれの文のあとの（ ）のなかに，情報，感情，口調，目的のうち，主にどの用法で使われているかを書きいれてください。

A1) これはリンゴです（　　）
A2) うわー，おいしそう（　　）
A3) ひとつください（　　）
A4) ありがとう（　　）

B1) こんにちは（　　）
B2) うっとうしいですね（　　）

B3）低気圧が近づいています（　　）
B4）傘＿＿＿＿＿＿＿＿＿＿（「目的」をはたすために，線上にことばをおぎなってください）

答えは：A1（情報）A2（感情）A3（目的）A4（口調）; B1（口調）B2（感情）B3（情報）

　B4は低気圧が近づくという情報から，雨から身を守るという「行動」を準備したくなる。目的はたいていの場合なにかの行動を聞き手に起こさせようとする。B4を露骨にいえば，傘を貸してください/あるいはB3とB4が同じ話し手だとすれば，傘を持って行きなさい。しかし人間関係から露骨を避けるとしたら，傘をもってきませんでした/傘をもっていますか？　表面的には情報的な話し方をする。
　次の例では表層のことばづかいと/その下の本心的意図を考えてください。

C1）おはようございます（　　）
C2）いま何時だとおもう？（　　/　　）
C3）すいません（　　/　　）
C4）ゆうべ遅かったのでしょう？（　　/　　）
C5）すいません（　　/　　）

　C1（口調）として普通にあいさつしたとする。C2，表層は（情報）をたずねる質問だが/聞き手に対するいらだちの態度と，時間が遅くなった事実に対する怒りがあるにちがいない。C3，表層は人間関係をスムーズにする（口調）だが/自分に対する，あるいは相手に対する嫌な感情はさけられない。C4，情報的質問のかたちをとりながら/相手に対する否定的感情と，もっと早く来させたいと言う「目的」がある。

C5. 人間関係修復の（口調）の裏には／いろいろな感情があるだろう。

　次の例では単位を大きくとって，そのパラグラフ全体が，情報，感情，口調，目的の4つのうちの，主としてどの使われ方であるかを考えてください。例文を比較しあってみると，特徴がわかりやすい。

D）景気回復の流れは，決して止めない。この国を想い，この国を創る。テーマは「日本」。自民党（朝日新聞，2004年7月10日）。

E）これまでの人生で一度だけ，私は恐怖でからだが動かなくなった経験がある。それは大学一年生の微積法の試験のときで，どういうわけか私は勉強をしないまま試験に臨んだ。春の朝，破滅の不吉な予感に重く沈んだ心を抱えて足を踏み入れた教室の風景を，私はいまでも覚えている。その大教室へは，いろいろな講義で足を運んだことがあった。だがその日，私は窓の外の風景も目にはいらず，教室の中を見わたす余裕もなかった。私はうなだれて教室にはいり，ドア近くの席にすわった。試験問題冊子の青い表紙をめくりながら，耳の奥で心臓の鼓動が聞こえた。みぞおちのあたりから不安の味があがってくる[21]。

F）情動の伝達回路に関する通説をひっくり返すきっかけとなったのは，動物における恐怖の研究だった。ルドゥーはラットの大脳にある聴覚野を破壊したうえで，音を聴かせると同時に電気ショックを与えるという実験をおこなった。ラットは音を記憶する大脳新皮質を破壊されているにもかかわらず，音に対してただちに恐怖反応を示すようになった。耳からはいった信号は，上部組織の回路をとばして視床から扁桃核へ直接伝わったのだ。つまり，ラットは大脳新皮質とは関係ないレベルで情動反応を学習したことになる。…「解剖学的に見れば，情動は新皮質の世話にならなくても機能できます。情動の反応や記憶には，意識は

認知とまったく無関係に形成されるものもあるのです」とルドゥーは語っている[22]。

G）NHKで活躍する同時通訳者が開発した画期的な新メソッドの初のレッスン本。本書で，耳と口を同時に鍛えよう！　◎新刊■1890円　眠った英語を呼び覚ます［CD付］【DLS英語学習法のすすめ】新崎隆子・高橋百合子（朝日新聞，2004年7月31日）。

H）皆さん，明けましておめでとうございます。今年も，どうぞよろしくお願いいたします。一年の計は元旦にあり，とは言い古された言葉ですが，言い方は古くても，そこに込める我々の気持ちは，新鮮でありたいものです。
ここに気分一新のはずみをつけるためにも，当部としましては，新年会を企画しました。やはり世の中，何事にも節目があり，それを意識することで生活にアクセントがつき，活性化も期待できるように思います。私なども，毎日の生活がいささか，のんべんだらり，といった感が無きにしもあらずですが，こういう会に出ることもマンネリズムの打破につながるのではないかと思っております。…新年会を始めるにあたり，幹事を代表して，ひと言ご挨拶を申し上げました。

J）　ゆさぶれ　青い梢を
　　　もぎとれ　青い木の実を
　　　ひとよ　昼はとほく澄みわたるので
　　　私のかへって行く故里が　どこかとほくにあるやうだ

K）　薔薇ノ木ニ
　　　薔薇ノ花サク。
　　　ナニゴトノ不思議ナケレド。

L）ぎゃッぎゃッぎやるるるッ
　　ぎゃッぎゃッぎやるるるッ
　　ぎゃッぎゃッぎやるるるッ

　Dは参院選挙の前日の新聞広告で自民党に投票させるのが「目的」。よさそうなことを言っているが，どのようにするかの具体的な情報はない。

　Eは感情，Fは情報をつたえている。Gにはいくつかの情報はあるが，その本を買わせることがおもな「目的」。

　Hは，ことば数は多いが，新情報はゼロ，個人的な感情の表現も特にない。だからスピーチの文例としてワープロにはいっている。会場にいるひとたちの気持ちを会の進行に向けるのが目的で，聞き手に対する「口調」でなりたっている[23]。

　Jは命令形をとっているが，そのような行動をさせることが目的ではなく，わきあがってくる「感情」をあらわしている[24]。

　Kは単純な記述のように見えるが，何の新情報もない。そのかわり薔薇という対象について不思議でたまらないという「感情」をあらわしている[25]。

　Lは蛙に感情移入している。「吉原の火事映る田や鳴く蛙」という題の草野心平の詩から[26]。

　では次に英語の例をあげよう。

M）A rose is a garden flower which has a lot of petals and a pleasant smell. Roses grow on bushes that have thorny stems. They are usually red, white, or pink in color.

N）And after all the weather was ideal. They could not have had a more perfect day for a garden-party if they had ordered it. Windless, warm, the sky without a cloud.

P) No part of this book may be reproduced or transmitted in any form or by any means, electronic or mechanical, including photocopying, recording, or by information storage and retrieval system, without the written permission of the publisher.

Q) O Rose thou art sick.

R) My Love is like a red, red rose.

S) Rose is a rose is a rose is a rose.

T) Oh my god, my dear, dear god.

　Mは指示物をあきらかにしようとして情報を記述している．*Collins Cobuild English Language Dictionary*（1987）より。
　Nは，よかった，よかったといって，そのときの天気に対する態度「感情」をあらわしている。Katherine Mansfield, "The Garden-Party" という短編小説はこのようにはじまる。
　Pは自分の版権が犯されないように守ることが「目的」。
　Q，R，Sはバラとか恋人に対する話し手の態度すなわち「感情」を表現しているが，対象がどのようなものであるかについての情報の記述はない。Tにいたってはまったく何のことかわからないかもしれない。
　字引によれば：People sometimes use God in exclamations to emphasize something that they are saying, or to express surprise, fear, shock, excitement, etc. My is used in some exclamation of

surprise or shock. You say dear, oh dear, dear me, etc. when you are sad, disappointed, or surprised about something. (*Cobuild Dictionary*, 1987).「感情」を表現していることはわかるが,「何」がおこったのかはわからない。

　Tの例文をじつはわたしはデレク・ジャーマン監督の映画『ヴィトゲンシュタイン』(1993年)からとった。ヴィトゲンシュタインが自分の考えを理解しない小学生にいらだち，その女児の耳をつかんで頭を小突きまわし，"Do you understand what I am saying? Teaching you is a thoroughly unrewarding experience. It's a waste of time, of my time, your time, everybody's time." と叫びながら教鞭をはげしく机の上にふりおろす。と，自分のしてしまった暴力的行為に気づいて，"Oh, my god, my dear, dear god!" という。わたしには，この場面とセンテンスがやきついている。同様に "shit" という悪いことばについても，わたしが思い出すのはアメリカ人と結婚した日本女性が両手を握りしめて，はげしく叩きつけるように振りおろしながら，"Shit!" と叫んだときの怒りの表情だ。そこまで英語が自分のものになっているのだなと，わたしは思った。Shit は字引によれば: a rude word used in very informal English.... Shit is used to express anger, impatience or disgust (*Cobuild Dictionary*, 1987). このような感情表現をわたしたちは外国語の教室で教えることができるだろうか？　その必要があるだろうか？

　L, Q, R, Sのような表現について読者は何のことをいっているのか不確かな感じをもつかもしれない。じつは状況とか前後関係とかいうものがないと，わかりにくい。それぞれの例にほんのちょっと文脈を復活してみよう。

L) 火事だ！
　　空は赤と煙の渦巻きだ！

それをなほ鋭敏にする残虐にする鐘の音だ！

ぎゃっぎゃっぎやるるるっ
ぎゃっぎゃっぎやるるるっ
ぎゃっぎゃっぎやるるるっ

田にとび込んだおいらんたちの
なき笑ひやけ笑ひ足 足 足

Q）O Rose thou art sick.
The invisible worm,
That flies in the night
In the howling storm:

Has found out thy bed
Of crimson joy:
And his dark secret love
Does thy life destroy.

R）My Love is like a red, red, rose,
That's newly sprung in June…

S）Rose is a rose is a rose is a rose.
Loveliness extreme [27].

　ほんのすこし前後関係をおぎなってみただけで，かなり安定的な感じになったとおもう。とはいえ感情それ自体の表現は確実にこれが何であるといいきれない思いがつきまとう。たとえば次の図1と図2をくらべ

てごらんなさい。図1は感情的であり，図2は記述的といえるだろう。これは何ですかとたずねられて，図2は「これは女のひとです」といえるが，図1については何といったらよいか？　アーティストによっては「何ですか？」という問いそれ自体を拒否するひともいるだろう。図1を見ると，わたしたちは何か威圧的な感じを受けるだろう。対象物が何であるかというよりは先に，まず何かいやーな感じを受けるだろうが，それが何であるかは特定できない。イヌが怒ってウ──ッといったり，ネコがよろこんでゴロゴロいったりすることにたとえて，感情の言語のことを，S. I. ハヤカワは「唸りコトバ」と「ゴロゴロ・コトバ」と呼んだ[29]。

　ある感情をひきおこした，もとになる刺激を特定せずに，その感情だけを純粋に表現するとしたら，絵でいえばジャクソン・ポロックなどのAbstract Expressionismが思い浮かぶ。それに近いものとして草野心平のカエル語の詩，「ごびらっふの独白」とか「誕生祭」があるだろ

図1　京都国立近代美術館蔵　　　図2　京都国立近代美術館蔵

う。ふつうわたしたちはその感情が出てきた理由を知りたい。その理由を説明するためには，多少反省的に頭をはたらかせることになる。わたしたちの内部でどのようなプロセスが起こるのか？　普通に考えられることは，まず感覚器官から何かの信号が入り，それの認識にもとづいて，感情が起こったり，行動に移ったりする。脳科学的にいえば

> 「目や耳などの感覚器官からはいってきた信号は視床に送られ，そこから大脳新皮質の感覚野へ転送されて事象として認識される。…信号は新皮質で分類され，認識され，理解された後に大脳辺縁起系へ送られ，そこから脳やからだの各部分にしかるべき反応が伝わっていく。」[30]

たとえば，床や部屋ぜんたいがグラグラ揺れることが感覚される。地震だと認知し，どのような行動をとるかというとテーブルの下にもぐりこむ人もいる。ところが関東大震災のときなどの話としてしばしば聞いたことは，「気がついてみたら自分は窓から飛び出していた。そのあとで地震で家がつぶれた」。このように認知以前に行動が起こってしまうことについて，大脳新皮質を迂回して情動を伝える神経回路が存在することが最近発見された。

> 「大脳新皮質が咀嚼した信号が扁桃腺核に向かって走っているあいだにも，扁桃核は非常用の直通ルートを使って独自に情動反応のゴーサインを出す。大脳新皮質が慎重に情報を分析し判断するより一瞬早く，扁桃核からの命令で人間は反射的に行動を起こしてしまうわけだ。」[31]

このような直通ルートでつたわる情動は，私たちが抱くさまざま感情のなかでもとくに原始的で強烈なものが多いようだ。自分でも気が

つかないうちに生き残るための行動をしてしまっていることもあるが，パニックのあまり大変な暴力的行為をしてしまっていることも多い。原始的・動物的・短絡的反応をやめて，より選択肢の多い新皮質的な反応に進化したいものだと考えたひとたちもいた。F. M.アレクサンダー（Frederick Matthias Alexander, 1869-1955）の心身再教育においては"inhibition"（抑制）ということを重要視した（本書，第14章）。アルフレッド・コージブスキー（Alfred Korzybski, 1879-1950）の一般意味論では人類が生き残るために，反応するまえにちょっと待つ"delayed action"をすすめた。

　コージブスキーの説明によれば，インプットされた下位センターからの神経衝動は，たえず変形をうけながら，脳幹，視床，皮質下部をとおって大脳皮質に達し，アウトプットの命令となってかえっていく。衝動が視床部分をとおるときに情動的な特性がひきおこされる（図3）。しかし何かの理由により妨害されて，衝動の大部分が皮質にとどかず，よわい衝動しか皮質にとどかないままで，神経衝動がアウトプットにむかうとすると，その反応は，人間の特性である大脳皮質を機能させたことにならず，生存に適した反応とはいえない（図4）[32]。

　感情表現が大脳皮質を経由しない叫びとか，うめき的なものであるかぎり，教室で教えることではない。それは自然に起こることだ。一方で感情表

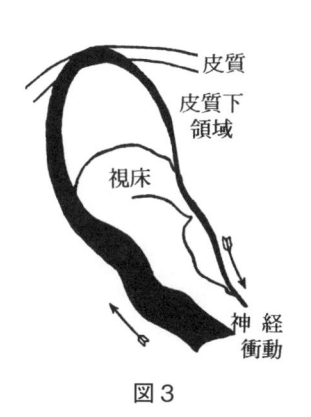

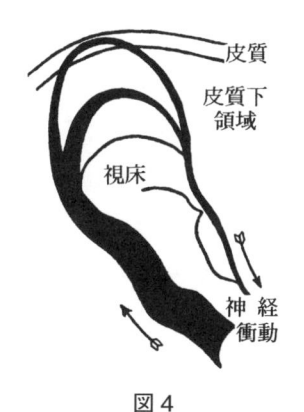

図3

図4

現がうまくいった場合には深い印象をのこすことが多いから，外国文学を大学で専攻した学生たちがこんなすばらしい経験を多くのひとたちと共有してみたいと思うのもわからなくはない。しかし英文科を出て英文学に感激していた自分たちの感受性はかなり少数派なのだということを自覚するのが遅すぎた。テキストを精読することにかけて，ずばぬけた言語感覚の新批評家だったI. A. リチャーズ自身が，「外国語としての英語」を教えるにあたって言ったことをくりかえせば，「われわれにとって一番確かなことは物の大ざっぱな動きであって，自分の感情とか内省的なあれこれではない」。彼は入門期の英語の基礎としてベーシック・イングリッシュを考えていたが，そこで起こることは「感情のはたらきを指示のはたらきに翻訳することだ」といった[18]。

IV

人間という有機体のなかで起こる現象はほとんど無限にあるが，それをあらわそうとすると言語材料は有限であるから，ひとつの材料をいろいろに転用しなくてはならない。リチャーズによれば「記号的状況における言語材料の可塑性は，人間の態度とか目的とか努力とかいった，感情的意志的システムの可塑性にくらべて，すくないものだ。… そこで重要になるのはセンテンスをパラグラフのなかで，パラグラフを章のなかで，章を本ぜんたいのなかで，考えることだ。それをしないと解釈は人を誤らせ，分析は根拠のないものになる。」[33] いいかえれば，人間行動のレパートリーにくらべて，言語のレパートリーはずっと少ない。ということは言語の数少ないレパートリーのひとつひとつが，いろいろな機能をはたさなくてはならない。どの機能をはたしているかは，そのときどきの"context"から判断しなくてはならない。

"Context"という意味論でたいせつな用語がうまく日本語にならない。脈絡といっても，わたしのなかでは，うまくつながらない。「文脈」はよさそうだが，文章のなかでのつづきぐあいに限られる。じつは

contextには3種類あって,「文脈」はそのうちのひとつにすぎない。

あとふたつは心理的コンテクストと物理的コンテクストである。実際にわたしの友人が"Shit!"といって怒りを爆発させている場面が「物理的」に存在した。それをわたしは「心理的」に印象深くおぼえている。*Cobuild Dictionary*で確認してみると, a rude word used in very informal Englishとあるから,外国人の英語としては他の語とまぜて文章に使わないのが無難だなと判断するのは「言語的」コンテクストであろう。あるいは"O Rose thou art sick"という文章では"thou"という語を知らないから字引をみると: thou is an old-fashioned, poetic, or religious word for 'you'…なるほど,すると"thou art"のartも「芸術」とかいうんではなくて,…Present form of "be" used with THOU. では文脈的に判断するに,"you are sick"というところを,古めかしく「おお薔薇よ,汝病めり」ということか。すると思い出す心理的コンテクストは,深紅のバラが虫に食われて重そうにうなだれているのを見たことがあったな。それをわたしは実際に「物理的」世界の現象として見たのだった。オグデンとリチャーズの「意味の三角形」のそれぞれの頂点に対応して,シンボル相互間の文脈,心理的ながれの前後関係,関連する物理的状況がある[34]。

普通に言語教育で行われていることは,ことばの使われる「文脈」の説明にほとんど終始している。これは言語コミュニケーションの3側面のひとつでしかない。しかもひとの知性は言語とか論理のみでない多様なものであるというハワード・ガードナーなどの多重知能の見方からすれば,かなり多くのひとにとって言語レベルだけのアプローチは労多くして功少ないものだ。角度をすこしずらせて見ると,わたしたちは筋肉

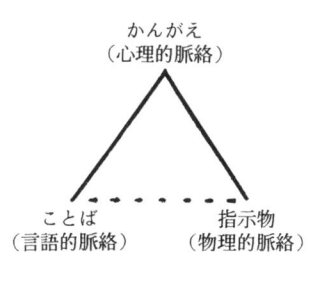

かんがえ
(心理的脈絡)

ことば　　　　　指示物
(言語的脈絡)　(物理的脈絡)

図5

感覚的に物理的にできごとを経験し、それをイメージ化して心理の流れに入れ、言語とかのシンボルのかたちにする、この3つのモードがそろって、はじめてほんとうの理解が起こる、とジェローム・ブルーナーの認知心理学では説明した。いままでの教室で一番欠けていたものは筋感覚的モードだ。というと、すぐに思い浮かぶのはいわゆる TPR, Total Physical Response という教え方だろうが、そこには言語材料に対する洞察が欠けているようだ。たとえば *English Through Pictures* の考えによって「絵を使った文型練習」をしたらよいと思うひとも多いだろうが、見るだけでなくて実際にからだを動かして筋肉レベルでの実感をもたせることが、さらに必要だ。Direct Method もへたをすると、母語を使わないだけで、あとは英語で英語を説明するという言語レベルだけの活動に終始し、やっぱり direct に教えるのは難しいという失望に終わることが多い。

　からだを動かすことを教室にもちこもうとして、歌とかゲームということは思いつきやすい。ある熱心な外人教師が嘆いていたことは、学生に興味をもたせようとして、面白そうなトピックやゲームを考えるのだが、それが面白ければ面白いほど学生はさわいで、英語をしなくなる。この矛盾をどうしたらよかろう？　もう一度コージブスキーの説明を聞こう:

　　インプットされた下位センターからの神経衝動は、たえず変形をうけながら、脳幹、視床、皮質下部をとおって大脳皮質に達し、アウトプットの命令となって［下位センターへ］かえっていく。衝動が視床部分をとおるときに情動的な特性がひきおこされる。しかし何かの理由により妨害されて、衝動の大部分が皮質にとどかず、よわい衝動しか皮質にとどかないままで、神経衝動がアウトプットにむかうとすると、その反応は、人間の特性である大脳皮質を機能させたことにならず、生存に適した反応とはいえない[32]。

エネルギーが感情の興奮に使われすぎると，大脳皮質がうまくはたらかず，外国語をしゃべるどころではなくなる。たしかに学生を興奮させすぎると声が大きくなり同時に発音がくずれる。*English Through Picture, Book 1*を教えていると，pp.93-98にかけて，Mary is making the soup. The heat of the flame is making the room warm. Mary keeps the milk in the icebox. The cold air keeps the milk cold. The milk is good. John is happy. というところがあって，つくるという意味のmakeから，変化させる使役形のmakeへ移る。もうひとつS-V-Oだけのkeepから，S-V-O-Cという新文型へ発展するところがある。それの応用で，The milk is good. John is happy. The milk made John happy. ということができる。この言い方でなにが自分をhappyにするかという話題になると，学生はよろこびすぎ，しかも新しい文型なので，英語がめちゃめちゃになる。それどころか，いままでに積み上げて来た英語の基本形"I will give this bottle to you"でさえ，がたがたになる。わたしは最近は学生を興奮させすぎないうように，makeダレダレhappyはこの段階ではやらないことにしている。

　自分という人間有機体のなかでおこる筋肉の動きに気づくことで自分に潜在している能力を解放できるといっていたフェルデンクライスが，スイスの音楽教育家ハインリッヒ・ヤコビと出会ったときの話が参考になる。ヤコビ自身の立場もまた，この世に非音楽的な人間などいない，生来の能力をじゃましている妨害をとりのぞけば，だれでも芸術家なのだといっていた。ヤコビはフェルデンクライスにピアノをひいてごらんなさい，といった。ピアノなんか全然ひいたことがないといって，フェルデンクライスは固辞したが，なんか知っているかんたんなメロディーでもとしつこくいわれて，ついにピアノとガンガン格闘しながら音をさぐっていた。ヤコビはついに「ピアノをこわすつもりですか？」といった。「ひじょうに大きな音の違いを聞きわけるには，ものすごい違いをつけなくてはなりませんね。」そこでフェルデンクライスは自分の本の

なかで書いていたことを思い出させられた。「刺激を弱めたとき，つまり，努力を減らしたとき，はじめて感受性は高まるのです。…したがって，頑張って，苦痛に耐えて，緊張して学ぶことはなにものをももたらしません。」というわけでフェルデンクライスが実際にレッスンするときには生徒は床によこたわり，あまり筋肉を使う必要がないので，微妙なちがいに気づくことができる[35]。

　外国語学習で実際に起こることは一見ささいな微妙なちがいである：l/rとか，-sがつくとか/つかないとか，日本語だったら［ア］ですませてしまう音が［æ］だったり［ɑ］だったり［ʌ］だったり［ə］だったりする。この微妙なちがいに気づくには，それに見合って刺激の弱いことが必要である。ドラマチックではないのだ。それを幼児語とバカにしてはいけない。幼児は言語の獲得にたいへんな努力をして，エネルギーと知能を使い，ああでもない，こうでもないと実験と発見の過程をとおっているのだ。「あなたの教科書はまじめで，ときには退屈で『遊び』がありませんね」と批判されて，外国語としての英語教育の大先生 A. S. ホーンビーは答えていわく「そのとおりですが，教材は面白おかしさを求めるものではありません。もちろんレッスンそれ自体は面白くなりえるし，そうあってほしいものですが，それは教師と生徒とのあいだで起こることであって，教材によるのではないのです[36]。」リチャーズも学習の誘因は競争とか実益とか外部にあるのではなくて，学習者自身が力がついていくことの自覚が最大のはげみになる，といった[37]。わたしがオハイオで日本語を教えていたときに，学生の進度にくらべて過大な情報をもちこもうとして失敗した経験はかつて「言語と認知の共育」に書いた（本書，第8章）。

　外国語を使わねばならないことで，あたまの使い方が大脳新皮質的になり，感情におぼれにくくなる。カンボジア難民であった久郷ポンナレットさんは波乱にとんだ半生を『色のない空』という本につづったが，「母国語では，かえって感情が高ぶる。日本語で辞書を片手に言い回し

を考えると，すこし冷静になって書けるようになった」と2001年5月20日の朝日新聞は報じている。わたしたちは「唸りコトバ」や「ゴロゴロ・コトバ」で感情をぶつけあっているだけでは相互理解に達しない。その感情の起こってくる状況を説明しなくてはならない。指示物をあきらかにしなくてはならない。いっそのこと感情のほとばしりは母語にまかせて，外国語は指示的用法に徹したらどうだろう？ ハクスリーのユートピアでは2言語による分業が行われていて，料理，冗談，恋いなどは昔ながらの現地語で語られるが，ビジネス，科学，哲学的思索などは英語でなされる。

　将来のより広い英語へ向けて，その基礎としてはベーシックから入門するのがよいとリチャーズは考えたが，ベーシックがもっとも力を発揮するのは説明とか議論とかの指示的用法においてであり，不得意な分野での練習は無益だと注意している。

　　And it is least helpful with passages of emotional evocation with special local objects and activities which employ large numbers of specialized names. Thus a sentimental reverie over a cricket-match would be about the worst example we could choose, and to put even a simple remark about a linnet fluting in a myrtle-bush into Basic would not be a profitable exercise[38].

　リチャーズが開発した Language Through Pictures Series では，たいていの言語で最初のころに出るのは，"This is a man/woman"（English, p.8）; "Yo soy un hombre/una mujer"（Spanish, p.1）; "Ich bin ein Mann/eine Frau"（German, p.1）など人類を大きく二つに分ける。かつてわたしたちはGraded Direct Method Summer Seminarで，英語以外の外国語の入門レッスンを体験しあったときに，あのようなかんたんなことをいうだけで，なぜあれほど感激するのだろう？とふ

図6

しぎがった。

　今度はもういちど図2を見てください。"That is a woman"ですね。この段階では，たんなる事実の記述しか言えないが，そこになんらかの感情が含まれないことは，あり得ない。次のような例もある。シェークスピアの『ハムレット』第1幕，第2場，ハムレットを訪ねてきたホレーショが亡き国王の思い出を語って，I saw him once; he was a goodly king.

　するとハムレットがこたえて: He was a man...

というのだった。そのあとに説明的に，"take him for all in all, I shall not look upon his kind again,"どこから見ても，あのような立派な人にはもう二度と会えない，とつづく。1960年代にアメリカでいわゆるプロテスト・フォークソング運動の最先頭に立っていたTom Paxtonがかつてすごした放浪の日々の亡き親友を思い出して歌いだしたことばは，"He was a man..."なのだった。いまは亡き中山容さんは「あいつはおとこ...」と訳したが，その気持ちを曲にのせると，わたしだったら「あいつはいい奴だった」としたいところだ。

　以上の例で"He was a man,"といってしまったのは，凝りに凝った

第10章 指示的用法から教える

♪ He was a man & a friend always,

図7

　圧縮的表現というよりは，そんな言い方が自然に出て来てしまい，それをもうすこし詳しくしらべていくと，"a friend always,"で辛い日々にいつもいっしょだったなあ，という経験がある。Man/womanのようなあたりまえのことばには，日常的経験からの感情が自然にはいっている。厳密な記号論理学者は扱いかねて，自分たちの守備範囲を物理学的世界に限定したりした。しかしわたしたちの日常会話では，いっしょけんめいに自己表現しようとしなくても，感情は自然にあらわれてしまう。かつてわたしは外国人と話していて「富士山」と口にしたのだが，わたしの発音から彼はとっさに富士山に対してわたしがいかに好い感じを持っているかを察した。わたしはまた京都精華大学のホン先生が韓国語のクラスで"Kumgangsan"といったときに，彼がいかに金剛山を好い山としてたいせつにしているかわかり，山の霊気さえ感じた。アメリカの詩人ケネス・レクスロス（Kenneth Rexroth, 1905–82）は若き日々をふりかえり，

At sixteen I came West, riding
Freights on the Chicago, Milwaukee
And St. Paul, the Great Northern,
The Northern Pacific. I got
A job as helper to a man
Who gathered wild horses in the
Mass drives in the Okanogan
And Horse Heaven country.

貨車にただ乗りをした路線名を列挙し，合州国北西部で荒馬を駆り集める仕事をしたと，事実のみを記述している[39]。長い長い貨車には鉄道会社名が大きく書いてある。北アメリカ横断には客車で普通に行っても4日3晩はかかるのだ。マリリン・モンローがクラーク・ゲーブル，モンゴメリー・クリフトたちと出演していた『荒馬と女』（ジョン・ヒューストン監督，1961年）のゴツゴツ岩の荒れ地がイメージできれば，感情は自然についてくる。長い貨物列車と，北西部の荒れ地が思い浮かばなければ，すなわちコンテクストを共有していなければ，どうしようもない。アメリカの芸術には，あの特異なアメリカという現地を知らないとわかりにくいことが多い。たとえばジョージア・オキーフとニューメキシコの風土。エドワード・ホッパーとアメリカ人の孤独。逆に，するどいひとなら，彼らの作品をとおして，それの出てきた状況を察するかもしれない。コンテクストを知らないと，そのシンボルの意味はわからない。ことばは，それが話される状況を知らないと意味がわからない。状況を知らないひとにとっては，秘密の暗号でしゃべられているようなもので，ことばとは卑怯なものである。ことばとか記号の意味とは，"the missing parts of the context"（コンテクストのうちの見えていない部分）というリチャーズの有名な定義がある[40, 41]。たとえば，だれかが"It"と発言したとして，それだけでは何のことかわからない（図8）。しかし話し手が何を指しているかがわかれば，それが意味なのだ（図9）。あるいは先生は指さしているが，何もいってくれない（図10）。生徒が先生のゼロ発言を補って"It"と言えば，それが先生が意味していたことだ。Direct Methodにおいては，このように状況がまる見えであることにより，ことばの卑怯なところが少なく，よりフェアであるといえる。言語について考えた20世紀の巨人のひとりI. A. リチャーズが大変なエネルギーをかけて開発した入門期の外国語教授法Graded Direct Methodの教室においては，生徒はつねにコンテクストを共有し，意味すなわち指示物が目に見えている。これは一般意味論的

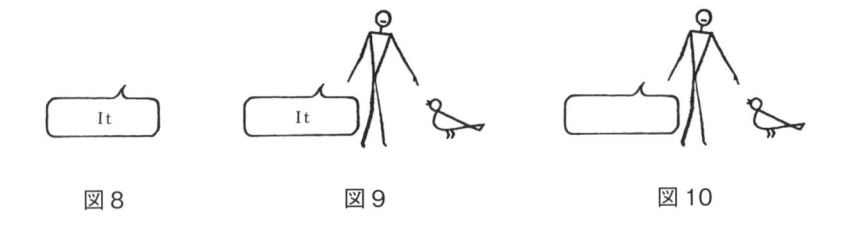

第10章　指示的用法から教える　　　　　139

図8　　　　　　　図9　　　　　　　図10

にいっても，人間の特性である大脳皮質を多くはたらかせ，生存に適した反応をしやすくなることが期待される。Graded Direct Methodについては片桐ユズル・吉沢郁生編『GDM英語教授法の理論と実際』（松柏社，1999年）をごらんください。

NOTES

1. 萩原朔太郎『虚妄の正義』(1929)．『萩原朔太郎全集』第4巻（筑摩書房，1975), pp.370-371.
2. Ezra Pound, *ABC of Reading* (New York: A New Directions Paperbook, 1960), pp.34-35. エズラ・パウンド『詩学入門』（沢崎順之助訳，富山房，1979), pp.36-37.
3. パウンド『詩学入門』, pp.390-391.
4. Aldous Huxley, *Island* (First published 1962. Triad/Panther Books, 1972), p.153.
オールダス・ハクスレー『島』（片桐ユズル訳，人文書院，1980), p.151.
5. 相沢佳子, "Basic Soundsのテープを聞いて", *GDM News Bulletin*, No. 49 (1997), pp.1-2.
6. C. K. Ogden, *Jeremy Bentham 1832-2032* (1932). Quoted P. Sargant Florence and J. R. L. Anderson, eds., *C. K. Ogden: A Collective Memoir* (London: Alk Publication, 1977), pp.51-52.
7. International Library of Psychology, Philosophy and Scientific Methodの編集者としてのオグデンの意図は，いわゆる「純粋科学」のタコつぼ

に制限されずに，ひろく文化の発展に貢献するようなものを提供することであった．今日その莫大なタイトルを一覧すると，その貢献が確かなものであったことがわかる．Lord Zukerman, "Talent Scout and Editor", Florence and Anderson (1977), p.130.

8. "At the Basic English conference in 1933, [I. A.] Richards had argued that Basic words were on a high generality level and therefore would be more palatable to foreign culture than any other standard language (including English)," John Paul Russo, *I. A. Richards: His Life and Work* (London: Routledge, 1989), p.456.

9. Russo, Ibid., p.438.

10. I. A. Richards, *Practical Criticism* (London: Routledge and Kegan Paul, 1929), pp.181–188.

11. Charles Morris, *Signs, Language and Behavior* (New York: George Braziller, 1946), p.125.

12. 鶴見俊輔「モリスの記号論体系」思想の科学，第2巻，第2号（1947年11月），p.390.

13. 縫部義憲「ヒューマニスティック・サイコロジーの視点」（青木直子/尾崎明人/土岐哲編『日本語教育学を学ぶ人のために』世界思想社，2001），pp.73-76.

14. Jerome Bruner, *Toward a Theory of Instruction* (Harvard University Press, 1966).

15. Edward Maisel, ed., *The Resurrection of the Body: The Writings of F. Matthias Alexander* (A Delta Book, 1969), p.12.

16. Moshe Feldenkrais, *Awareness Through Movement* (New York: Harper & Row, 1972), p.35.『フェルデンクライス身体訓練法』（安井武訳，大和書房，1982），p.52.

17. Feldenkrais, p.34（『フェルデンクライス』，p.50）．

18. Richards quoted in "Memorandum on Basic English Conference", 20–24 July 1933. Russo, p.412.

19. I. A. Richards, "Preface to a Dictionary", *Psyche*, Vol.13 (1933).

Reprinted in *A Semantically Sequenced Way of Teaching English: Selected and Uncollected Writings by I. A. Richards*, ed. by Yuzuru Katagiri and John Constable (Kyoto: Yamaguchi Publishing House, 1993), pp.41–42.
20. Richards, *Practical Criticism*, pp.179–188.
21. Daniel Goleman, *Emotional Intelligence* (1995). ダニエル・ゴールマン『EQ〜こころの知能指数』（土屋京子訳，講談社+α文庫，1998年），p.149.
22. 同書，pp.48–49.
23. 日本語ワードプロセッサ書院WD-CP2スピーチ文例集.
24. 立原道造「わかれる昼に」，『萱草に寄す』(1937) より.
25. 北原白秋『白金之独楽』(1914) より.
26. 草野心平『第百階級』(1928) より.
27. *Collins COBUILD English Language Dictionary* (Collins, 1987).
28. Gertrude Stein, "Sacred Emily," *Geography and Plays* (First published in 1922. The University of Wisconsin Press, 1993), p.187.
29. S. I. Hayakawa, *Language in Thought and Action* (Harcourt, Brace and Company, Inc., 1949). S. I. ハヤカワ『思考と行動における言語』（大久保忠利訳，岩波書店，1951), p.51.
30. ゴールマン『EQ〜こころの知能指数』，p.48.
31. 同上，p.48.
32. Alfred Korzybski, *Selections from Science and Sanity* (Institute of General Semantics, Second Printing, 1954), p.92.
33. C. K. Ogden and I. A. Richards, *The Meaning of Meaning* (First published in 1923. Harcourt Brace Janovich, Publishers, 1987), p.226.
34. Hugh Walpole, *Semantics* (New York: W.W. Norton & Company, Inc.: 1941), Chapter 5.
35. Moshe Feldenkrais, *The Master Works*, 1984（モーシェ・フェルデンクライス『心をひらく体のレッスン』安井武訳，一光社，2001年），pp.29–30.

36. A. P. R. Howatt, *A History of English Language Teaching* (Oxford University Press, 1984), pp.262-63.
37. I. A. Richards, *Design for Escape* (New York: Harcourt Brace & World, Inc., 1963), p.3.
38. I. A. Richards, *Basic in Teaching: East and West* (London: Kegan Paul, Trench, Trubner & Co. Ltd., 1935), p.88.
39. Kenneth Rexroth, "A Living Pearl," *The Collected Shorter Poems of Kenneth Rexroth* (New Directions, 1966), p.234.
40. I. A. Richards, *The Philosophy of Rhetoric* (New York: Oxford University Press, 1936), p.34.
41. 片桐ユズル『見てわかる意味論の基礎とBASIC English』(京都修学社, 2002年) はリチャーズのコンテクスト意味論をわかりやすく視覚的に解説した.

図版

1. 谷中安規「魔女」1931
2. 長谷川潔「聖体を受けたる少女」1938
3, 4. Alfred Korzybski, *Selections from Science and Sanity*, Second Printing, 1954, p.92による.
5. 片桐ユズル.
6. I. A Richards, Ruth M. Romero and Christine Gibson, *Spanish Through Pictures, Book 1* (IBC Publishing). p.1.
7. Tom Paxton, *Ramblin' Boy*, 1963.
8, 9, 10. 片桐ユズル.

第11章　アメリア・アレナス: 総合学習としての実践批評

　二つの大戦のあいだの英語文学世界においてモダニスト文学を切り開いた批評家としてI. A. リチャーズはT. S. エリオットとならび称された。『意味の意味』（C. K. オグデンと共著，1923），『文芸批評の原理』（1924），『詩と科学』（1926）につづいて『実践批評』（*Practical Criticism*, 1929）という本がある。この本は20世紀の文芸批評の古典として広く読まれ，ここでリチャーズの世間的評価は絶頂に達した。彼は詩人の名前を伏せたままケンブリッジ大学の学生に詩のプリントをくばり，感想を書かせた。その結果わかったことは学生たちがずいぶんいいかげんにしか詩を読みとっていないことだった。いままでの「読み方」の教育は役に立っていない。もっと別の教え方をしなくてはならない，ということで彼は文学よりも言語の教育へ足を踏み入れ，人気を失った。

　一方，文学教育においてはリチャーズの影響のもとに，テキストを精読する「新批評」がひろがることになった。また匿名の作品を比較対照するという方法による練習の本，たとえば Denys Thompson, *Reading and Discrimination*（1934）とか，Louis Zukofsky, *A Test of Poetry*（1952）などがあらわれた。わたしは大学生のときデニス・トムソンの本を手に入れて練習問題をやってみた。意気込みにもかかわらず，つぎからつぎへと悪い文例を良いと評価するまちがいばかり，自信を失い遠ざかった。ケンブリッジやハーバードの学生もできなかったことだから，英語が外国語である早稲田の学生にできなくても当然だと居直るこ

ともせずに，敗北感をもちつづけた。

　最近，美術館でギャラリー・トークということが増えてきた。当然のことながら解説を読みに美術館へ行くのではなくて，アートをアートとして楽しみたいものである。作者や時代についての知識の多さを競争させるのではなく，「正しい」見方を教えるのでもないとしたら，先生には何ができるのだろうか？
　子どもの本来の能力を妨げなければ自然にいいことが起こるという考えにもとづいて，創造することの教育はすでにいろいろあるが，鑑賞についてはじめてわたしはアメリア・アレナス（Amelia Arenas）の本と出会った:『みる・かんがえる・はなす』木下哲夫訳，淡交社，2001年。
　子どもが学ぶべき事柄を大人が教えてやるのではなくて，美術作品の前で子どもたちが放っておかれたときに自然に学ぶこと，を中心とした教育モデルが作れればよい。子どもたちが本来の姿になる手伝いを大人はしてやればよい。
　アメリア・アレナスの方法論はニューヨークのMuseum of Modern Artの学芸員として子どもたちのグループにギャラリー・トークをするところからはじまった。それはグループであったから，ひとつの作品に対していろいろ異なった反応がある。それらを彼女はすべて受け入れ，比較しあいながら，多様な経験の有機的な統一，すなわちリチャーズが『文芸批評の原理』で描いた理想的な芸術経験にまで高めていく。リチャーズの実践批評は「孤独」な読書の作業であり，読者間相互の交流にまではいたらなかった。リチャーズの名講義は有名であったが，1対多のコミュニケーションであった。
　リチャーズはハーバード大学総長ジェームズ・コナントにさそわれて，カリキュラム改革にものすごいエネルギーをかたむけ，その委員会の報告書 *General Education in a Free Society*（1945）が強調した「一

般教養」の理想は終戦後の日本の教育制度改革に直接的に影響をあたえた。その理想はいまでは無残な結果となっているが，その理由のひとつは教育における人口問題を解決できなかったからだと，わたしはおもう。すでにリチャーズは大いなる抱負をもって一般教養科目で文学を講義しながら，多数のレポートを読まねばならない重労働に悲鳴をあげ，それらの内容にもむなしさを感じていた。

　アレナスの場合はひとつの作品をまえにして，コミュニケーションは講師と聴衆という1対多ではなくて，先生の役目は子どもどうしのあいだに相互コミュニケーションの網目ができることを促進する。彼女は閉じられたyes-no questionsではなくて，答えの開かれたwh-questionsで話しかける。

　　「これは何でしょう？　いったい何がおこっているのでしょう？」

　おとなはそうはいかないが，子どもはすぐに思ったことを口にする。そうした思いつきや，もしかしたらひとりよがりな考えも，絵のなかの

　　「何を見てそう思ったの？」

とたずねられると，絵をもういちど見直し，自分の反応の過程を「言語化」して，他人にわかるように話さなくてはならない。そしてこういったやりとりはグループのなかで行われるので，おたがいの話をきくために自然の「行儀作法」ができてくる。

　アレナスによれば，同年齢の子どもの認識力は，学業の成績とは関係なく，ほぼ同じ水準にあるから，美術の授業ではクラスの全員が同じように自分の認識力をはたらかすことができる。教師は子どもの能力を，作文とか算数で見るよりも，正確に知ることができる。映像の解釈においては，ふだんは授業に無関心な生徒が手をあげて，だれも気づかなか

ったような見方を示すことがあれば，クラスにおける格付けが一挙に変わり，彼も自尊心をもつようになり，それはいわゆる成績をあげることにもなる。

　このような美術教育を15年間つづけてあきらかになったことはアレナスによれば，

　　時がたつほど子どもたちは観察力を深め，観察結果をより有効な方法で整理し，表現できるようになり，同じ状況を説明するのにもいく通りもの妥当な解釈が考えられるようになった。こうして言葉をあやつることが上手になったおかげで，子どもたちの大半は読み書きが以前よりうまくなった。つぎつぎと新しいことを考え，推測の正しさを試す作業をくり返すうちに，問題を解決する能力も高まり，理科と算数ができるようになった。また自分自身の限られた範囲をはるかに越えて，さまざまな人間の姿に触れることにより，歴史や社会を学ぶ下地も確かなものになった（『みる・かんがえる・はなす』p.156）。

このような総合学習的効果がわたしに思い出させるものはリチャーズのLFL（Language for Learning）の考えを使ったDelmar Projectだ。小学1年生に文字を教えるのに，たとえば*First Steps in Reading*にあるような段階づけられた文と絵を使った。その同じ生徒たちの中学校1－3年における成績を追跡した結果わかったことは，成績優秀者の27％はLFLで習っており，コントロール・グループからは10％であった（I. A. Richards, *Semantically Sequenced Way of Teaching English*，山口書店，1993，pp.359-361）。

　ギャラリー・トークを成功にみちびくためには，まず作品をえらぶことがたいせつだとアレナスはいっている，つまりgradingである。

　　…子どもたちは物語をつくりだすことに，たいへん興味を示しま

す。たとえば抽象絵画を見せても，何かお話をつくりだします。ですから，最初は子どもたちが喋りだしやすいように，物語性のある作品を準備します。それからだんだんと不明瞭で，情報量の多いものを見せていきます（上野行一監修『まなざしの共有』淡交社，2001年，p.65）。

アレナスのギャラリー・トークの動機のひとつにモダン・アートをわかってほしいという願いがあった。たとえば彼女のビデオに『なぜ，これがアートなの？』（淡交社）というのがある。彼女は古今東西のアートをアートたらしめているものは何か，300万年以前のアウストラピテクスにまでさかのぼって論じた。リチャーズも難解といわれる現代詩が読者にとってもっと容易なものになってほしい動機から，文芸批評の原理を考えることになった。その議論に刺激されて，芸術上の新しい試みを受け入れにくくしているステロ版的な反応に注意を向ける批評家たちがあらわれ，そういう反応を生み出す社会や文化に対して批判的態度をやしないたいと，F. R. Leavis and Denys Thompson, *Culture and Environment*（1933）などがあらわれた。自分たちの詩をうけいれやすい態度を読者につくりだそうとして詩人の側から，エズラ・パウンド（1885-1972）は*How to Read*（1931），*ABC of Reading*（1934）をあらわした。ここには古今の良い詩の見本だけが集められている。その影響のもとに作られたズーコフスキーの*A Test of Poetry*は同じテーマについて書かれた異なった詩を評価せずに並べている。

　リチャーズにも似たような題名の本，*How to Read a Page*（1942）があるが，『実践批評』のみならず自分の書いたものはすべて，"we must find out how to let literature, etc., affect us fundamentally," と批評家のジョージ・スタイナーへの手紙に書いている（21 March 1967）。リチャーズはすごく具体的に基本にもどり，*How to Read a Page*では約100のキイワードをとりあげ，*First Steps in Reading*では

アルファベット26文字の導入を段階づけた。そういえばトルストイも小学生のための読本を作ったのでしたね。

第12章　Language for Learning: *EP*の使い方

　日本ベーシック・イングリッシュ協会『研究紀要』No.8（1999）で，相沢佳子"Basic Englishの盛衰——年代を追って道筋をたどる"，と橘高真一郎"Basic Englishの理解度調査"を読んだ。「一時あれほど盛んだったBasicがいつの間にか世界の国々から姿を消してしまった。戦争のためと考えられているが，実情はどうだったのか，戦中，戦後に焦点を当てて」相沢さんは政府公文書，オグデンの手紙などの原資料をしらべている。英首相チャーチルのベーシック支持がかえって仇となって官僚主義につぶされたような印象はあるが，そうでなくても流行としては，いかなる考えも長続きはしないものだ。対照として，1950年代後半から60年代にわたって，あれほど日米政府と経済界から大きく後押しされていたELECとオーラル・アプローチをかんがえてみても，日本であまり根付かなかった。そのことを社会学的に研究した本のことが*ELEC Bulletin*, No.106（Summer 1999）に紹介されている（沖原勝明"HenrichsenのELEC研究書の今日的意義"）。

　あるいは1920年代から30年代にかけてH. E.パーマーを招いて文部省が一生けんめいになっていたがDirect Methodも，ひろがらなかった。政治や商業主義や学閥の問題も無視できないが，考え方の基本のところで，メタ認知のレベルで，受け入れ体勢がなかなか変わらないようだ。

　その点で，ベーシックはどこが理解しにくいかに目をむけようとした橘高さんの切り口は新鮮だ。国立工業専門学校1年生を対象に，中学程

度の英単語を説明するのに，Basic English と The Longmans Defining Vocabulary の，どちらの定義が理解しやすいかを調べた．結論を大ざっぱにいうと，どちらともいえない．いずれにせよ，高校程度のちょっと抽象的な語句や表現を知らないことには，先へ行けないことがわかった．Basic にありながら，EP1-2 に未登場の単語，たとえば adjustment, advertisement, agreement, amusement,... に橘高さんは注意を向けている．残念なことに橘高さんの調査には，GDM による学習経験者が含まれていない．GDM が抽象への指向をどのように助けるか調査できないものだろうか？

　というのも，GDM は普通の英語への入門であることはいうまでもないが，それよりもわたしは考える英語への入門として興味がある．いままで GDM 関係者のあいだでのベーシックへの関心の持ち方は『ベーシック先生の基本動詞でこれだけ言える英語術』のように 16 の動詞と 23 の前置詞が主であった．より広い英語への基礎としてベーシックをかんがえるとしたら当然のことであり，同時に翻訳は不可能だから direct で教えなくてはだめだという意識があった．ところが後藤寛『道具としてのベーシック英語教本』(松柏社, 1999) で，ベーシック英語の本来の思想の中心はむしろ名詞にある，との指摘はねむりをさますものがあった．

　ここで思い出しておきたいのは，ベーシックには三つの目的があった．ベーシックを共通の土台にもちながら，三つの異なった方向へすすもうとする: 1) 国際補助語, 2) 普通の英語への基礎, 3) ことばの解釈とか誤解の研究とか思考の整理とかのためのメタ言語．

　英語はすでに国際語になってしまったので (1) の役割はほとんど消滅した．ただしもっと明快で誤解の起こりにくいコミュニケーションのためにはベーシック的考え方から学ぶことは多いはずだ．(2) はわたしたちにとっては GDM であるが，ベーシック支持者のなかには direct method が嫌いなひとたちもいる．かつての室勝さんや，いまの後藤さ

第12章 Language for Learning

んの仕事は実はすでに (3) の領域に入っている。むかしはこの領域は英語が母語でないとできないように思われたが，母語でなくてもベーシ

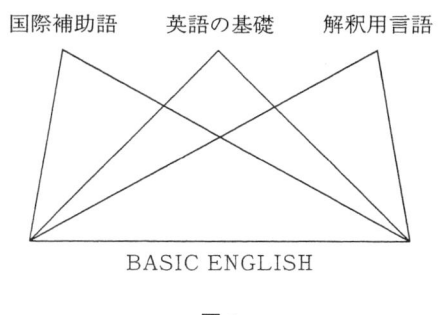

国際補助語　　英語の基礎　　解釈用言語

BASIC ENGLISH

図1

ック本来の性質が，それを可能にした。相沢佳子『基本動詞の豊かな世界』(開拓社，1999) は，give a push, have a drink, take a look などの動詞＋名詞の表現を手がかりに認知と言語の深い世界に入っていくが，EPやGDMについても一言ふれてほしかった。

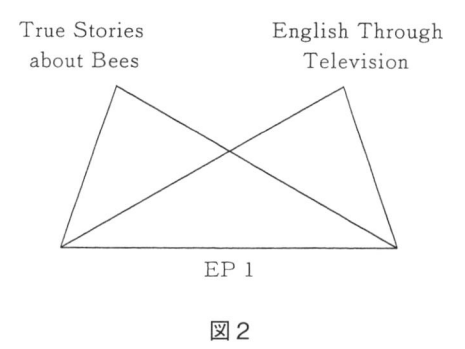

True Stories　　　English Through
about Bees　　　　Television

EP 1

図2

English Through Pictures, Book 1 という共通の土台をもちながら異なった目的へ向かうこともありうる。同じLanguage Research制作の教材でも，*English Through Television* はアメリカの日常生活で普通に使われる英語をめざしているし，*True Stories about Bees* は科学的方法

論とはどういうものかをわからせようとしている。500語で出来ているEP1&2を教えるにしても，そのあとで850語のベーシックへ行こうとするのか，普通の英語へ行こうとするのか，あるいは中学校の検定教科書英語のテストで高い点がとれることの基礎として考えているのか？

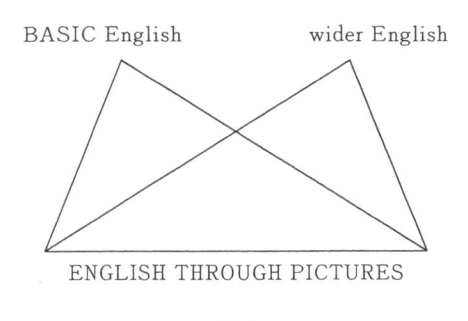

```
        BASIC English         wider English




         ENGLISH THROUGH PICTURES
```

図3

　目的ということを考えると，English for special (specific) purposes (ESP)，ということが思い浮かぶ。たとえば「飛行場で」「銀行で」「店頭で」など特定の場面を決めて，そこでしばしば起こるであろう代表的な言い方をおぼえる——いわば場面的/脈絡的シラバスで，それに対して文法項目や文型を中心に基礎面の習得に重点をおいた文法的/構造的シラバスがある。田中春美"語彙シラバスの試み"，*ELEC Bulletin*, No.106（Summer 1999）はこのへんのことを明快に整理してくれる。太平洋戦争中から戦後しばらくにかけて勢いがよかったのは，構造言語学にもとづいたオーラル・アプローチで，発音とセンテス・パターンに大きな注意がむけられた。やがて変形文法が言語理論の主流となると，知的活動としての文法に関心がむかったが，教室での教え方はむしろ文法訳読式に逆もどりした印象がある。アメリカ学派の失速にかわって，イギリスへの移民の流入とかヨーロッパの統合とかいうこともあって，ESPという考えがさかんになり，語彙シラバスがいろいろと試みられるようになった。いま日本でいわれている「コミュニケーション」

はESPっぽいものであるように感じる。そのような場面的/脈絡的シラバスでは，gradingがむずかしいことと，実際場面では予測した言い方はほんの一部しか扱えないと，田中論文は指摘している。

ついでながら同じ*ELEC Bulletin*, No.106には高見澤孟"口頭言語教育と文法——米国における日本語教育の流れ"があって，いわゆるオーディオ・リンガル・アプローチとかアーミー・メソッドがどういうものであったか，わたしはこれを読んではじめてはっきりした。Eleanor H. Jorden, *Beginning Japanese*が目指すのは「習慣形成理論に基づく文型の過剰学習（over learning）」であった。

　このテキストでの文法説明は，文型の構造を説明した習慣形成に役立つ情報や対照研究的な用法の説明が中心で，授業は厳格なミム・メム練習や文型練習に重点が置かれていた。教師と学習者の間での文法論議は禁止されていた。「日本語について話すより，日本語で話せ」という方針を徹底させていた。

　ジョーデンは，戦時中の陸軍の日本語教育の経験から「チーム・ティーチング」を理想とし，テキストの説明が言語学者役，教師がインフォマント役という構想が窺われ，クラスでは，文法抜きで言語の操作を身に付けることが求められていた。ジョーデンのテキストには，対話などには英語の対訳が付けられており，さらに英文による文法，用法の解説もあるので，直接法とは異なる教授法を採っていることになるが…母語話者の教師（＝tutor）の文法への関与を禁じておいた。(*ELEC Bulletin*, p.24)

　ジョーデンによれば「日本語と英語を行ったり来たりするクラスでは，流暢さを発展させるための貴重な反復とドリルが，英語による質問やコメントによって，絶えずじゃまされるので，目的が達せられない」

(同ページ)。意味についても同様な配慮があってもよいはずなのに，意味は言語構造とまったく切り離してテキストの対訳にまかせ，りくつの説明は参謀本部の言語学者があたり，機械的練習は第一線の兵隊があたるという，徹底した分業が見られる。

　いやになるほど練習をくりかえせば，刺激に対して自動的に反応できるようになる，というのは行動主義心理学である。たいていのひとは，人間は動物のように訓練されたくないとか，知性をばかにしたくないと，主義のレベルでは行動主義をいやがっている。しかし言語理論でつっぱしれなくなった外国語教育界が，「コミュニケーション」の名のもとに状況に密着しすぎて，むしろ社会学っぽくなってしまっているような感じがある。ある場面にふさわしい社会的行動としての音声を発することの練習みたいになってしまって，自分のあたまのなかみを言語を使ってあらわすこととは，ほど遠い気がする。

　目的の数だけのESPがあることになり，目的の数はいくらでも増える。しかし，わたしたちはそれにふりまわされたくない。「役にたつ英語」について，むかし吉沢美穂さんは「わたしたちは『役にたつ英語』の基礎をおしえているのです」といった。検定教科書が会話っぽくなってから，日本人の英語力が落ちたということが，むかしの英語教育をうけて海外でやりくりしてきたひとたちから，最近しばしば指摘されている。ESPを教える側でも，まず基礎が必要だというひとたちがいる。これはもはや「迷信」と断定してもいいとおもうのだが，基礎はたしかに必要欠くべからざるものだが，つまらない退屈なプロセスであって，そのままの姿では実用という現場に登場しない，というふうに多くのひとが思っている。算数は数学ではないと一種のバカにされながら，かんたんな足し算や引き算や割り算や掛け算は日常生活で欠かせないことを，彼らは忘れている。名詞＋自動詞の代表として"Birds fly"のようなセンテンスには一生に一度もお目にかからない，とバカにされるが，"I will go"と言って決意を表明できる。"This is my bag"と言って権

第12章　Language for Learning

利を主張できる。疑問文をつくる練習で自分自身に質問するなんて、そんなこと実際にあるんか？　はい、あります。"Do I see Kazuko?" と言ってひとをさがすと、"Yes, I am here" と答えるひとが、そこにいる。"This is Taro" と言ってひとを紹介することもできるし、"That is Mr. Smith" と言って自分の「知識」をあらわすことができる。外国人に駅への道をきかれて、おとなたちが困っていたときに、GDM でならっていた子どもが "It is there" と指さしたら一挙に解決したという話がある。リチャーズは「役にたつ語」からはじめる、と言っている。

Useful words are:
a. Those through which the learner can USE his knowledge as quickly and widely as possible.
b. Those which best prepare for the instruction which follows.
c. Those with the help of which other useful words can be explained.
("Notes on Principles of Beginning Language Instruction" in Katagiri and Constable, eds., *A Semantically Sequenced Way of Teaching English*, 山口書店, 1993, p.191.)

いままで読みすごしてきたが、それをとおして「知識を使う」とはどういうことだろうか？　(b) あとで教えることに対して準備になるものとは、いいかえれば feed forward するもの、たとえば EP1, 4-7 の here/there は EP1, 8-10 の this/that に向かって feed forward している。(c) 他の語を説明するのに役にたつ語、すなわち定義用語、たとえば things/persons, part(s) など。Thing については COUBILD でも高頻度にありながら従来のテキストに欠落していたと田中さんは書いている（前掲、p.43）。EP1 で定義らしきものは "Nobody=no man or woman or boy or girl or baby." (p.79) だが、"There are three feet in a yard" とか,それとなく出てくる。あるいは言語レベルにこだわらずに,物のレベルにもどったり,例をあげて "Doors and windows are things. Tables and seats are things." *English Through Television* では wider English へ行くためにしばしば,しかしさりげなく定義がはいってくる: "Dollars are American money" (Lesson 16); "A bird's mouth is a beak" (Lesson 22). 定義をするにはまず出発点をきめなくてはならない。それのもっともかんたんなばあいは "This is an orange" と手にとって見せることだ,というようなことが *The Meaning of Meaning* に書いてある。EPはまさにそのようなアプローチである。

　目的の数だけESPがあり,目的の数はつぎからつぎへと増えている。記号と意味を1対1でむすびつけていれば,意味の数だけことばをおぼえなくてはならない。場面の数は無限にあるが,さいわいにしてことばは有限である。ひとつのことばが,異なった場面にもちこされる。あたまが,このことばは,この場面にも使えるとして,応用する。すなわち「たとえ」である。ことばと指示物の関係は,あたまを使ってむすびつけられた間接的な関係である,というのがオグデンとリチャーズの「意味の三角形」である。

　応用のきく英語を教えたいと,わたしはおもう。あるひとつの言い方が,ひとつの場面にしか使えないという意識でなく,いろいろな場面で生かされたら,うれしい。外国語の音の聞き取り能力の向上についても同様なことがいわれている。

　　学習のポイントは,高い声,低い声,ゆっくり,速く,というようにバラエティーに富んだ声や話し方で同じ言葉を聞くこと。
　これによって,さまざまな発音に含まれる共通の特徴を見つけ出し,それを聞き取る能力を見につけることができるのだ。——NTT CS基礎研究所長　東倉洋一（朝日新聞夕刊,1999年9月22日）

第12章　Language for Learning　　　　157

　ベーシックの使い方として，EP以後のリチャーズはおもに外国語としての英語への基礎として考えていた。やがて母語としての英語の読み書きの基礎を，指示物と関連づけながら段階的に教えることにも入っていき，*First Steps in Reading English*（1957）にそれを見ることができる。それにもとづいた*Reading Through Television*ではアルファベット一字一字の書き順をしめした。このような文字への導入は将来の学習に必ずや良い影響をもたらすとリチャーズはおもって，このやりかたをLanguage For Learning（LFL）と呼んだ。

　このように文字を教わった小学校1年生は，のちの学習においてどのように育っていくだろうか？　ニューヨーク州立大学のドリス・フリントンとモリス・イーソン教授の長期的な調査が行われ，Delmar Projectと呼ばれた。1958年にニューヨーク州オルバニー市立小学校1年生から3クラス75人の実験グループと3クラス75人のコントロール・グループが，文字への準備体制や知能や性別を補正して，えらばれた。1964年に彼らが中学校に入ったときには，はじめの150人のうち約半数，33人の実験生と37人のコントロール生が地域に残っていた。中学校のすべての科目でAまたはBをとった生徒はhonor rolls（優等生）と呼ばれ，実験グループの27％，コントロール・グループの10％がリストにのった。能力別クラス編成のデータもあるが，いまは省略して，結論だけいえば「実験グループの生徒は，コントロール・グループよりも，自分の能力をうまく使っていた。」（Katagiri and Constable, pp. 359-361.）

　GDMがうまくおこなわれれば「生徒たちがならうのはもっとほかに，普通には外国語の看板の下に入ってこない要素だ。身振り言語，マイム，筋肉コントロール，伝達的表現の本質と，そして関係あるものと無関係なものを批判的に識別すること…いいかえれば科学の方法論だ。」（Richards, *Design for Escape*, in Katagiri and Constable, p.272）わたし自身のよろこびは，「英語の基礎」の看板のもとで，す

べてのものごとの基礎，科学的方法論をおしえながら，自分もまなぶことだ。

第13章　Where Are We?
―I. A. リチャーズの立場をはかる

　1993年5月23日リチャーズ百年祭での「シンポジウム」はレベルの高い話ができて，司会者としてもたいへん満足であった。それを記録した『京都精華大学紀要』第6号リチャーズ特集について，『英語教育』1995年2月号に良い批評がでた。

　「ここでの情報交換の内容は，ことによると，一回，目を通しただけではほとんど理解不能なものかもしれないが，おそらく，10回読み直せば，かなり理解できるであろう…このシンポジウムで開陳された意見は，一般的にはあまりにも難しい，といっても，むだである，などと言うつもりはない。それどころか，現在の言語教育（外国語教育）が克服しなければならない問題のほとんどすべてが，このシンポジウムにおいて議論されているのである。久々に，どころか，何十年ぶりに，言語教育に関するまともな発言を読ませてもらった。」

　わたしたちGDMersは，ごく普通に勉強をつづけてきたのだが，気がついてみると，すごくまわりとへだたってしまっている。気がついてみると，潮がサーッとひいてしまっていて，10回くらい繰りかえさないとコミュニケーションできないようなところに一般は退いてしまっている。こんな感じはリチャーズの本をつくりながら，リチャーズ祭の準備をしながら，なんとなく感じていたことだ。それで，わたしたちはどこにいるのか，座標をきめて，位置を測定してみたくなった。

たぶんGDMについてもっとも早いばかりでなく，外から見た紹介としてはほとんどこれしかないとおもわれるアン・コクランのものがある。

　一方この教授法は相当批判もされて来たがこの批判が経験や結果から見て正しいかどうか，また単に抽象的な理論上のものであって現実の場に適用しない批判かどうかについてはまだ判定できない。今日まで未だこの教授法は他の教授法と同一の言語能力のテストやこれに類する方法で比較されたことがない。
　この教授法と他の教授法との考え方の相違点は，言語の性質についての理論にある。言語の形が全く任意的なものであるかどうか，あるいはそれは意味を十分に持っていて，「形式の論理」に基づいて段階的教授法を実施することができるかどうかについては，これは言語学者と言語哲学者の決定すべき事柄である。英語教師が関心を持つのは作り出された実際の教材であり，どんな教材が実際の言語教授に有用であるかということである。(Anne Cochran, *Modern Methods of Teaching English As a Foreign Language*, 1952, 江草清子訳，開隆堂)

これは*GDM News Bulletin*, No.15（1965）に引用されている。原書はいろいろさがしたが手にいれることができない。この一見客観的な，他人にゲタをあずけたような文章からうかがい知ることのできるのは，GDMについての批判は「言語学」っぽい側から出されていて，現場からの評価は聞こえてこない，ということだ。1952年当時にもどって見てみると，Linguistics＝Structural Linguisticsであって，リチャーズの考えは十分「科学的」でなく，「言語学」の範囲に入れてもらえないものであった，ということが後になってわかってきた。しかしそのころのわたしは，『意味の意味』の著者はとうぜん言語の専門家すなわち言

第13章 Where Are We?

語学をやっている人だとおもっていた。したがってわたしは，Linguistics（言語学）に基づいた方法Oral Approachを味方だとおもってシッポをふっていた。しかしOral Approachの側からは冷たくあしらわれた。かえってOral Approachに反感をもつ小川芳男が好意をもってくれた。しかし戦争直後の若いわたしは，彼の属するestablishmentを憎んでいた。経験主義でいるかぎり年長者のほうが経験が多いにきまっている。若いわたしたちは理論にもとづくことによって彼らに勝つことができるはずだ。自然科学をモデルにした"Linguistics"はさっそうと見えた。

そのわりには，その理論のカバーする領域はせまかった。Phonemeという考え，これはたしかに解放的だった。この考えがもっと一般に広まればいいと今でもおもっている。Pattern Practice，このやり方も画期的だった。パーマーなどの考えがもたもたした感じなのにくらべて，マシーンガン・ドリルで機械的一律に処理できるのは気持ちいいはずだった。

しかしベトナム戦争のやり方を見ていると，枯れ葉作戦とかsaturation bombing（第2次大戦では「じゅうたん爆撃」といった）とアメリカ言語学のやり方は同じではないか？　しかもそれがベトナムのジャングルを一歩一歩あるいていくゲリラに負けたではないか？　わたしは「言語学」がmetaphorというものに注意をはらわないことに不満であったことをおもいだした。たとえば，リチャーズやスーザン・ランガーによれば言語の本質だ。パターン・プラクティスが空からの爆撃だとすれば，たとえばゲリラが歩くジャングルのなかの「けものみち」かもしれない。ジョン・B・キャロルというハーバードの先生がいて，リチャーズの弟子だということだったが，それにしてはこのひとが開発したTOEFLのテストでは「たとえ」の能力などぜんぜん計ろうとしていないのが不満だった。たとえを計算にいれないような言語テストでGDMを他の方法と比較されてたまるか，という気持ちがわたしにはあった。

もちろんそのころはすでにチョムスキー流のゲンゴガクが隆盛をきわめていた。彼らは教室での教え方にあまりかかわりたくないようであった。それを教室にもちこむと，伝統文法とたいしてかわりばえしなかった。しかしオーラル・アプローチに反感をもつひとたちは勝ち誇ったように，「知性」にうったえるとかいって，昔風のグラトラにもどる程度の想像力しか持っていなかった。

　わたしはというと，すでに数式っぽいものに乗りそこなっていた。S＋Pというような発想がそもそもインド・ヨーロッパ語的ではないのか？　一時は「ことばの魔術」を解決するものとして記号論理学に期待をかけたが，わたしにはあまりにもむつかしく，そのわりには適用できる範囲があまりにもせますぎた。ことばではいいたいことはほとんどなにもいえないじゃないか，ということを証明するためにヴィトゲンシュタインは『論理哲学論考』をかいたようなものだ。それに反して，リチャーズは，ことばは意味がのびちぢみすることによって機能できる，というようなことを『修辞学の哲学』でいっていた。それがわたしにとってすくいであったが，それを不安に感じる人はたくさんいる。

　とはいっても，大勢がのっている舟にのっていないことは不安であった。しかし *Richards on Rhetoric*（Oxford U. P., 1991）の編者 Ann Berthoff の序文には，リチャーズの立場は tryadic であり，言語を見るのにソシュールやチョムスキーのような dyadic な方法だけが唯一のものではない，と書いてあって，安心した。例の「意味の三角形」であらわされるように，記号と，指示物だけがあっても，それらを関連づける指示作用がなければ，意味はなりたたない。しかし，「シンポジウム」で原田弘さんが解説してくれたように，チョムスキーたちが言語をかんがえるときには，意味と音をペアにして，三角形をグシャッとおしつぶして，記号と意味を，点線ではなく，実線でつないでしまっている。「いつもシチュエーションにはそれに適切な文がいつもあるんだというのが前提なんですよね。」ソシュールしかり，コミュニカティブしか

り。

　それに反してリチャーズは，シチュエーションに対して意味をあたえるのは，わたしたちひとりひとりの頭がすることで，ひとがちがえば頭もちがうのだから，発話もことなってくるのがあたりまえだ，というだろう。このように一対一の固定した関係を想定することは"usage doctrine"として，リチャーズがつねに反対してきたことである。固定した関係がないと不安になるひとが多い。リチャーズのかんがえだと，意味づけは各個人の責任になってくる。それでリチャーズは不評だったのにちがいない。

　もうひとつわたしを元気づけたのは，朝日新聞（夕刊）文化欄1964年6月3日，10日，17日にわたって連載された「人間と機械の間」と題するコンピューター翻訳をめぐる記事で，その最終回は，「生まれ持つ能力と言語習得」というチョムスキーの立場と，「言葉を蓄積し類推して解釈」するというイギリス経験論的立場をくらべてみて，「現在のところ，少なくともコンピューターの上では，『イギリス経験論』的なアプローチへと向かっている」としめくくっている。私の理解でいえば，前者は頭のなかに数式っぽいワク組がまずあって，そのワクのなかに内容をいれてゆく。それに対して後者の場合は，はじめにインプットされた経験1が，つぎの経験2に出会ったときに，1と2の異同を感じ，同＋a/同＋bのようなパターンに整理する。わたしたちはレンガを積み上げるようにセンテンスを作るのではナイ，というリチャーズのことばは大多数の常識に反している。しかし，一粒の種から，芽が出て，根と幹が出て，枝分かれして，という全体から部分への意識の方向性はわかってもらえるはずである。EP1のはじめにある"I am here"が膨大に枝分かれして，EP, 1, 2 and 3になった。えらい彫刻家は自分のイメージどうりに木や石を彫っていくのではなくて，木や石の素材にみちびかれて彫りすすむうちに，自然に作品になってくる，という。リチャーズが英語という素材を愛して愛して，しらべて，しらべていくうち

に，*English Through Pictures* という作品が立ち上がってしまった，とわたしはおもう。だからリチャーズを英語帝国主義のように誤解して"God was an Englishman"と題する批評もあったりした。

　「ひとは母語によって敷かれた線にしたがって自然を分割する」とウォーフがいったように，リチャーズが1930年代に中国で経験したことは，当時ふつうに使われていた中国語では科学をすることができなかった。あるいはアフリカの現地のことばについても同様なことがいわれている。これら多数のひとびとが世界の他の国々からおくれをとり，つらいめにあっていることにリチャーズは心をいため，英語をとおして"modern world views!"をおしえることが，すくいになると期待した。「適切な入門がなされれば，普通語学でおしえることとはおもわれていないことを学習することになる。ジェスチャー，マイム，筋肉のコントロール，表現的コミュニケーションの本質部分，関係あることと関係ないことを批判的によりわける能力」そして絵と字の組み合わせによりここで学習されることは「システマティックな探求方法への入門，つまり科学的方法の第一歩だ」と *Design for Escape*（1968）でいっている。

　これに反対するひとたちは（1）近代科学の罪をあげて，科学や西欧思想を全否定するか，（2）わたしは語学教師で，科学はおしえられない，というだろう。（1）に対しては「全否定」は議論のための議論でしかないことと，母語と固有の文化や伝統を捨てろとはオグデンもリチャーズもいっていない。それどころか，リチャーズいわく，Basic wordsは概して抽象度が高いから，特定化された語彙ほど文化をなまなましく運ばない（1933年ベーシック国際会議）。あるいは現代における手づくり的ユートピアを考えたオルダス・ハクスリーは，それを実現させた『島』において，感情的表現のための母語と平行して，知的コミュニケーションのための第二母国語として英語を公用語にしている。母語による限られた世界に対する批判のシステムとして，第二言語体系とい

うものは，かならずしも英語でなくてもよいが，だれにとっても必要な時代になっている。

　「語学教師だから科学をおしえられない」について，ひとつの問題は，科学イコール《科学によって発見された知識》のことだとおもいこんでいることだ。しかしリチャーズは《科学的態度》といっている。それはすでにGDMの発見学習的プロセスのなかにある。だから先生はGDMを普通におしえたらよいのだ。
　もうひとつの問題点は，教科と教科を個別的にぜんぜん切りはなれたものとして考える立場であり，語学はたんなる「技術」であって学習者のパーソナリティになんの影響もあたえることはない。教育とは「系統的な内容」を教師から生徒にtransmit（伝達する）ことだとおもっている。これはあたりまえのように見える。しかし学習者が自らの知性をつかって学習課題を解決し，そのプロセスのなかで自らの知識を再構成してゆくというtransaction（相互作用）がたいせつだという，デューイなどの進歩主義的な立場がある。思想的哲学的な背景として前者はアトミズム（原子論），後者はプラグマティズムだと，ジョン・P・ミラーは整理する。
　わたしはながいことリチャーズを教育思想的に位置づけるとどうなるのか，気になっていた。最近ようやく「ホリスティック教育」の見方によって，それができそうにおもえてきた（John P. Miller, *The Holistic Curriculum*. OISE Press, Toronto, 1988／吉田敦彦，中川吉晴他訳『ホリスティック教育』春秋社，1994年）。「リチャーズ・シンポジウム」などでの梅本裕さんの批判は，リチャーズが教師をtransmitterとしか見ていなかった，というのであった。たしかに，シゲキ（教材）をsuccessive small stepsに分割し，じゃまのはいらないように，きちんと配列する，などというアトミズムについての記述は，リチャーズにもあてはまりそうである。と同時に，GDMの発見学習的側面とか，教科をこ

える科学的態度のこととか，世界の混乱に対処するための英語という社会意識はプラグマティズムの段階である。アトミズム，プラグマティズムを相いれない異なった立場とかんがえることもできるが，それよりもミラーは，後者が前者を含んだ発展段階とかんがえることをすすめている。そしてそのつぎにホリスティックな段階をかんがえている。

　学習者を単に知的な側面だけでなく，美的，道徳的，身体的，そしてspiritualな側面をも含んだ全体として理解すれば，この立場はHolismとよばれる。「学習者と学習課題との関係を，認知レベルだけにおける相互作用で理解するのではなく，すべてのレベルにおける《かかわり》として理解」し，ひとりひとりの人間と社会が同時にtransform（変容）することに関心をそそぐ。環境破壊や民族紛争などの現代の諸問題が，《かかわり》を断ち切る分割断片化の思考法に根ざしていると見るならば，わたしたちはアトミズム的に限定された狭い視野でなく，より包括的な，自己から宇宙までの《つながり》を見わたすホリスティックな視野が必要である。EP3はかなりホリスティックだとおもう。単に知的にだけ理解することはできない。この本を使うひとのtransformationがともなわなくてはならない。

　たとえば，p.207をわかるには，ある種類の実感というか体験がいるのではないか？（図1）

　教師の側のtransformationがまず必要であろう。たとえば「ボールとテーブルがあれば，熟練した教師は2分間で，on-offの基本的対立を完全にわからせてくれる」とリチャーズは*Design for Escape*でいっている。「ごく初期に，ジェスチャー，視線の方向，間のとりかた，などをうまく使って，I am here, He is there, She is here, etc.のレッスンは簡素なバレーとして提示できる。これほど分かりやすく，魅惑的なものはない。」そこに生徒をまきこみ踊らせ，やがては振り付けもできるようになる。これは，うまくいった場合である。

第13章　Where Are We?　　　　　　　　　　167

Things have been going on for a longer time than we can think of and they will go on and on through a longer time in the future than we can think of.

Seventy years seems a long life-time if compared with the present minute. But if compared with the age of a stone it seems no time at all.

There is a Chinise poem which says:
　　Quickly the years fly past forever,
　　Here forever is this spring morning.

　　図 1　*EP 3*, p.207 より

　教師養成はなかなかこのようにうまくはいかなかったのではなかろうか？ "English Language Teaching Films and Their Use in Teacher Training"（1947）のなかで，ライブの場面をフィルムで見せて，そのあとで教師にまねをさせればよい，とリチャーズはいっている。わたしたち日本では，filmstripsをまったく使っていない，と聞いてLanguage Research directorのバーバラ・ルートリンガーさんはびっくりしたようであった。あちらでは，まずスライドなり，映画なりを見せることでクラスをはじめるというのが，スタンダードなやりかたであったようだ。先生方は悩まなくてよろしい。導入はスクリーンがする。そのあとで，いまスクリーンで見たようにみんなでやってみましょう，ともっていくのが先生の役割で，ずいぶん軽くしてあります，ともリチ

ャーズはいっている。アメリカの現場の教師には自分の考えが直接的にはとどかない，という幻滅みたいなものが感じられるような気もする。アトミズムのひとたちには，そのように対応するよりほかはなかっただろう。教育界からはそっぽを向かれていても，彼らをバイパスして，Through Pictures Seriesが版を重ねているという。大衆との直接的むすびつきがリチャーズにはなぐさめであったろう。

　GDMの易行道として，EPのビデオをもっとつかうことをかんがえてみたらよいとおもう（本書，第18章）。

図版
1. *English Through Pictures, Book 3*, (IBC Publishing).

第14章　習慣ではない言語習得

Essentially, Basic English is an attempt to substitute insight for habit as a working principle in language.

———I. A. Richards

「本質的にベーシックが試みることは，習慣のかわりに洞察でおきかえて，言語をはたらかせる原理とすることだ。」これはI. A. リチャーズがたぶんベーシックについて最初に書いた文章で，これの発見者のケンブリッジ大学のジョン・コンスタブルによれば，1931年に日本で発行されていた英字新聞 The Advertiser への投書のタイプ原稿であった[1]。

普通に外国語学習について言われていることは，外国語による発話が無意識的・自動的「習慣」になるまで練習しろということだ。リチャーズはここでそれと正反対のことを言っている。

刺激に対して言語を反射的に使うのではなくて，考えてから使うように，ベーシックではせざるをえない。

外国語という新しい道具を使うためには，母語という古い道具の使い方の習慣を一時的に止めなくてはならない。新しいことの学習が起こるためには，古いやり方が起こってくるのを「抑制」しなくてはならない，ということをしつこく主張したひとりはF. M. Alexander（1869–1955）であった。

俳優であったアレクサンダーが舞台上で声が出なくなるという心身のトラブルを解決する過程で発見したことは，ひとつの刺激に対して複数

の行動を同時に起こすことは不可能であるという，いわばあたりまえのことであった．GDMでは母語による反応をまず抑制する．するとどのように反応したらよいか迷う瞬間がある．それは同時にいろいろな選択肢が浮上する瞬間でもある．わたしはとてもおかしな経験をした．ウィーンでわたしは友人のアメリカ人，ビルさんとカフェでテーブルについた．ウェイターが来ると，わたしたちはほとんど同時に彼に話しかけた：ビルは日本語で，わたしはスペイン語で！（大笑い）ここは外国であるから母語で話す衝動はふたりとも抑制した．しかし次ぎの瞬間にあわてていたので，ビルにとっての第2外国語すなわち日本語，わたしにとっての第2外国語すなわちスペイン語にとびついてしまった．もうすこし落ち着いていたらば，ここはドイツ語圏だということを思い出しただろう．

　*EP2*まですすんだわたしの小クラスにとてもやりにくいひとがいる．わたしがいろいろ工夫をこらして"seem"をおしえていると，このYさんが"ああ錯視のことか"とさけんだ．わたしのやる気はがたがたと崩れおちた．また学期はじめのクラスでは休暇中はどうだったかの話が自然におこるが，それを助けようとして，わたしは図1を見せた．即座にYさんが"あっ，たてこもり！"といったので，わたしの計画は水の泡となった．外国語学習で抑制してほしいのは，このような衝動的発言である．わたしの計画では"This is a street. A building is on this street. This building is a bank.

図1

A man came into this bank. He had a gun in his hand." とかいって容疑者がピストルをもっている写真を見せ，"He kept some persons in a room. Some times he came to the window and he let other persons see him." とか窓から彼が見える写真の話に発展するはずであった。しかし地図は現地ではなかった。

　ひとつには，この刺激はYさんにとっては強すぎた。彼女は事件のときに近くの事務所ではたらいていて，実際に交通が遮断されて銀行へお金をおろしに行くことができなかった。刺激があまりにも強すぎるとエネルギーが学習の方へ流れない。クラスを面白くしようとしてゲームをつかうと，興味は競争のほうへ行ってしまい，言語のことを忘れてしまう。母語での衝動を抑制できる程度のほどほどの刺激，習いたての外国語と見合う程度のほどほどの刺激について，わたしは「言語と認知の共育」で触れている（本書，第8章）。

　F. M. アレクサンダーが自分の心身をつかって体験的に発見したことは，C. S. シェリントン（1857–1952，1932年ノーベル賞）の神経生理学とも一致した。一方で，リチャーズの『文芸批評の原理』（1924年）はシェリントンなしでは書かれることがなかったであろう[2]。

　たしかにわたしたちの言語行為は多くの習慣的行動によって成り立つところがあり，無意識的，自動的，条件反射的におこなわれる部分が多い。しかしそれは「結果」としてそうなったのであって，そこにいたるまでには「プロセス」として，乳幼児時代からの多くの意識的な実験と経験の積み重ねがあった。

　プロセスすなわち，そこにいたる手段を忘れて，結果だけを手に入れようとする態度を「目的に走る」といってアレクサンダーは強くいましめていた。アレクサンダーからレッスンをうけて，心身の危機から立ちなおったオルダス・ハクスリーは『目的と手段』 *Ends and Means* （1937）を書いて，目的に走らない態度の社会的効用を示した。

　アレクサンダーの発見は「やるぞー」と意気込んだとたんに首のうし

ろを緊張させアゴが出てノドのとおりが悪くなってセリフが言いにくくなるということだった。へたな意気込みのためにわたしたちは startle reflex（びっくり反射）に陥り，かえって心身の自由な動きを失うことが多い。「日本の英会話の主流」になったと自称する『スピードラーニング』の新聞広告の見出しは:

　英語の勉強は死ぬほどイヤだった
　だから英語が話せるようになった

　私は，今までのコツコツと積み上げる
　勉強法をやめたから英語が話せました

　一切勉強のための時間は作らず，続けることと，覚えようとしないことを心掛けました

いわゆる「勉強」とか「学習」の盲点すなわち緊張との癒着を断ち切ることを宣言している[3]。そして，

　まずは一日5分から
　聞き流すだけでいい

意味をわかろうというような言語刺激に普通ともなう衝動をまず抑え，言い方を覚えようとかいうような学習に普通ともなう衝動を抑えて，つまり「目的に走る」ことを「抑制」して，『聞くだけに徹底する』のだという。意味がわからないために不安に陥らないように，4秒以内の英語の後に日本語訳が録音されていたり，リラックスして聞けるためにBGMにバロック音楽を流すなどしているという[4]。
　昔風の direct method では入門期のかなり長期間を発音の練習だけで

第14章　習慣ではない言語習得　　　　　　　　　　　　　　173

すごすとか，Silent Way で使う色つきの棒とかは，刺激とそれに対する母語的反応を，切り離す効果があるにちがいない。ところが教室での評価という目的に走ると，意味と切り離された発音とか，棒に対する反応のみを洗練してしまうことも起こりえる。言語の「目的」はコミュニケーションだということに反論はしにくいが，それが起こるための「手段」としては，言語のレールのうえに考えを順番に並べなくてはならない。その手段に目を向けると，認知と筋肉の関係が浮上してくる。

　舞台上で声が出なくなったアレクサンダーの発見は，セリフをしゃべるという刺激に対して条件反射的にのってしまうと首を緊張させている。そうならないためにアレクサンダーがしたことは，一瞬，「いや，わたしはしゃべらない」とおもって体勢をたてなおす。そして「しゃべる」という考えと緊張との癒着を断つためには，考えを小さな行動の単位に分割する：「しゃべる」のかわりに，口をあける，いきをする，音をだす，ことばにする，というプロセスに注意をむけることにした[5, 6]。これはまるで，かたまりとしての動詞を基本的動作に分解したベーシックと同じ発想ではないか！

　GDMの現場にもどると，動作語の導入においては，未来｜進行中｜過去をはっきりと分けて提示することになっている。ところがしばしばおちいりがちな動きとして，"I will take my hat off the table," といいながらボウシに手をのばして，取り上げる動作に入ってしまうことがある。特に生徒が自分でしゃべりながら動作するときに起こることが多い。すると "I will taking..." というようなまちがいの原因となる。図2の生徒さんはとかく先走りやすいひとなので，わたしは彼女の腕をおさえて抑制している。

　先生自身がやって見せる場で

図2

も，最終的にはtakeすることになるとしても，いや，わたしはtakeしない，とおもって，my hat からはいくらかの距離をおき，自分を指して，"I"と言い，"will take"で取る身振りをして "my hat"を指さし，"off the table"でテーブルを指し，手のひらを上向けにして離れることを示す。

　"I will give...," "I will go...,"のときも進行形にずれこむ危険が多い。これを抑制することは，センテンスを正しくするだけではなくて，その動作をする意志の確認という意味がある。というわけで先生が気軽に命令的に"You will...,"といって何かをさせることは避けたい。やりたいひとが，やりたいことをするときに，"I will...,"という意思表示をしてから，何かをできるように状況を用意したい。そのためには動作の目的物とか，行く場所などについて，いくつかの選択肢をつくっておくと，やりやすい。ベーシックには"want"という語がないことに不便を感じるひとが多いかもしれないが，"want"を言いたい場合のかなり多くは"will"で言ったほうがよいのだ。

　いままでわたしたちはsituationをあらわすsentenceをつくりだすことにはかなりの成果をあげてきたが，これはリチャーズによれば"passive use"なのだ。それにつづくべき"active use"では生徒が自分でsentenceを言うことによって，こんどはsituationが変わってくる。これらふたつの使い方が交互に起こりつづけることで言語が育っていく（本書，第16章）。

NOTES

1. I. A. Richards, "The New World Language" 日本ベーシック・イングリッシュ協会『研究紀要』No.9（2000年）.
2. John Paul Russo, *I. A. Richards: His Life and Work* (Routledge, 1989), pp.177-79.
3. 朝日新聞，2001年1月4日.

4. 朝日新聞，2004年1月6日．
5. 片桐ユズル「超人への道？　一般意味論とアレクサンダー・テクニークの接点」木野評論，No.21（1990年）．再録『ふたつの世界に生きる一般意味論』（京都修学社，2004年）．
6. 片桐ユズル『メディアとしてのベーシック・イングリッシュ』（京都修学社，1996年），第9章．

   片桐ユズル「場面をあらわすセンテンスと場面をひらくセンテンス」（本書，第16章）*GDM Bulletin*, No. 51（1999）．

   I. A. Richards, *A Semantically Sequenced Way of Teaching English*（山口書店，1993），p.269．

第15章 新世紀のGDM/BASIC: 学習の仕方を学習する

　ついに地球の資源は限られているということが，だれにとっても実感をもって明白になってきた。ベーシックの限定された語彙と組織はこの時代にふさわしい。

　大きくなるのは良いことだ，それが進歩のしるしだ，と旧世紀まで多数のひとが思ってきた。だからGDMで最初は感激したひとも，もっと表現方法のたくさんある「ひろい」世界へ出たくなったり，なんか自分自身の「進歩」が感じられなくなったり，もう「全部」知ってしまったから勉強はこれ以上しなくてもよい，という気分は研究会を不活発にさせる原因のひとつだろう。

　「爆発的」な発展というような言い方があるが，この"explosion"に対して，すでに1960年代にマクルーハンは"implosion"の時代にこれから入っていく，といった。"Explosion"が外に向かって爆発するのに対して，"implosion"は外側はそのままだが内に向かって一挙にひび割れが何倍増にも走るとか，そうイメージなのだろう。"Implosion"はそれを読んだ1970年当時には実感することが難しかったが，いまはGDM/BASICのメンバーどうしの交流をおもってみても，新幹線や高速バスやマイカーのような交通機関のみならず，電話/ファックスに加えて，E-mailのやりとりによって，コミュニケーションの網目が密になり，あたまのなかみの共有化が一挙にすすんだことが感じられる。Implosionをどう訳したらよいかわからなかったが，さいきん「内破」ということばを見かけた。

第15章　新世紀のGDM/BASIC

　ベーシックは外枠は決まっているが，じつは使うひとの頭のなかで内破をおこさせるのだ。ベーシックはそれ自体で完成された組織でありながら小規模であるから，ことばのはたらきを観察するのに絶好の実験室である，とリチャーズが書いていたのを昔どこかで読んで，そのときは意味がわからないながら，気になっていた。そこからおもいだされることは，動物行動学者のコンラート・ローレンツが生態系の観察をするのにアクアリウムをすすめていた[1]。

　それはほとんど金がかからず，しかもじつに驚異にみちたものである。ひとにぎりのきれいな砂をガラス鉢の底にしき，そこらの水草の茎を二，三本さす。そして数リットルの水道の水を注意ぶかく流しこみ，水鉢ごと日のあたる窓ぎわに出して数日おく。水がきれいに澄み，水草が成長をはじめたら，小さな魚をなん匹か入れる。これでアクアリウムはできあがりだ。…
　アクアリウムは一つの世界である。なぜならそこでは，自然の池や湖とおなじく，いや結局はこの全地球上におけるのとおなじく，動物と植物が一つの生物学的な平衡のもとで生活しているからである。植物は動物が吐きだす炭酸ガスを利用し，かわりに酸素を吐きだしている。…

　リチャーズがベーシックを実験室にたとえた意味がこのごろになってわかるようになってきた：たとえば，室勝，後藤寛，相沢佳子などのしごとは，英語を母語としないひとたちが，ベーシックによって，英語を説き明かしている。
　あるいはGDMで教えつづけているひとたちには学習の心理や認知のプロセスについて多くの発見があり，たとえばわたしはEPの認知的段階づけに気づいたりした[2]。リチャーズはハーバード大学にいたとき自分の考えを説明するのに，ジェローム・ブルーナーの理論をつかった。

当時ブルーナーは「学習心理学」と呼ばれていたので，わたしはあまり興味をもたなかったが，そのなかみは今風にいえば認知心理学だったことが，わたしには1990年以後になってわかってきた。なぜ「学習心理学」がきらいだったかというと，それは「学習」の意味をあまりにも狭くとり，学習についての伝統的態度について無批判であったからだ。伝統的学習観の外に出て，学習を見なおす「メタ学習観」が必要だとわたしはおもっていた。伝統的学習観のなかから見るかぎりGDMはなっとくのいかないものであった。

私は英語のために勉強はしない　ただ聞き流すだけ！
発音練習・テキスト不要

という高速英語学習法「スピードラーニング」の新聞1ページ大の広告を見たことがあるでしょう（たとえば朝日新聞，2001年4月2日）。それがうまくいくのは，いわゆる「勉強」ではない仕方で英語が入ってくる仕掛けになっている。まず「発音練習・テキスト不要」とあり，開発者の大谷登のことばによれば，

　英会話学校，テレビやラジオ講座，通信教育など，英会話に関するありとあらゆることにチャレンジしましたが，一つ試しては挫折，また試しては挫折の繰り返し。そこで，飽きっぽく怠け者の自分でも続けられる教材，勉強をしている感覚がないのに英語をマスターできる方法はないかと考えたのです。自分は学校のように教科書を使っての勉強では長続きせず挫折してしまう。…そして思い付いたのが，ただ英語を聞くだけですむように，英語の後に日本語の訳を入れたテープだったのです。

　そしてそのようなテープを自作し「とにかく英語の勉強は一切しな

い。これで覚えられなくても元々だと考えました。おかげで英語の勉強のための時間が必要なくなりました。」

じつはこのひとは自分で言語材料をさがし，訳を入れてテープを自作するという手間をかけているが，これは「勉強」ではなく，彼が嫌だったのは「勉強＝覚える」ということだったようだ。いままでの「学習」方法についての猛烈な反発があり，彼はロザノフ博士の高速学習法に触れる。「従来の学習法では緊張することと反復練習をすることを基本にしているのに対し」ロザノフ流は音楽を聞かせるなどリラックスさせて，意識下にはいってくるようにする。

「何かを始めるときは誰しも意気込んでしまいますが，肩に力が入った状態では，長続きしません。英語も同じで,...」

古い「学習心理学」の実験方法はたいてい，ノンセンスな音節や図形を記憶させて，その数を計ったりした。しかし意識下もふくめて学習者の学習に対する気持ち全体を視野に入れなくてはならないことがわかってきた。たとえば「ストラテジー」ということばが登場するようになってきた[3]。あるいは，Ellen J. Langer, *The Power of Mindful Learning* という本では伝統的学習観の7つの迷信を指摘している。たしかにそのような迷信をもつ人にとってGDMはなっとくのいかないものであるにちがいない[4]。

1. 基礎は第二の天性になるまで習わなくてはならない。
2. 注意を払うということは一時に一つのことに集中することだ。
3. 満足を先のばしすることが重要だ。
4. 丸暗記は教育にとって必要である。
5. 忘れることは問題である。
6. 知性は「外側の事実」を知ることだ。

7. 答えは正答か誤答のどちらかである。

いままでの学習観について，これではだめだという反省がいろいろ出ている。たとえば78歳で亡くなった宇宙物理学者の小田稔さんは，生前，小学校で話しをしたときのことを語った（朝日新聞，2001年3月30日「天声人語」）：

いちばん反応するのは一，二年生。目をきらきらさせて，風圧を感じます。高学年ほどはにかむようになる。教えることが子どもをだめにするんじゃないか。僕は学問の中身を教えるのじゃなく，学問っておもしろいよということを伝えたい。

中身よりも，態度が問題だというひとたちのおちいりがちな点は，面白さについてその感激を語り，学習についての好ましい態度はかくかくしかじかであると言って聞かせることに終わってしまいがちだ。あるいは英語は面白いよ，という印象をあたえることが，いつのまにか英語教育の目的になりかわっている。英語を小学校に導入した成果について，

英語は楽しく

基本構文の暗記より「国際派」育成が狙い

というような見出しがある（朝日新聞，2001年4月2日）。ここで忘れられているのは，学習の仕方とか，なかみについての態度とかが変わるのは，実際にその材料を扱うことを通してのみ可能だということだ。

なかみと方法についての混乱はいくらでも例をあげることができる：

信州大の渡辺時夫教授（英語教育学）は，日本の英語教育の欠点は，英語で考えたり話したりする授業が行われず，基本構文を覚えること

第15章 新世紀のGDM/BASIC

に重点が置かれてきた点にあると指摘する。「聞く力の土台が出来てなければ，話す力は伸びない。教科書の例文をひっくり返して読むだけでは応用力もつかない」（朝日新聞，同上）

　新指導要領では，特有の表現が使われる「買い物」「あいさつ」「電話での応答」など10の場面と，「説明」「報告」「賛成」など17の言語の働きが示された。

　これらの例示に沿い，レストランでメニューを持って来てもらったり，バスの車内で運賃を尋ねたりするなど日常の実践的な表現をイラスト付きで紹介。各社とも英語で表現することへの親しみを持たせる工夫をこらした。…

　一方，英語教育に対する基本的な考えによって，内容に差が出た部分もある。

　以前から「聞く・話す」を重視する社では，本文の大半に対話形式を採用し，その分量が7割を占めた。会話の基礎になる文法や文形の学習を重視する社では，本文に長めの伝記や叙述文を残した。（朝日新聞2001年4月4日）

　ひとつの混乱は，言語現象の表層の不規則性に目をうばわれて，もうすこし深い層における規則的な文型に気づかず，会話と書きことばをまったく異なったものと思いこんでいる。もう一点はコンピューターのプログラミングということを通して，脳のはたらきとの類似がうかびあがってきた。そのため「認知」とか「学習」とかが，かなり一般的なキイワードとなってきた。なかみよりは，それの処理の仕方に関心が向いて来た。これは勉強についての固定観念についての反省として評価できるが，それが極端に走ると唯脳主義というか，すべては脳のなかで決まるから，脳のなかで良いことをすれば，それだけでいい，と思うような傾向もふえてきた。つまり良いプログラミングさえしておけばいい，という考え方だ。しかし脳のなかのことは外からのシゲキによって起こる

し，一挙に良いプログラムが出来上がるはずはなくて，現場で実際に使ってみてのフィードバックをとおして，プログラムはだんだんに改良されていくものだ。

　ロボットにサッカー試合などをさせる場合に，ロボットの設計のしかたに二通りあって，たいていのロボットは，あらかじめ戦略的な動きを人がコンピューターにプログラムしておく。それに対して，自分でサッカーを学習するようにロボットを設計しておく研究者がいる。コンピューターによる人工知能（AI）の研究をすすめていくうちに浅田稔・大阪大学教授が考えるようになったことは「コンピューターにロボットという『肉体』を与え，現実の世の中を体験させ，学習させること」の重要性だった。(朝日新聞，2001年3月9日夕刊)

　　AIに「机」を理解させたい時，プログラムで「机」とは四角くて，木や鉄で出来ている」と教え込むこともできる。しかし，これは言葉と言葉を結びつけただけだ。
　　人間は机に触り，使ってみる。「それで初めて机とは何かを理解しますよね。肉体があるから可能なんです。AIにロボットが必要なのはこのためです」と浅田さん。……［基本的な］行動原理は「とにかく動く」という単純なものだ。障害物など，センサーから入った情報は直接，避けるなどの動きに結びつける。行動計画を立てるなどの時間がかかる手順は踏まない。

「知能とは，人間が外から詰め込むのではなく，身体と環境の相互作用から現れるようです。…」と松原仁・公立はこだて未来大学教授はコメントする。

　　ロボットをいきなり広い世界に放り込んだら，対応できないことが続出，立ち往生するだろう。だが，サッカーは，競技場内の限られた

環境，ボールという対象，仲間とのチームワーク，得点という明確な目標など，適度な複雑さがある。...

「環境にほっぽり出したままではだめだし，プログラムを詳しく書きすぎて，過剰に介入しても成長しない。しかし，母親のように見守り育てれば，可能性はあると思います」

と浅田教授は人工知能について希望を語る。限定された状況内での体験が知能を育てるということはそのまま，GDM/BASICのような制限言語内での直接体験が，学習の仕方とかストラテジーをさらにたくみにしていくことに，かさねあわせて見ることができる。

コンピュータに言語を覚えさせることを通じて，赤ちゃんがいかにことばを覚えるかを探っている須賀哲夫・日本女子大学教授，久野雅樹・電気通信大学助教授らの「赤ちゃんコンピュータ」の紹介もおもしろい。(朝日新聞，2001年2月3日夕刊)

仮想空間の中に，「赤ちゃん」自身のほかに，時計や箱，本などの物体が配置されている。研究者が「親」となって，キーボードから「わたしはおかあさんです」などの会話を入力する。「赤ちゃん」は最初は白紙の状態だが，違う部分と共通する部分を見分ける能力はある。

「赤ちゃん」は「あのはこはきいろです」「このほんはあおいです」といった文章を聞くと，「あの」「この」や「きいろ」「あおい」などの違う部分を比べ，「青い色」を「あおい」と表現することなどを学んでいく。...

...須賀さんは「赤ちゃんの言語獲得のかなりの部分を，この方法で説明できると思う。今までが複雑に考えすぎていたのではないか」という。

わたしたちの言語や認知は「たとえ」の原理にもとづいている，とリチャーズは『修辞学の哲学』で言った。Metaphorすなわち類似を見るということ，新しい経験のなかに古い要素を見る，異なったシゲキのなかに同じ要素を見る。GDMの新しいteaching pointの提示のなかに，生徒は古い要素と新しい要素を見る。たとえば，わたしの大学1年生にEP1を最初からp.51まで週2回で半年やった感想にこんなことを書いたひとがいた[5]：

　中学ぐらいの英語だったので全く理解出来ないわけでもなかったです。…回数を重ねていくにつれて少しづつ文章は理解に難しかったけど，単語が少しづつ自分の頭に入っていくのがわかりました。次ぎの時間になると，頭に入っていた単語が出てくると，ちょっとは反応するようになりました。(原文のまま)

GDMで学習について自覚的になった生徒は，もっとひろい言語に接しても，どこに注意を向けたらよいか，感じとしてわかっている：どこまでが共通で，どこが変数の部分であるか。わたしたちが発見しながら基礎を教えれば，生徒は学習の仕方を身につけて，あとは自分できりひらいていく。このことはリチャーズたちがDelmar ProjectでLanguage For Learning (LFL) の長期的効果についての追跡調査でかなりな数値をあげている[6]。

以上，GDM/BASICの限定的世界が新世紀の実験室としてうってつけであることを述べた。

NOTES

1. Konrad Lorenz, *The King Solomon's Ring*. コンラート・ローレンツ『ソロモンの指輪』(日高敏隆訳，早川書房，1970), pp.23-22.
2. 片桐ユズル「GDMの認知的段階づけ」*GDM News Bulletin*, No.46

(1994). 本書，第8章.
3. 此枝洋子「言語学習ストラテジーとGDM」*GDM News Bulletin*, No.51 (1999).
4. Ellen J. Langer, *The Power of Mindful Learning* (Reading, Massachusetts: Addison–Wesley, 1977), p.2.
5. 片桐ユズル・吉沢郁生編『GDM英語教授法の理論と実際』(松柏社, 1999), p.214.
6. Yuzuru Katagiri and John Constable, eds., *A Semantically Sequenced Way of Teaching English: Selected and Uncollected Writings by I. A. Richards* (山口書店, 1993), pp.399–361.

第16章　場面をあらわすセンテンスと　　　　　　場面をひらくセンテンス

　GDMには人をおどろかせるような目新しい術語はあまりない。そのためにかえって理論的根拠が弱いのではないかと疑われることがあるのかもしれない。これはたぶんリチャーズのイギリス的経験主義から来たのだろう。わたしたちにとってなじみぶかい"SEN-SIT"は，数少ない特別な用語のひとつだ。それをあなたはどのように説明するだろうか？

　なにかセンテンス（SEN）を言わせるために場面（SIT）がある。たとえばテーブルのうえにボウシがおいてあれば，"That is a hat. It is on that table."というようなセンテンスが予想される。Question-and-Answerにたよるのでもなく，pattern drillの置き換えにたよるのでもなく，学習者が「自主的に」発言するようなキッカケとしてGDMでは場面を作ることをしてきた。どのようにしたら学習者が迷わずにtarget sentenceを言えるようなclearな場面設定をするかに，わたしたちは知恵をしぼってきた。

　リチャーズは流行をきそう学者たちとは異なって，自分の発見を新しい名前で呼んだりしないので，つい読みすごしてしまうかもしれない。わたしは今回『GDMの理論と実際』の理論編を書くためにSEN-SITの定義をさがしているうちに，はてなとおもう文章に出会った。

　　…言語を現実に噛みあわせるために必要なことは，意味の理論を注意ぶかく応用することだ。センテンスは言語学習において単位となるべきものだが，センテンスは，それが使われる場面から意味を取る。

第16章 場面をあらわすセンテンスと場面をひらくセンテンス

はじめにセンテンスは，それが発せられた場面によって運ばれる，あるいはその場面に乗っている。場面はセンテンスの「乗り物」vehicleである。これは言語の「消極的」用法だ。のちに，「積極的」用法においては，センテンスが場面を運ぶことが出来る。…

　言語を教えるための設計の技術は $\frac{\text{SENs}}{\text{SIT}}$ と $\frac{\text{SITs}}{\text{SEN}}$ の順番を組み合わせて，「積極的」用法が「消極的」用法につづくようにする。できるだけ絶え間なく，確かに，「識別がはっきりするように」配列するのだ。

—from *Design for Escape* (Katagiri and Constable, eds., *A Semantically Sequenced Way of Teaching English*, 山口書店, 1993, pp.268–9.)

ふつうの考えでは，場面の上にセンテンスがのっている： $\frac{\text{SEN}}{\text{SIT}}$
しかし，センテンスが場面を運ぶ，作る，変えるとしたら： $\frac{\text{SIT}}{\text{SEN}}$
たとえば，前の時間にTAKEを習っていたとして，situationとしては，テーブルの上にボウシが置いてあるなら…

　A hat is on the table. $\frac{\text{SEN}}{\text{SIT}}$
しかし生徒がのこのこ出ていって，"I will take the hat off the table"と言ったとしたら，そのsentenceにもとづいてsituationが変わる： $\frac{\text{SIT}}{\text{SEN}}$

1999年3月27日名古屋での中級セミナーでわたしは "An orange is on the table. Cookies are on the plate. Cups are on the table. Hot water is in the pot. Pictures are on the board. A frame is on the table."というようなsituationsをつくり，あとの動作は生徒自身が決めて "I will go to the board and I will take that picture of a man and a woman off the board. And I will put the picture in the frame." "I will go to the table, and I will take a cup off the table. And I will put hot water in the cup." などと言うようにもっていった。自分の意志で状況を変えるのだということを確認する意味で絵を取る直前に黒板に "I will take this picture of a man and a woman off the board." と書いてもらったりもした。

　はからずも，その前日に石井恵子さんはmy, your, his, herの復習をするような顔をして "That is your book." "Yes, it is my book." その本をクラスに見せて "That is his book." そしらぬ顔で，その本をテーブルに置く。こんどはだれかのbagをさすと "This is my bag." "This is her bag." と言いながらテーブルに置いてしまう。先生がTAKEの導入をしたあとで，とても自然に自分の本やbagをとりもどすために "I will take my book off the table." "I will take my bag off the table." を言ってしまうのだった。先生がTAKEするsituationをsentenceで記述したあとで，こんどは「積極的に」自分のsentenceが新しいsituationを作っていくのだった。

　And God said, Let there be light: and there was light.
　神は「光あれ」と言われた。すると光があった。（創世記）

第17章　抽象語の教え方:
*English Through Pictures*とメタ言語

　新しいことばを知るには，普通はそのことばについての説明を聞いたりする。その説明はことばについて語っているから，じつはメタ言語を使っているのだが，このことはほとんど意識されていない。"This is a hat."というのを「対象言語」とすれば，"This is a hat," is a statement. といえば「メタ言語」である。*English Through Pictures*, *Book 1* (EP1), p.30で "What is this?" is a *question*. "It is a hat," is an *answer*. というのはメタ言語への最初の導入である。それにつづいて "These are the *numbers* from one to twelve. One, two,… twelve."

　例によってEPでの導入はごく自然におこなわれ，生徒は気づかなくてもいいが，先生は意識していたほうがよい。じつはメタ言語は，対象言語を一段高いところから話題にとりあげるから，ほんとうは難しいことなのだ。しかし大多数のひとは，この困難を意識しないままに話をすすめているので，混乱におちいりやすい。しかし「文法」とか「論理」とかに対してしろうとがどれほど拒否反応をおこすか見れば，それらがもろにメタ言語であるためだ。英語の意味を日本語で説明すれば，それはメタ言語になってしまう。訳読法は母語を使うから一見しんせつみたいだが，説明すればするほど，わかりにくくなることを思い出してほしい。語学の専門家はつねに言語について論じているから，メタ言語には慣れているが，それ以外のひとにとってメタ言語はそれほどやさしくはない。(一方で言語について論じると，自分がひとより一段えらくなったような錯覚をもちやすい。)

BASIC Englishをいままでわたしたちはどちらかというと，自己発信用の制限単語リストとしての側面を強調してきた。しかし1930年ごろBASICの発表当時は英語教育において今ほど受信/発信という区別をかんがえなかった。BASICはそれを使って，より広い世界に入っていくための道具であった。世界について説明し，ことばについて説明するための手立てであった。というわけで*The General Basic English Dictionary*の制作には大変なエネルギーと期待がかけられた。現在わたしたちがやっているほどSEN-SITによる直接的な教え方が開発されていなかったから，Direct Methodといっても，英語で英語を説明することが大きな部分を占めていた。かならずしもBASICでなくても英英辞典を使うことがもっとも正統派的な英語上達の方法と言われていた。既知のことばを道具に使うから，復習をしながら先へすすむので，二重に勉強になると言われていた。"Be able to"は"can"だというふうにしてわたしは学習した。

　GDMについてしばしばたずねられる質問に，抽象的なことばをどう教えますかとか，受信用語彙をどう増やしますか，というのがある。*English Through Pictures*（以後EPと略す）をていねいにしらべることにより，わたしのやりかたで，これらの質問にこたえてみたい。

　BASICはその発生からして，オグデンとリチャーズが『意味の意味』を書く必要から，いろいろな語を定義しているうちに，ある少数の語がくりかえし現れることに気づき，これらの定義用語だけで，すべてのことを言いあらわすことが可能だとおもわれた。たとえばものそれ自体の名前を知らなくても定義用語だけで，「なにか書くものない？」とか「お飲み物は？」とかで用がたりている。

　ことばについての説明すなわち「定義」こそBASICが得意とするはずである。しかし「定義」というと，なにかおそろしげだ。「定義」をするには，何か唯一で普遍的な正しい方法にしたがわなくてはならないような錯覚がある。しかし『意味の意味』で言われていることは，要す

第17章 抽象語の教え方

るに話相手にわかってもらえばいいのだ。道をおしえることにたとえれば，最低必要なことは出発点を共有すること，目的地をわかっていること，そうすれば状況に応じていかなるルートをえらんでもよい。状況の数だけアプローチの仕方があるといえるが，その代表的なものを『意味の意味』では10にしぼり，Hugh Walpole, *Semantics*（1942）では25を列挙している[1]。"What is an apple?" とたずねられて "An apple is a round fruit which grows on a tree and which has a smooth red, yellow, or green skin and firm white flesh inside it." と百科事典にあるようなことを言わなくても，"This is an apple," といって手にとってみせればいいのだ。これが第1番目の定義の仕方だと『意味の意味』に書いてある。この場合に話し手と聞き手は共通経験をもっている。*English Through Pictures* はここからはじまる。

EPは最初の29ページをほとんど "This is a table." "This is a hat." のように直接的に指示物をあらわすことですごしたあとで，question, answer, number があらわれ，さらに p.37 で，things, persons があらわれる[2]。"Things" は実演では，いろいろなものを同時に見せて，"These are things," といっぺんに提示することができる。しかし紙のうえでは，"What are things?" "A house is a thing. Houses are things. A hat is a thing. Hats are things. Doors and windows are things. Tables and seats are things," というように，"モノとは…？" といって考えこむのではなくて，すでに知っているものの例をあげることでわからせる。これも定義である。"Dresses and stockings and shoes and gloves are clothing (EP1, 81)." "Cows are animals. These are some other animals: a pig, a sheep, a horse (EP1, 91)." "Apples and oranges are fruit (EP1, 100)." "Soup, milk, potatoes, meat, bread, butter, cheese, apples, oranges are food. They are different sorts of food. Glasses and boxes and fingers and dresses and flames are things. They are different sorts of things

(EP1, 106)." "Cows and sheep and pigs and horses and goats are animals. They are different sorts of animals (EP1, 107)."

　Personsの導入はthingsとの対比ですることができるが，すぐに実例で補強される: Men and women and boys and girls are persons. They are not things. You are not a thing. 対比によって新しい語を導入することは定義の有力な方法のひとつだが，GDMではstructureを教えるのに最初からごくあたりまえに行われている。Content wordsにおいては特にqualitiesはほとんど対比で成り立っている（以後カッコ中のページ数はすべてEP1）: right/left (13); open/shut (26); long/short (45); new/old (80); warm/cold (96); thick/thin; good/bad (98); hard/soft (102); high/low (104); same/different (106-7). Qualitiesのみならず，thingsにおいても対比はman/woman (8); boy/girl (37), back/front (84) などにあらわれる。すこし例外的なのはqualityの"solid"に対して"liquid"はthingである: "Ice is solid. Water is a liquid (94)." "Opposite" という語の導入は EP2, 31, "This is one side of the box. This is the opposite side of the box." すこしがまんしてEP2, 80まで進んだら，むかしの大判の*A Second Workbook of English*，いわゆる "Blue Workbook" の "Night School," Part I (pp.16-17) を見てごらん。またEP2, 184でも，練習問題は反対語についての復習になっている。さらにEP2, 139-141でくりかえされる。とにかく"opposition"の考えがなかったらBASICは成立しなかったし，オグデンの著書*Opposition*（1932）は主流派の言語学でも必読書である。

　"Together" の導入は特にメタ言語での説明によらずに，同じ指示物に対していろいろな言い方ができることで示している: They are at the window together. She is with him at the window. He is with her at the window. (EP1, 38) 同じ状況に対してしつこいとおもうほど異なった言い方をかさねるのはEPの特長と言える: This is a table. This table is here. It is here (10). My hat is in my hand. It is in my hand (11).

第17章　抽象語の教え方

ひとつの言い方でわかったからいいわ，と言わずに音の記憶として頭にいれておくと良い肥料になる。かつて吉沢美穂さんはいわゆる暗唱を非難したが，意味もわからずやみくもに暗唱させる当時の風潮に反対したのだった。EPの音をくりかえし聞いたり，口に出したりしていれば，自然にテキストが暗記されてしまうことは，たいへんにおすすめなことだ。

EP1, 40–41で導入されるsee, have, sayは，それまでのtake, put, give, goとはいささか異なる。"That is a man"というよりは，"I see a man"といえば，認知についての反省がある。メタ認知である。"He said 'hello'"といえば音を口に出すという動作だけかもしれないが，"He said, 'I see a man.' But she said, 'I see a woman.'"とうようないなことになれば認知についての議論になる。（くわしくは本書第8章をごらんください）。

"Have"は"part"と関連していて，"part and whole relation"は定義で重要な方法であるのみならず，意味のおきかえにおいてもリチャーズは大変に重要視している（たとえば*How to Read a Page*, 1942）。"Parts"の導入は実演ではいきなりバラバラにした部品をみせて，"These are parts of a seat,"ということもできるが，テキストとしてEP1, 45では"This is a face. His eyes, his nose, and his mouth are parts of his face."すぐにつづいて同じページで，"parts"という語こそ出ないが，時計の例でhaveを使いながら部分/全体の考えをつめる："This is a clock. It has a face.... The clock has two hands, a long hand and a short hand."部分/全体はすでに"of"（EP1, 26）で種がまかれていたし，"These are the pages of the book. These are the covers of the book. The pages are between the covers of the book (43)."というような定義もあった。"Do you see two seats and the bookshelves between them?... Yes, I see them. These things are in the room. The room is in a house (47)."ここでも部分/全体のかんが

えが確認されている。

　定義用語としての"part"はEP1, 49-51で大活躍する: The part which is between his head and his body is his neck. The part which is under his mouth is his chin. EP1, 49のイヌのところでは多少の注意がいる: This dog has a body.... He has four legs and a head and a tail. He has no arms or hands, but he has feet. His head, his body, his legs, and his tail are parts of a dog. イヌの場合は言語習慣としてarmsとかhandsとは言わずに, feetになるということだ。

　"Chest"が胸のことから大きな箱状のものに変わることは, 生徒さんたちがついていきにくいようだ (EP1, 51)。このようにナニナニみたいなものというのは類似による定義と言われる。たとえばEP1ではすでにやってあった: "This is a seat. These are its arms. These are its legs (25)." "A clock has a face.... and two hands, the long hand and the short hand (46)."

　"Name"はじつはメタ言語なのだ。EP1, 58, "Who is this? He is John Smith." これは指示物そのものについてしゃべっている。つづいて "His name is John Smith" は単なるリピートではない。それの重要性は*English Through Television* (ETV) を補助にすることによって, よくわかる: Who is this man? His name is Edward Smith. He is Captain Ed Smith." このひとはむしろ "Captain Ed Smith" として指されることが多いのだが, 名前を言えば "Edward Smith" なのだ。EP1, 61でも, "She is Mrs. Smith. Her name is Mary Smith. 生徒にこのことを講義する必要のないことはもちろんだが, つぎのように "name" を自由に使えると先にいって便利である。ETVのLesson 13では上記のセンテンスにつづいて, "On the wall is a picture of his ship. The ship is on the water. *Its name is The Anabel.* The ship in the bottle is The Anabel."

　ETV, Lesson 16: "Where are those boys, Tom?" Mr. Wilson says,

"I saw them take the Mermaid out at two." The boat's name is the Mermaid. The man's name is John Wilson. 一見なんの変哲もないが、突然出て来た"the Mermaid"はボートの名前だということが説明されてあり、"The boat's name"なんて言い方していいのかしら、と問われるまえに、"The man's name is ..."と並列して、こんなふうに言ってもいいのだとわからせる。BASICにえらばれた語は広い意味領域をカバーするから、当然のことながら抽象的傾向がつよく、特定の文化に密着しない[3]。ところが多くのひとは現場に密着した呼び名をうれしがる。"This is an instrument for measuring heat. Its name is the thermometer,"のようにして彼らの欲求を満足させることもできる。ほんとうは生徒が自分で"What is the name of that thing?"のような質問をして、道を切り開いて行けるようにしたいものである。ここでいささかの自己批判を含めて言えば、What?を導入するときに、何だかわからないものを見せて、それに対して"What is that?"というような練習は印象深くやってきたが、それだけでなく物の名前を知りたいときにも"What is this?"を使えるようにしたいものである。

EP1, 79: Nobody = no man or woman or boy or girl or baby. EPでもたまには、このような説明がある。*The General Basic Einlish Dictionary*（以後GBED）の定義では"No persons"。

EP1, 91: Cows are animals.... We get milk from cows. このへんから話は目の前で起こっていることから離れて、単純現在形の導入とともに、一般論へはいっていく。Animalsのみならず、実例を列挙する"sorting statements"はすでに、things, persons, clothingなどでやったが、ここではさらに出所をあきらかにすることも定義になりえる：We get milk from cows. 似たようなことが、EP1, 99でくりかえされる：We make cheese from milk. We make butter from milk.

EP1, 92: We get potatoes from the roots of a plant. "Plant"の導入はanimalとならべると、分類上の2大対立概念をつくる。EPではしか

し，a pig, a sheep, a horseのように名前を列挙した動物の場合とは異なり，植物の名前を列挙することをさけて，"This is a plant. This is its flower. These are its leaves. These are its fruit. This is a branch. This is its stem. These are its roots,"のように部分の名前をおしえる。これはかしこいやり方だ。ともすれば生徒がおぼえたがる語は，抽象度が低く，その物ベッタリの，1レベルだけでしか使えないものにおちいりやすい。そういった誘惑に抵抗してわたしは"These are roots of some other plants."と言って，ダイコン，ニンジン，カブ，ゴボウ，サツマイモなどの実物を見せながら，名前は言わないでおく。Fruitにしても，ここでは"Apples and oranges are fruit"という分類をするのではなくて，名前などに興味をしめしそうもない植物のfruitを具体的に見せたり，さわらせる。ETV, Lesson 20で見るように，室内用の水栽培やら植木鉢の植物が役に立つ。

そのあとで"Apples and oranges are different sorts of fruit（EP1, 106）"へ行けば，fruitという語を2つの異なったレベルで使うことになる。同様にETV, Lesson 15で"A dog is going after another animal,"でanimalは分類ではなくて，目の前のイヌが追いかけている具体的な1匹の動物だ。分類用語としてだけではなくて，"Are these your things?"とか"Put your clothing in this basket,"とか目の前のモノに対して使えることが実力になる。EP1の同ページ（91）で，"We get potatoes from the roots of a plant.... We get them up with a fork." "Fork"は小さいのだけでなくて，大きいのもあるという，意味のひろがりについていってほしい。ひとつの意味にしか使えない単語を数多くおぼえるよりは，ひとつの単語のいろいろな使い方についていけるようにしたい。

さてテキストではメアリーがジャガイモの皮をとって，お湯をわかすとか，料理ではいろいろな化学変化がおこる。変化が起こらないように"keep"するのが"icebox"のはたらきだ。というわけで，はたらきに

よる定義が出てくる。もうひとつ，"A clock is an instrument for measuring time."そして寒暖計の絵があり，"This is an instrument for measuring heat (EP1, 97)."ナニナニforナニナニingという，道具などのはたらきを説明するのに便利な言い方を学習できる。GBEDでclockを見ると"Time-measuring instrument for room, etc."

つづいて"This is a measure. It is a yard measure. There are three feet in a yard. There are twelve inches in a foot (97)."これはあとになって，"There are twenty-four hours in one day. Twenty-four hours make one day (EP2, 24)."さらに"Seventeen hundred and sixty yards make a mile…. Miles, yards, feet and inches are measures of distance (EP2, 59)."という"単位"の説明にいたる。

BASICのquality wordsの半数には反対語があるが，"clear"にはない。どのように説明するか？ EP1, 110: "Potato soup is a thick soup. Thick soup and clear soup are two different sorts of soup. This water is clear. When a liquid is clear we see through it. Milk is not a clear liquid. We do not see through it. The air is clear. I see the mountains. When the air is not clear I do not see them."GBED: Able to be seen through; unclouded; sharply outlined; (of road, etc.) open, with nothing in the way; readily taken in by the mind; without doubt;… 透きとおっているから，明快である。物質的意味から精神的意味にいたるのが重要だ。

EP1の最後は家族の話になる。家族関係用語でBASICにないものは，home, children, husband, wife, grand-father, -motherなどで，厳密BASICでは，John is married to Mary. They are Mr. and Mrs. Smith. They have two sons and two daughters. They send their boys and girls to good schools. The family is living in New York City, but John's father and mother are living in the mountains. のようなことになる。しかしETV, Lesson 23では，non-BASICの家族関係語

をストーリーのなかで，ごく自然に言いかえたり，説明したり，くりかえして，いつのまにかわからせてしまう。Wider Englishについては，どこまでを使えることばにもっていくか，どこまでを理解だけにとどめておくかについて，それぞれの現場での判断が必要である。

　いよいよBook 2に入る。まず物としてのIt is a comb. It is a brushがある。それはすぐにShe is combing her hair. Now she is brushing her hairという状態をあらわす（EP2, 9）。P.16では，The man is writing a letterから，It is in Mr. Roe's writingになる。P.18では，Now she is reading: "I had a good journey...."からReading and writing are parts of our educationという使い方になる。これらの場合に具体的な物とか，見えやすい状態から入り，抽象的な使い方になる。EP2, 19ではMrs. Smith is taking a look at Tom's work. It is good work. ここでもworkは，物として触ることができる。はたらきとしてのworkが出てくるのは，EP2, 108〜である。メタ言語をあたかも物であるかのように扱うことを，わたしたちはquestion/answerの導入でおこなってきた（図1, 2）。それはETVが"name"を導入する場合にも見られる: The house is in a street. The name of the street is Short Street. There is a name on the door of number ten. The name is

図1
What is this?

図2
"What is this?" is a question.

第17章 抽象語の教え方　　　　　　　　　　　　　　　　199

図3　　　　　　　　　　　　　図4

Jones (Lesson 14).（図3，4）

　あるいはmeasureについては，This is a yard measure (EP1, 97). I am measuring the wood (EP2, 36). Inches, feet, yards, metres, and miles are measures of distance (EP2, 81). There is no measure of the beautiful (EP2, 143). 物からはじまり，その物を使う動作から，計量の「単位」へ，そこから「基準」へと意味が移っていく。じつは単語力というものは，このような意味の移り変わりについていくことの方が，多数の語を知っていることより重要であると，この文を書きながらますます思うようになった。その力をのばす方法として，指示物を共有するところから出発するのが*English Through Pictures*であった。それとは別に普通に思いつくことは，こういうときには，どう言ったらいいでしょう，というふうにことばについて，ことばで議論することで，このやりかたで有名なのはC. E. Eckersley（1893–1967）の*Essential English for Foreign Students, Books 1-4*（1938–1942）であったと言われている[4]。

　それに対してBASICは，そのことばは何をあらわすか？を明らかにしようとする。Change? What is that? (EP2, 69) のあたりから先は，いくつかのkey wordsを明らかにすることで話しがすすんでいく。たとえばEP2, 139: "Pleasure"? What is that? "Pain"? What is that? Put your finger in the flame. No, I will not. Why not? Because of the pain. I see what the sense of the word "pain" is now. This is another use of the word sense. Pleasure is the opposite of pain. "Opposite"? Good is the opposite of bad.

　このへんにいたって，BASICの役目が指示物をはっきりと示すことだけでなくて，ことばについて論じるための明快な道具であるということだ。つまりメタ言語を明快にしてくれる。ことばを道具とすれば，BASICには道具をつくるための道具としてのはたらきがある。BASICの発生がそもそも『意味の意味』を書くときの定義をする過程から出てきたことを思えば，これは当然のことと言える。わたしの最近の経験からいえば，学生たちの困難は，単語の数がすくないことよりも，語の意味の変化についていけないことから来る。しかし彼らは自分の単語の数がすくないせいだと思いこんでいる。それは今までの教育イコール知識の暗記みたいに思いこんでいることから来るのだろう。ほんとうは知識をいかに使うかがたいせつなのに——すなわち，ことばの数量ではなくて，「使い方」がたいせつなのだ。

NOTES

1 室勝『意味の定義』(1972) p.9では，ウォルポールをさらに整理して21の経路をかんがえた．

2 じつはすでにEP1, 27であらわれる"picture"はモノそれ自体ではない，とも言える．これまではイスの絵を見せれば生徒は"That is a seat"と言っていたが，現物と絵を区別する必要から"of"を使う必然性が出てくる．(本書，第8章，p.69参照).

3 John Paul Russo, *I. A. Richards: His Life and Work* (London: Routledge, 1989), p.456.

4 A. P. R. Howatt, *A History of English Language Teaching* (Oxford University Press, 1984), p.216.

第18章 GDMのAV教材:
GDMの易行道と難行道

　何かひとつのことを深くきわめるには難行苦行をすることになっている。しかしその何かがひろく世の中にうけいれられるためには，だれにでも出来る易しい方法論が必要だ。

　Graded Direct Method (GDM) をはじめたI. A.リチャーズ（Ivor Armstrong Richards, 1893-1979）が思っていた理想の教師のレッスンは，I am here, He is here, He is there, She is here, etc., をバレエのように美しく，明快にわからせるはずであった。一方で彼は現実の教師はそれどころではなく，大クラスと雑用におしつぶされそうになりながら，消耗されていくことも知っていた。そういうひとたちのための易行道として，Through Television の教材を用意してありますよ，と *Design for Escape* で言っている[1]。

　先生自身はクラス全体に何をどう教えようかなどにわずらわされずに，それはテレビにまかせて，あとはひとりひとりの生徒の不得意なところを見てやることが出来るはずだと，リチャーズは言っている。

　実際にハーバード大学周辺，ボストン近郊でおこなわれたGDMの授業では，まずクラスは暗くされ，スライドによりThrough Picturesの絵が映し出され，それにあわせてレコードから音声が聞こえてくることから始まるのだった。スライドとレコードをシンクロさせることはややこしいので，助手が必要だったりして，吉沢美穂さんも留学中にその手伝いに出かけた，という話を聞いたことがある。これはのちほど絵と音声が16ミリのフィルムにまとめられ，扱いやすくなったが，映写機の

設備が必要であった。日本へはじめてGDMが紹介された当時は，新しい視聴覚的方法として中央の注意をひいた。しかし普通の教室ではそのようなぜいたくはゆるされないので，日本でのGDMは，いわゆる「簡易視聴覚教材」を有効に使いこなす方向が主流となり，教師養成トレーニングもそのように行われてきた。Direct Methodで日本語を使わずに新言語材料を導入する方法が年月とともに洗練され，これはもしかすると名人芸っぽく見えるので，GDMの教師養成が難行苦行道のように思われるのかもしれない。

　教師養成についてリチャーズ自身も実は思ったほど容易でないことがわかってきたらしい。はじめての先生がおじけづくのは，自分のしゃべることすべてをコントロールして，未知の語句を使わないようにすることが，たいへんなプレッシャーなのだが，そういうひとたちはリチャーズたちが作ったフィルムを見て，まねするようにしたらよい。というようなふうにフィルムが教室での導入だけでなく，教師養成にも役に立つはずだ，と1947年の論文で言っている[2]。

　Language Research, Inc. の最後のdirectorであったBarbara Reutlingerさんから受けた印象も，まずはAVによる導入があって，つぎに先生によるOral Application，これはAVでの導入をそのままliveでなぞるような易行道であった。つづいてReading and Writingになって，それにはまたスクリーンにcaption付の絵が映し出されて助けをする。Writingはかなり個別指導が必要になるだろう。スライドのFilm StripにはCaptioned/Captionlessの2種類があって，字を見せないで音声だけを聞かせるとか，絵だけを見てのfree compositionに使えるようになっていた。テレビになってからは，絵と音声だけのCaptionless，リピートのときに字が出るCaptioned，まず絵だけが出て，ポーズのあいだに自分で答えをしゃべり，そのあとで字と音声で正答が出るCap/Soundの3種類になった。

　いまは日本ではほとんどの教室でビデオを見ることが可能であろう

が，難行道のトレーニングをうけた先生方によって，English Through Videoがどの程度まで活用されているか，わたしは知らない。ビデオの効果は意識的というよりは意識下にはたらきかけているらしく，その効果はわかりにくい。Readingの段階になって生徒に本を見させると，クラスの注意が各個人ばらばらになって，どこを読んでいるかわからない生徒も出てくるが，スクリーンにはクラス全体の注意が集まる。本はクラス外での自習用に考えられている[3]。リチャーズ自身も詩の講義をするとき，テキストをプリントして配るよりは，スライドで映すのを好んだ。

　GDMを易行道でするには，教材とそれの導入はまったくリチャーズにおまかせすることになる。ところが検定教科書制度のもとでは，これが難関となっている。中等教育の現場でGDMを実践しているひとたちは，*English Through Pictures*と検定教科書の言語材料のすりあわせをしているが，このためにはGDMについての深い理解が必要となり，易行道ではなくなってしまう。

　わたしたちは自分で思っているほど英語のことはわかってはいないのだ。なにしろそれはmother tongueではないのだから。こんな言い方はnaturalではないとか，文句いう資格はないのだ。たとえばEP1, 59に出てくる"giving a turn/ a push"は評判が悪いが，EPで後に出てくるhave a drink, take a look, make a discoveryなどへの伏線となっている。ふつうわたしたちが動詞1語で言えばいいのにと思っているものを，動詞＋名詞に分けていうことが，ネイティブ自身もびっくりしたほど統計的に多用されていたことが，COBUILD（Collins Birmingham University International Language Database）からわかってきた。くわしくは相沢佳子さんが『基本動詞の豊かな世界』（開拓社，1999年）で論じているし，本書第5章も見てほしい。

　ずばぬけた言語感覚でリチャーズにかなう批評家はほとんどいなかった。彼はモダニズムの旗手としてT. S. エリオットと並んで20世紀の英

語文学世界を切り開いてきたのだった。文学はことばの芸術であるとして，ことばをきちんと読みとることから，はじめなくてはならないことを説いた，いわゆる「新批評」のみなもとであった。*English Through Pictures* はそのひとが考えぬいたテキストである。

　EPのテキストを改変されないためにコピーライトをまもっていると，バーバラ・ルートリンガーさんはいっていた。たしかに他の業者たちは，目まぐるしく変わる世相にあわせてテキストの改訂版を出しつづけている。しかしわたしのEP learnersは，ニューヨークからカリフォルニアへ汽車で旅行をしても何の異和感もなしでいた。かえってわたしのほうが "This book came out in 1945" だから，そのころはこうだった。いまは "How long is the journey by airplane now?" と聞けば，かれらのほうが知っている。Mrs. Smith is putting Mr. Smith's things into his bag. むかしはそうだったんですね，ということでいかにも古典を読んでる感じになる。

　言語現象の表層はつねに波立っているが，深層は静かである。GDMの言語材料がBASIC Englishにもとづいていることで，わたしたちは右往左往せずに，安心して授業を深めていくことができる[4]。

NOTES

1. I. A. Richards, *Design for Escape* (New York: Harcourt, Brace & World, Inc., 1968), pp.17–30. Reprinted in Yuzuru Katagiri and John Constable, eds., *A Semantically Sequenced Way of Teaching English: Selected and Uncollected Writings by I. A. Richards* (京都: 山口書店, 1993), pp.272–285.

2. Richards, "English Language Teaching Films and Their Use in Teacher Training", *English Language Teaching*, 2/1 (Sep. 1947). Reprinted in Katagiri and Constable, pp.174–181.

3. Richards, "Notes on the Use of the 'Language Through Pictures' Series

of Texts and Related Instructional Materials", Katagiri and Constable, p.199.
4. 2005年にカナダのPippin PublishingからEPの新版が出されたが，改訂については賛成できない点が多い．第24章を参照ください．

第19章　大学で基礎英語をやっても恥ずかしくない

　京都精華大学人文学部では，入試のやりかたが変わり，そのため英語の試験を受けても受けなくてもよくなった。それにともなって，1997年度から，英語は一年生のときに必修だが，十いくつか開講されている英語クラスのなかから，よさそうなのを選択できるようになった。約300人のうち90何人かが，わたしのクラスを希望した。この人数ではとても授業にならないので，"I am here"のデモをして見せ，そのうえで志望理由を書いてもらい，教務とも相談しながら，半分の40何人かにへらした。このように殺到したのは履修要項の書き方によるところが大きかった，と言われた：

講義目的
　英語を話したり書いたりしながら，ほんとうの基礎から作りなおし，やさしい単語と文型で筋道たてた説明ができるようにする。学校英語アレルギーできたひとには，やりなおしのチャンス。

授業内容・授業計画
　850語でほとんどすべてのことがいいあらわせるベーシック英語にもとづいた教材をつかう。からだをうごかしたり，物をつかったりしながら，授業はすべて英語でおこなう。ただしむつかしい英語はつかわないで，ベーシック英語でおしとおすことにこだわるから，教師の言うことはすべてわかるようになっている。

第19章 大学で基礎英語をやっても恥ずかしくない

評価方法

毎回提出するワークのつみかさねと，クラスのまえで3〜5分間しゃべってもらうことが2〜3回ある。

受講生に対する要望

ネイティブなみにペラペラになることが目的ではないが発音をきちんと指導するから悪くおもわないでほしい。[アルファベットの書き方もうるさく指導するから，字をていねいに書いてほしい。]はじめはやさしいが，急な階段を一歩一歩あがるから，途中がぬけると，次の授業はぜんぜんわからなくなる。[したがって欠席をしないでほしい，遅刻をすると部屋に入れないことがある。]やさしい言い方にこだわる授業だから，英語が得意なひとには向いていない。

教科書

English Through Pictures, Book 1. Richards & Gibson. 洋販

[ ]のなかは，1997年度の経験から，1998年度に書き足した。

人文学部だけでなく美術学部でも何回かくりかえして，ある一定の線に落ち着いてきた。進度についていえば，90分授業×週2回×12〜3週で20〜25レッスンでわたしの場合はEP1の前半を終わって一息つく。出席が良くてクラスが調子にのっていれば，そのあいだにパーティを一度やって"a"のつかないものを飲んだり食べたり，またクラスのみんなのまえでのスピーチが2回位あったりする。これで半年やって，ハイサヨウナラ，ここで打ち切りです（このあともつづけたいが，現在の学則では，それができない）。

ぜんぜんはじめから英語をやりなおすことを看板にあげて大学1年生に週2回，半年づつ教えている。そんな子どもみたいなことやって，はたして大学生がついてくるのか，という疑問は当然あるだろうが，現地ではそれほど心配はいらない。期末に書いてもらう自己評価によると，年ごとに学生たちの印象が少しづつ片よっていて面白い。原文のまま代

表例をあげると:

　中学ぐらいの英語だったので全く理解できないわけでもなかったです。…回数を重ねていくにつれて少しづつ文章は理解に難しかったけど，単語が少しづつ自分の頭に入っていくのがわかりました。次の時間になると頭に入っていた単語が出てくると，ちょっとは反応するようになりました。（1997）

　…I think that I understood "指示語" very much…（1998）

1999年前期には「恥ずかしくなくなった」というような感想が多かった。

　初めは，すごく簡単で少し退屈だったけど，気付いたら少しずつ難しくなって最初単語だった英語が文になっていて嬉しかった。この間久しぶりに外国人と話をしたらスラスラ英語が出て来て自分でもビックリした。授業は全員参加形式だったし，わからなくて恥ずかしい思いをすることも無くてすごく楽しくやれたと思う。…基礎を見直すことで，英語に対する不安感が消えた気がします。…

…授業中に行った内容をまた自分の力で絵にしたりして簡単だけれど，「私」が英語にふれている様な気がしました。…

…文法どうのというより，度胸がついたと思う。…

…クラスの雰囲気がよかったので，先生に指名されてもあまり恥ずかしがらずに答えることが出来ました。輪になったり，みんなの名前を呼ぶことによって親しみがもてたのかもしれません。…

最初の授業で今日と同じビデオを見たとき，（発音などに）自信がないため口にだして言う事があまりできなかったが今日は理解できた絵については英語でいうことができたし，またところどころしかわからない英文もとりあえずわかったところだけでも口にだすことができた。→このことから，私はこの3カ月で「自信」と，「まちがいを恥じない」という2点を学べたことがわかりました。…

わたしは「文法なんかどうでも，コミュニケートできればよい」という態度は一度もあらわしたことはない。それどころか，いつも文法的にまちがいのないcomplete sentenceを使ってもらうようにしていた。さらに最初のクラスでは，いくらかの実演もまじえて，次のようなオリエンテーションもしておいた。

英語のみによるクラスのすすめかた（1998年後期）

　毎レッスンははなすことからはじまります。のちほど同じレッスン内で，いま習ったことを字に書きます。どうぞ，

1) 遅刻をしないこと。各レッスンのはじまりの部分は特に大事です。
2) 欠席をしないこと。のがした経験は二度ともどってきません。きちんと出席をしていれば，レッスンはかんたんに感じますが，欠席して段階がぬけると不安で不可解で自信をなくします。
3) 口頭練習中はノートをとらないように。耳と口に集中しておぼえてください。おぼえられないほど多くのことは教えません。のちほど同じレッスン中に，たっぷり時間をとって，ノートや，練習を書くようにします。
4) すべての発言はセンテンスのかたちでしゃべってください。これ

により言語構造の意識がたかめられ，英語でかんがえるようになります。このクラスはブロークン英語を教えるためではありません。筋道たてた英語を使えるための基礎作業をします。

5) ひとつのことに対して，おもいつくかぎり多くの文を，口に出してしゃべってください。同時にほかのひとと異なった発言をしていてもかまわないのです。他人があてられているときでも，自分ならどういうか，小声でつぶやいてください。つまり1時間中しゃべりつづけることになります。

6) からだをつかいなさい。状況を指さし，物品に触れ，動詞の動作をやりながら，しゃべってください。

7) スペリングをきちんと書くことは，同時に発音をよくします。同時に，頭のなかを整理します。

　アルファベットは日本字と異なって，字の大きさが均一ではありません。背の高さで別の字になります: a/d; n/h など。また基準線から下へつきぬけるものもありますから，くらべてみてください: agpgPovyIij. 毎時間のおわりには，その日にならったことを整理して絵と英語で書いて提出してもらいます。それは訂正して返しますから，二度と同じまちがいをしないように，よく見てください。

8) 文の意味はその状況からおしはかってください。すぐにわからなくても，あわてないで，おちついて状況を観察してください，ちょうどフィールドワークの言語学者がするように。先生が正式の翻訳をあたえるよりも，学生のひとりひとりが経験から，自分なりの結論をひきだすことをおすすめします。こうしておぼえたことは忘れません。（最近はすぐに電子辞書を使うひとがいるので，これも禁止しておかなくてはならない。）

9) できるだけ翻訳をしないですませること。これは，a) 発音，b) 構文，c) 意味，における混乱をふせぐためです。ふたつの言語の

あいだで，まったく完全に一致する相当語句というものはありえない。

10) 英語の発音には日本語にない変な音がたくさんあります。変な音を口にするのは恥ずかしいかもしれませんが，同時におもしろいものでもあります。このクラスはみんなで同時に変なことをやっているのですから，安心して変な音をだします。特に不慣れな英語の発音は単語や文型がかんたんなうちに，そこにエネルギーを向けて，変で，たよりない音の印象と同時に，それがしゃべられている状況を記憶にとどめましょう。それが英語の意味というものです。

「ひとは母語によって敷かれた線にしたがって自然を分割する」
ベンジャミン・リー・ウォーフ

このクラスでは同時にいろいろな感覚・思考・運動筋肉をはたらかせます。はじめはかんたんなセンテンスをもとにしますが，それは積み上げで急速に複雑なものになります。普通の授業では使わないようなエネルギーの使い方をします。

「恥ずかしくなかった」という感想が1999年度に印象的であったが，例年と特に異なる教え方をしたわけではなく，*English Through Pictures* を使っての Graded Direct Method を普通におこなっただけである。ただし上に見るようにオリエンテーションにおいてこの年には太字の部分をつけたしておいたことが関係あるかもしれない。

つまり毎瞬間ごとにマルチ感覚的に注意をはらうことにエネルギーがいっていて，恥ずかしくなるひまがなかったということなのだろうか？

アルファベットの書き方もうるさく指導する，とわざわざ書いたの

は，日本字は全部同じ大きさで原稿用紙のマス目にそろって入るのに反して，アルファベットの特質は不揃いなことで，ɑd, nh, や大文字小文字など高さが異なるし，bdPpqij など基準線から上下に外れることが大切であることを，わかってほしいからだ。これは発音のうえでも，日本語は各音節が時間的にほぼ同じ長さとして意識されているのに対して，英語の音節の長さが不揃いであるのに対応させることができるのかもしれない。

とにかく発音については，はじめのころ特にうるさく指導する。文型や意味がかんたんで，わかりきっているとバカにしているなら，発音にエネルギーを向けてもらう。しかし実際はそんなにバカにしているひまはない。日本語の音韻体系では不確かにしか位置づけできないヘンな音をいわされると同時に，directに状況を示されていると，母語の意味領域それ自体が不確かなものになってくる。そして英語流に再編成されなくてはならなくなる。

他のおとなのクラスでも経験されているとおもうが，大学生が相手であっても，精神年齢を考慮したり，むつかしそうなcontent wordsをいれたりする必要はほとんどない。たとえばhere/there, this/thatのつぎにin/onが導入される段階では，目の前に見えるin/onで精一杯だから，"My house is in Kobe. Kobe is in Hyogo." などという発想をさせるには無理がある。「学習者のあたまのなかで言語の構造化と自分の世界の構造化はいっしょに成長していく」とリチャーズが言っていることを，GDMでおしえていると，目のあたりに見ることになる[1]。BASICはそれ自体で完結した小宇宙で，それの構成要素（すなわちwords）の数が限られているから，ことばのbehaviorを観察するのに好都合であるとリチャーズがどこかに書いているのを，むかし読んだおぼえがある。「へー，人工言語でもそんなことできるんか？」とそのときおもったが，BASICはもちろん人工言語ではなく，自然言語から選んで移植したようなものだ。動物行動学者のローレンツが水槽に魚を飼って，そ

第19章　大学で基礎英語をやっても恥ずかしくない

れ自体で完結した生態系をつくり，そのなかで魚の行動を観察したという話と似ている[2]。

　遅刻が多いのは困ったものだが，はじめにビデオを見せることで，それが一種の緩衝地帯にもなっている。そして復習をして，主題の提示がありというぐあいでGDMのいつもの段取りでいく。練習はできるだけ多く学生がごそごそ動きまわったりするようにする。そして絵を見せ，必要に応じてカードを見せたり，ボードに書いたりして，またビデオを見せる。Captionがあらわれるの待っていて彼らはしゃべることが多い。音声だけについてリピートすることが不得意のようだ。一時停止をうまく使うとか，字をかくすとかしたいものだ。

　毎回かならずA4の紙をくばって，今日やったことを他の人にもわかるように絵と英語でかいてください。これをためておけば自分のEnglish Through Picturesになるように整理して書いてください，とはじめに言っておく。これは添削して，Excellent, Very Good, Good, Fair, Poorなどと書いて返す。エンマ帳には，5，4，3，2，1の評価に翻訳して記録しておく。そうすれば「試験」をまとめてしないでもすむ。添削は文法，綴字，句読点のみならず，大文字小文字，字の高低，さらに文の配列の順番に及ぶ。絵の巧拙は問わないが，誰が口をあけ，どっちを向いて，何を指しているかは，はっきりわかるようにしてもらう。このようにして指示のはっきりした記述をすることになる。

　「授業の最後に勉強したことを絵に書くというのがあったが，絵と文字を書くという作業で少しずつ頭の中に残されていくという実感があった」という感想があったが，他の外国語教授法とGDMがきわだって異なる点として，リチャーズは書くことによるフィードバック機能を重視していた。

　ところで1997年度の人文学部1年生のクラスにもどると「中学ぐらいの英語だったので全く理解できないわけでもなかったです。…回数を

重ねていくにつれて少しづつ文章は理解に難しかったけど，単語が少しづつ自分の頭に入っていくのがわかりました。次の時間になると頭に入っていた単語が出てくると，ちょっとは反応するようになりました。」

「私は英語はわりと好きな方でしたが，基本的な所をどこかあいまいにしていたように思いました。…"I, You"がこれほど重要なことなんだと言うのが，この年にして気付いた感じがします。」このひとたちのように学習のプロセスについての自覚が多く報告されている。それはもっと勉強したいという気持ちにつながるようだ。

「この授業の前までは英語を口に出して言うのが恥ずかしかった。だが，この授業ではモニターの英文を繰り返し言わないと，逆に目立ってしまうし，毎回一度は先生に話しかけられる（質問とか）ので，なにがなんでも90分英語をしゃべりたおさなければならない。おかげで今は英語を話すのに抵抗がなくなった。外国人の先生の英語も気分的に楽に授業がうけられた。その先生にも話しかけたりできるようになって….質問の数が増えた。」

「クラスの人の名前をおぼえることもできた」とか「このクラスを取っている友達とその日に習った文章を言ったりしておもしろかった」とか，さらには「もっとクラスの中で会話がふえればよかったのに」とか，「もっと色々な人と仲好くなりたかったです」など人間関係のひろがりへのきっかけがある。

「先生が一人一人の目を見てしゃべる」とか「わたしのつたない英語を先生が聞いてくれた」ことが印象深かったとは，予想外のことであった。このようにして酒鬼薔薇君のような「透明人間」はいなくなったとおもう。

以上の引用は学期末に，このクラスの使用前/使用後に自分の英語がどう変わったかの自己評価からである。そのほかに，大学側が準備した学生による授業評価のアンケートがあって，そこでの記述はおよそ次の

ようにまとめることができる「1時間にひとつのことをてってい的にする。内容的にわかりやすかった。声がはっきりしていた」「多人数であるにもかかわらず，個人授業っぽく，急にあたるので真剣にならざるをえない。体と口を使うのがよかった」。

GDMでは，英語を学習しながら，英語の学習法がわかり，英語のみならず外国語というものの学習法がわかり，言語のみならず，その学習法は他の何事にも応用できることがわかる，つまりリチャーズのことばで言えば，科学的方法の基礎をまなんでしまうことになる[3]。

わたしたちはしばしば「科学」イコール「科学的発見の知識をおぼえること」だと思いこんでいるが，たいせつなのは「方法」なのだ。オグデンやリチャーズが意味を小さい単位まで分析していったように，心身のはたらきを最小単位にまで分析していったひとりにF. M.アレクサンダー（Frederick Matthias Alexander, 1869-1955）がいた。

彼は1904年にオーストラリアからロンドンにあらわれ，当時の俳優や知識人のあいだで彼のレッスンをうけたひとは多く，ジョン・アービング，スタフォード・クリップス，ジョージ・バーナード・ショー，ジョン・デューイ，オルダス・ハクスリーなども数えられる。彼の教えは"psycho-physical"なもので，わたしたち人間というものは有機体であり，心と身体を分けて考えることはできないものである。きわめてあたりまえのことだが，わたしたちの言行をしらべてみると，たとえばベンキョーは主として心の領域で行われるとおもわれている。そこから出てくる考えのひとつは，「精神年齢」の高いオトナが，赤ちゃんにもどって外国語を学習するなんて，そんなばかばかしいこと恥ずかしくてできるもんか！と言って，"direct method"に反対し，媒介言語による説明なしで目標言語を学習しようとする「直接法」をやりたがらない。ところがわたしのクラスの学生たちは「恥ずかしくなかった」と言っている。そこでは何が起こったのだろうか？

ココロだけのベンキョーではなかったのである。「英語のみによるク

ラスのすすめかた」の(5), (6), (10)と太字でのつけたし, を思い出してほしい:「このクラスでは同時にいろいろな感覚・思考・運動筋肉をはたらかせます」つまり心身統一体の学習なのです。たとえば教師がだれかひとりをさして, "This is Hanako. She is here." と言ったとして, 大多数の学生はそのままリピートをすればよいのではなくて, 自分の立場から「考えを使って」, "*That* is Hanako. She is *there*." と言わなくてはならない。しかも/ðæt/という舌を嚙むようなことをしながら/ェァ/というような日本語だったら下品っぽい音を出しながら, 同時にからだを使って指でさす, ということをする。センテンスをひとつだけ言って安心してしまうのでなく, 今までに習ったことを使って言えることをできるだけ言ってくださいということだから, さらに "She is there" とつけたすことになるのだが, またしても/ðɛə/という不確かな音を言わなくてはならない。しかも "there" の範囲はどの辺なのだろう? Hanakoの近くの学生は "That..." ではなくて, "This is Hanako." と言わなくてはならない。Here/thereの境界線はどこにあるのだろう? 不確かな音と, 不確かな意味領域に, 耐えなくてはならない。それが外国語の意味を習うということだ。いや, 母語の場合だって, 確実な意味を想定するところからコミュニケーションの混乱が起こる。ことばの意味はつねに揺れているものなのだ[4]。ところが腕組みして物思いにふけっていると, ユズル先生がやってきて学生の手をもって指示物を指さささせて "This..." とか "That..." とか言わせる。他人が指名されているからといって, ぼんやりしてはいられない。いつも, その状況を指さし, 自分の立場から「なにがなんでも90分英語をしゃべりたおさなければならない (1997年度生)」。状況を見聞きし, 推論し決断し, 不慣れな口の筋肉を使いながら, からだで動作しながら, 英語の文型を組み立てていかなくてはならない。同時にあれもしなきゃ, これもしなきゃならない。その瞬間瞬間のプロセスにかかずらわっていると, 恥ずかしがっているひまがない。

学習というものは本来そのようにして，わたしたちは赤ちゃんの時から，座ること，立つこと，歩くこと，食べること，話すこと，等々できるようになってきた。ところが学問の分析的観察方法の発達とともに，「研究」も「学習」も，どちらも「ベンキョー」であるからして，同じプロセスをたどるものであるかのような錯覚が生じてきた。要素をばらばらにばらして覚えるほうが能率が良いのではないかと思うひとたちが増えて来た。たとえば言語学の発達とともに音声の重要性が認識されたのは良いことであったが，はじめの一学期は発音だけをやり，字を見せたり書かせたりはしない，というようなことが行われた。アメリカで，第二次大戦中にいわゆるArmy Methodで日本語を教えた場合，1時間の言語学者による文法などについての講義と，2時間のネイティブ・インフォーマントによる口頭の「反復練習」が組み合わされ，発音の矯正と例文の暗記などにより日本語の操作を身につけるように考えられていた。素人のインフォーマントには文法などの説明は禁じられ，「説明」と「訓練」は完全に分離され，意味についてはジョーデンの日本語教科書などに付けられている英語の対訳をごらんください，ということのようだ[5]。言語学者による理論と，インフォーマントによる発音・文型練習と，テキストによる意味の説明，という分業が完全に確立している。同時にできるだけ多くの感覚を使って学習したことは，記憶をよびもどすことが容易である，という学習心理学の常識があるにもかかわらず，主として聴覚の発音・文型と，直接的に意味を見るということの分離が起こってしまった。その原因はもしかしたら，言語とは意味と音とのペアリングである，という言語観にあるのかもしれない。ソシュール以来の言語学の主流的な思いこみについて，原田弘さんは，オグデンとリチャーズの意味の三角形とくらべて，

　　意味と音....三角形のこの真ん中のとこがグシャッとしてる。グシャッとくっついてしまって，一直線になってるわけですよね。意味と

いうものは初めからあって，いつもシチュエーションにはそれに適切な文がいつもあるんだというのが前提なんですよね。だから，意味とシチュエーションがくっついているという前提がチョムスキーの考え方ですよね。だけどリチャーズは，その意味というのはその前後関係，シチュエーションに対して発話をし，頭の中を通して作る過程というか，その全体…に意味があるんだということですよね[6]。

英語はコミュニケーションという目的を達するための道具であると思われている。ところが，そのコミュニケーションという目的を達することにあせりすぎて，その手段である言語のプロセスをすっとばしてしまうために，かえって目的に達しないで挫折することが多い。「目的に走る」end-gainingのかわりに，means wherebyそこに至る手順をたいせつにすることをF. M. アレクサンダーは彼の心身再教育において教えた。手段を選ばずに「目的に走る」ということが，しばしば金とか権力を得るために冷酷な手段をとることを非難して言われる。神の王国を実現する目的で，人を殺したり，追い立てたり，奪ったり，排除しあっている。「目的」はたいてい崇高であり，正義のためであったりする。このような困った状況を考えるために，アレクサンダーからレッスンを受けたオルダス・ハクスリーは *Ends and Means*『目的と手段』を1940年に書いた。また「行為」ということについていろいろ考えていたジョン・デューイも彼からレッスンを受けて，たとえば「まっすぐ立つ」というようなことでも，ただ「目的達成」の意志をもつだけでは，それはできないことだ。「そこにいたる手順」が必要である，というような議論を『人間性と行為』（1922年）に書くようになった[7]。結果のために行動することより，行為そのものの楽しさを見つけるような学習をしたいものである。

NOTES

1. Richards, I. A. *Design for Escape: World Education Through Modern Media* (New York: Harcourt, Brace & World, Inc., 1968). p.13.
2. ローレンツ，コンラート『ソロモンの指輪』（日高敏隆訳，早川書房，1970），pp.22-28.
3. Richards, *op.cit.*, p.17.
4. Richards, *The Philosophy of Rhetoric* (New York: Oxford University Press, 1936), p.11.
5. 高見沢孟「口頭言語教育と文法――米国における日本語教育の流れ」（英語展望，No.106, Summer 1999），pp.22-25.
6. 原田弘他「シンポジウム『リチャーズ・ナウ』」（京都精華大学紀要，No.6, 1994年），p.42.
7. John Dewey, *Human Nature and Conduct* (Modern Library, New York, 1930), quoted Michael Gelb, *Body Learning* (Aurum Press, London, 1998), pp.80-83.

第20章　升川潔さんと天国行き特急列車

　じつは升川潔さんといっしょに，言語意識を高めるために学校でどんなにしたらよいかという本をつくることになっていた。それまでにぼくがいろいろ書いていた文章をあつめ，それに升川さんが意味論的なゲームをたしたりして，現場の先生方によろこんでもらえるものがつくれるといい，と出版社がかんがえていた。そのうちあわせをしなくてはならないのだが，ことがあまりトントンとはかどると，ほかのしごともかかえているので自分自身がしんどくなるのをおそれて，あまり積極的にならなかった。「よし，やろう」とすぐにならなかったのは，升川さんにしては異例のことだったが，だいぶお疲れのようだなとおもい，そのままにしておいた。

　1983年1月21日の夜，それまでながいこと重荷になっていた大学での共同研究のまとめを書きおえた升川さんはなんとなく夢のなかで柵にもたれて，あちらの方でにぎやかにまわっているメリーゴーラウンドを見ていた。メリーゴーラウンドが止まると吉沢美穂さんが手をふって「ほら，ここ，あいてるわよー」と言っているではないか！「あいよーっ」と言って升川さんはおもわず走りだしてしまった。
　じつは柵の入口のところに，図書館や動物園の入口にあるような十文字の回転する，一方向にひとりづつしか入れなくする仕掛けがあって，そこをとおりながら，ちらと頭をかすめたことがないではなかった。こんなことをしていいのかな？　だが一生に一度のわがままだ，ゆるし

てもらおう．綾子さんほど強いひとはいないし，みんな達者にくらせるように路線はしいた．おばあちゃんたちにも十分以上にサービスをしたし…．

　場面はいつのまにか天国行き特急列車の中．「升川さん，ごめんなさいね．わたし例のおっちょこちょいで，つい自分が死んでるってこと忘れて，呼んじゃったの」
　「いいんですよ，吉沢さん．まえから一度のってみたいとおもっていたんですから」
　「GDMのひとたち，けっこうやってるじゃないの．わたし心配で心配でたまらなかったんだけど」
　「そりゃー大丈夫ですよ．GDMは生徒の自発性を育てるってことは，先生も自発的でなくちゃならないんですから．そういうひとたちの集団ですからね」

　男の一生は，大木にとまってミーンミーンとないているセミのようなものだ，というたとえを升川さんは好んでしばしば口にしていた．女というものが大木であり，男は，升川さんみたいに大きい人でもセミのように小さいものだというのか，それとも何年間も幼虫として地下でくらし，たったひと夏だけを成虫として生殖しおわれば，それで死んでしまうことのかなさ，そのどちらを升川さんがさしていたのか，はっきりさせないまま彼は逝ってしまった．

　何年かまえ，六甲だったか御殿場だったか忘れたが，食堂でひとり朝食をたべている後ろ姿がとても孤独だった．食事を両腕で抱きかかえるようにして，テーブル上のこの小さな空間だけは自分の自由のものとして断じて守るという姿勢のようにおもえた．彼がキリスト教に入ったころだった．

第21章　原田弘さんのこと

　原田弘さんにはじめて会ったのは，多分1974年だった。彼は甲南大学経済学部在学中に英語に興味を持ち，教職課程の実習で甲南中学高校に来ていたときに足立正治さんと出会った。足立さんは当時私といっしょに一般意味論やGraded Direct Methodに興奮していた。Graded Direct Method（いわゆるGDM）はベーシック・イングリッシュにもとづいた英語教授法で，テキスト*English Through Pictures*はたいていのひとが，どこかで見覚えがあるだろう。原田さんはその後ひきつづきGDMの研究会にあらわれたり，コネチカットの一般意味論サマー・セミナーにまで足をのばした。

　彼は言語それ自体を愛好したので，そのような存在は京都精華大学のなかで貴重であった。ベーシック・イングリッシュは単語を850に制限したり，なかみ主義だったりするから，ことばに溺れたいひとたちからは嫌われているが，原田さんは面白がっていた。1996年10月27日に精華でひらかれた日本ベーシック・イングリッシュ協会研究大会のパネル・ディスカッションでの彼の話が最後だった。「幼児が単語を学習するときには，たとえば『スプーン』という前には，かならずしぐさが先行する。つまりaffordしているんです」とアフォーダンス理論を説明してくれた。もっと詳しい話がGDM研究会の11月例会で聞ける予定であったが，舌がもつれるとかいうことで取りやめになった。以後，異常が進行し，約1年10カ月後に帰らぬ人となった。（1998年9月26日没）

第21章　原田弘さんのこと

　彼が一番かっこう良かったのは1993年5月23日のI. A. リチャーズ生誕百年祭シンポジウムでのチョムスキー批判であった。オグデンとリチャーズのいわゆる意味の三角形の頂点にあたる「かんがえ」を欠落させて、「ことば」と「指示物」を直結させてしまった、という指摘であった。言語学の主流に詳しい彼からの明快な解説にわたしはたよっていた。この会の記録は京都精華大学『紀要』第6号（1994年1月）の特集となり、高く評価された。

　彼の専門は音声学であり、彼はわたしには出せないいろいろな音を出せた。彼はまたメカが好きで、最先端のハイテクによる音声研究が一番やりたいことだったろう。音素だけでなく、文化と音色というようなことも話題になりかかっていた。たとえばチャーチルの、あの平べったく喉にかかったような発声は実はイギリス上流階級の好みなのだとか。せめて予定通りサバティカルでイギリスへ行かせたかった。

第22章　吉沢美穂さんとわたし―1950年代―

吉澤美穂（1911-1981）

　はじめて吉沢美穂さんのTeacher Training Seminarに出たのは1955年の秋，東京の飯田橋のルーテル英語学校であった。はじまったばかりの民間放送に「ルーテル・アワー」というのがあって，それのテーマ音楽（じつは「神はわがやぐら」）が印象的なそのころだった。セミナーのことは，そのころ高島屋の洋書部の井上さんからきいた。そこへはBASIC関係の本をあさりにしばしば行っていた。
　"Teacher Training Seminar" という呼び名が新鮮だったし，あいさつとか長たらしいまえおきなしに，本論にそのものずばり入ったのも小気味よかった。彼女の話し方は今でいえば，黒柳徹子さんに似ていて，むだのない早口で多くの情報をはこんだ。
　彼女がやっているのは英語「教授法」という具体的な方法であって，英語「教育」について論じるというような大きな問題をあつかうのではない，といっていた。教室では英語「について」教えるのではなくて，英語をつかえるようにもっていかなくてはならない，それは自転車につ

いての物理学的知識と，実際に自転車にのれることとのちがいのようなものだ，というたとえをしばしば使った。これらの話にわたしが同感したのは，今までの英文科の教授たちがえらそうに講義をしていても実際に英語をしゃべれなかったりすることに対する反感があった。しかし「役に立つ」英語ということに対しても彼女は軽々しく同調せずに「わたしがやっているのは役に立つ英語の『基礎』です」といっていた。

　わたしがはじめて吉沢美穂さんの Teacher Training Seminnar に出たのは，大学院を出て都立杉並高校でおしえはじめた年だったが，それよりまえにわたしは銀座の教文館の洋書部で Teacher's Handbook for Learning the English Language という本をみつけて，ほんとうは Learning the English Language というテキストがあることも知らずに，英語はこう教えなくちゃと，そのようにやっていた[1]。吉沢さんのセミナーに出てみて，自分のやっていたことはおよそあっていた。ただ吉沢さんのほうが，よりこまかく，よりしんせつであった。English Through Pictures は3つのテンスを同時におしえることが新鮮だったし，字引で莫大なスペースをついやしながら，どうしても要領を得ない take, put, off のような語がつかえるようになるのが，うれしかった。EPを1冊おわっても完了形が出ないのに感激した。また"I am here"のように存在のbe動詞から先にはいって，"This is ナニナニ"にうつるというのも目からウロコだった。というのもわたし自身がながいこと悩まされていたのは旧制中学1年生のときの King's Crown Reader のたぶん Lesson Three かなにかで "There are three parks in our city," とかいう文があって，"They are three parks..." との区別がつかないことだった。またわたしの不得意な疑問文は statement がマスターされてからでないと教えないこととか，"I will give him..." よりは "I will give ナニナニ to him," で当分のあいだは押していくとか，とにかくわたしのきらいな部分があとまわしになっているのがよかった。わたしはフルブライトで留学中も "I will give ナニナニ to him" のパターンでおしと

おしたし，完了形をはじめて使ったのはその後で関西にうつってからしばらくして，"I am living in Kobe" よりは時間軸を長くしたいし，"I was living in Kobe" では現在のことが言えないし，それで "I have been living ..." といえば現在と過去の両方にかけることができる，とわかった。(がんこなベーシック主義者としては，liveを動詞の現在形で使いたくなくて，livingにこだわったのが，かえってよかった。)

EPとは異なり Learning the English Language（LEL）は "This is ..." から入っていたが，レッスンごとに文法項目がはっきりしていて論理的に意識的に階段をあがるような感じがあったので，EPのレッスンも分かれていない一種とらえどころのない螺旋状の進行にくらべて，あこがれを持った。そしてそれを使って教えているという，お茶の水の文化学院という文部省に認められていない学校へ，阿江美都子さんの授業を見にいった。また当時できたばかりの，アメリカ式の国際キリスト教大学ICUで吉沢さんが "Theme Writing" という，これまた日本の大学にない科目を教えているというのもかっこういいことだった。ところが実際に見学してみたり，吉沢さんの書いたものを見ると，口で話したら面白いことを，いかにつまらなく書くかを実践しているみたいだった。

"Teacher Training Seminar" のほかに，月例の研究会があって，あるとき東京女子大学のミス・チャペルのところで "picnic supper" というものに招待された。たぶん初夏だったような気がするが，芝生にかこまれた白い教師館で，「暖かいものがさめないうちに，つめたいものが暖まらないうちに」とチャペさんがいった。その冷たい飲み物はなんともふしぎにおいしかった。それはアイス紅茶とグレープフルーツ・ジュースをまぜたものだった。1950年代のなかばグループフルーツはまだ珍しく，わたしにとっては文明開化の象徴だった。そして帰る時間が気になりはじめたころ "Do you have the bus time in your head?" というようなやりとりがあって，へー，そんなこと言ってもいいのか，と

第22章　吉沢美穂さんとわたし—1950年代—

おもった。そのパーティへいっしょに行ったのは，よう子さんと，あと2人早稲田でいっしょだったひとたちだったが，チャペさんがわれわれをさして"Yesterday's group,"といったので，そんな言い方をしてもいいのか，とおもった。その前の日にICUででも英語教師のための会があって，その次ぎの日にチャペさんのところに行ったのだった。

じつはチャペさんのところへ行ったのはこれが最初ではなくて，それよりもずっと前に，吉沢さんの講習を知るよりも前に，ベーシックのことで話を聞きに行った。土居光知の「終戦以後のBasic English」(『英語青年』1951年4月号，5月号) で，Miss Chappellさんが熱心なBasic Englishの賛成者であることを知ったからだった。彼女はベーシックそのものよりは，"foundation of English"として興味がある，と言った。そしてベーシックで書かれた*An Outline History of the United States*を"This is my gift,"といって，"To Mr. Katagiri"と書いてくださった[2]。じつは津田塾大学へも土居光知に会いに行っていた。彼の文章の何にそれほど感激したのかと，読みかえしてみたのだが，だれにもわかる話しことばで力づよく思想をつたえる道具としてBASICを位置づけしたい，という思い入れをもちながら，わたしはそれを読んでいたようだった。同じく1951年の『英語青年』には，さらに5月号と6月号にわたって加納秀夫の「ハーバート・リードの『平和教育論』」があり，わたしはそれを読んで決定的に教師になることにしたのだった。ところがリードの平和教育の主な方法は美術教育で，くわしくは*Education Through Art*（1943）という本に出ていたのだった。わたしは絵かきではないので困ったことであったが，その路線でなくてもいけることを，BASICが大きな枠組みで見せてくれ，GDMが実際的な細かい手順をおしえてくれた。

そのような思い入れをゆるすようなneutral qualityというか，客観的なところが吉沢美穂さんにはあった。それは彼女の言うことは口では面白いのに，文章ではつまらなく書くということにあらわれていたかも

しれない。ことばでの議論はとかく地に足のつかないものになりがちなのに，GDMの世界ではひとつひとつのことばについて具体的に手にとって議論のつみかさねができる，というまったく新しい経験にわたしは感激した。吉沢さんが無駄なことばは言わない，ということのもうひとつのあらわれは，トレーニングのときのデモンストレーションについて，「良かったことはみんな見てわかっているから言わないことにして，問題点だけを言いましょう」というコメントのしかたで，これはGDMのトレーニングが「きびしい」と言われることになった。

1950年代のなかば以後から「オーラル・アプローチ」ということが言われるようになって，しばしばGDMはそれとどう異なるのかたずねられることが多くなってきた。吉沢美穂さんのこたえは：オーラル・アプローチは「言語学」にもとづいていますが，GDMは「意味論」にもとづいています，と言った。当時の学界では構造言語学だけが「言語学」のすべてであるような顔をしていたことをわたしたちは知らなかった。またオグデン＆リチャーズの三角形の「意味論」が，他の哲学・論理学的な意味論とか，一般意味論とどのように異なるのかもはっきりしないままであった。一般意味論のながれからS. I. ハヤカワの『思考と行動における言語』の日本訳が1951年に出て，そこにあった報告の言語と感情の言語についての議論に，早稲田大学英文科の学生だったわたしたちはひきつけられた。戦争中に軍国主義の「ことばの魔術」にひっぱりまわされた記憶も消えないうちに，アメリカとソ連は自分こそが正義であり平和の味方であると言い争いはじめていた。客観的な報告の言語で話しあう練習をしなければならない，とおもった。感情的な言い方を，その感情をひきおこした原因の事実にもどることで，報告の言語に言いかえることにより，語彙を制限して成立したベーシックは，そのためのすばらしい道具だとおもった。その道具のつかいかたを学ぶ方法として，GDMがそこにあった！

アメリカ文化センターの開架式図書館のオープンな感じは1950年代

としてはまだ珍しく,さすがは民主主義の国アメリカとおもわせるものであった。そこでわたしはリチャーズの*Nations and Peace*（1947）という本をみつけた。戦争をなくすにはどうしたらよいかを near-BASIC とマンガで論じたものだった。彼は1950年に北京を訪問し,300人の聴衆をまえに中庭でホメロスのイリアッドを near-BASIC に訳した"The Wrath of Achilles"を2時間にわたって演じた[3]。その帰り道,9月に日本にたちよった。今からかんがえると,それは1949年に中国共産党が大陸から蒋介石を追い払った直後であり,1950年になるとアメリカではマカーシーによる赤狩り旋風が吹き荒れた。そのようなときにリチャーズがよくもそのようなことをしたもんだ!?　アメリカ国務省が強力に後押しして外国語としての英語教育を世界中にひろめたときに GDM がまったくかえりみられなかったこととか,国務省発行の英語教育関係書目録にEPは1960年以後のっていないこととか,リチャーズの訪中と関係があるかもしれないという疑いをわたしはもっている。

NOTES

1. English Language Research, Inc., *Teacher's Guide for Learning the English Language, Books One, Two, and Three* (Boston: Houghton Mifflin Company, 1945; Reprint, GDM Publications, 1993).
2. J. B. Wight, *An Outline History of the United States* (Cambridge, Mass.: English Language Research, Inc., 1950; Reprint, GDM Publications, 1993).
3. John Paul Russo, *I. A. Richards: His Life and Work* (London: Routledge, 1989), p.483.

第23章　杉山玉朗先生のリチャーズ

　わたしにとって杉山先生のリチャーズは新しい世界をひらくカギであったが1991年5月18日に亡くなった。先生との出会いは，I. A. リチャーズとの出会いであり，それは英文科3年生の「英語」のクラスであったと記憶するので，1951年のことであった。リチャーズという名前もきいたことのないひとの *Science and Poetry* がテキストだったが，次の年にはちがうテキストだったし，五十音のうしろの方に名前があったら，ちがうクラスに入れられていただろうから，やはりこの出会いは幸運だったというよりほかはない。

　当時はまだキャンパスのなかに，空爆で天井のなくなったレンガ建築だとか，焼イ弾で黒くこげたあとが壁にのこっていたりした。当時二十歳だったわたしの頭のなかでは，日本は十分に科学的でなかったから負けたのであるにもかかわらず，文学のひとたちが科学のことを論じないことに不満があった。そこにリチャーズがさっそうと登場し，真正面から科学をとりあげ，その文章は明快というか痛快であった。

第23章　杉山玉朗先生のリチャーズ

このごろになってイギリスやアメリカでリチャーズ再評価のうごきが出はじめて，John Paul Russo, *I. A. Richards: His Life and Work* (Routledge, 1989) とか，John Constable, ed., *Selected Letters of I. A. Richards* (Oxford, 1990) とか読んでみると，リチャーズはかなり過激で，前衛だったのである。しかし杉山先生はけっして過激ではなく，つねにおだやかで，いつもにこにこしていた。われわれワルガキたちは，ひそかに「タマチャン」とか「オタマ」と呼んでいたが，他の先生についてそのような呼び方をしたことはなかった。ということは杉山さんには，そのように呼ばせる人間味を感じていたのだろう。たしかに，まるっこく，円満であった。われわれワルガキたちは「この本は図書館にあるよ」とか「この本はキーガン・ポールから出ているよ」という先生の口調をまねした。また「ジョサナン・スイフト」とか「ヘムレット帽」のような言いちがいも，たのしいものであった。

先生はだいたいグレーっぽい上品なスーツを着て，わたしの印象にのこっているのはブルーに水玉のネクタイであった。上品なストライプのワイシャツをなんとなくおぼえている。それはやはりブンガクシャというよりはプロフェッサーであったが，ブンガクシャみたいにワイルドにならなくても，文学を論じてもよいのだ，ということがわかって，わたしは気がらくになった。

杉山先生の田園調布の大きな家には数回いったことがあるが，個人的なことについてはほとんど聞いたことがない。今回はじめて，わたしの父と同じ年であることを知った。たぶんそうであろうとはおもっていたが。いつも若々しく，戦争をとおってきたことをまったく感じさせないのであった。わたしは「苦労しなければ，えらくならない」という根性主義に反発していたので，玉朗先生はひとつのモデルであった。そのころ西脇順三郎の詩はほとんど世間に知られていなかったが，おもしろくて，おもしろくて，たまらなかった。リチャーズがはじめてエリオットの詩集 *Ara vos prec* (London, 1920) と出会ったときは，こんなであ

ったのだろうか。

　しかし，わたしのなかではリチャーズの過激なところに同調していた。『詩と科学』までの文芸批評や『修辞学の哲学』は，古い文学・言語観に対する破壊作業であり，新しいものへの地ならしとなった。このころのリチャーズは，詩のエリオットといっしょに，モダニズム文学のチームのようにおもわれていた。ということをわたしは最近の評伝や手紙集を読むまで知らなかった。そして破壊のあとの建設として，彼は『意味の意味』からの発展であるベーシック英語にもとづく教育にのりだした。リチャーズはおだやかなひとで，理論はするどくても，人間関係で対立をしたくないひとで，F. R. リービスのように党派をつくるひとではなかった。しかしベーシックのことでは，いわれのない攻撃や妨害をうけたようだ。

　わたしは1990年にジョン・コンスタブルにあった。彼は『リチャーズ書簡選』の編者であったが，たまたま京都大学に来ていた。われわれふたりは意気投合し，1993年にはリチャーズ生誕百年祭をしようということになった[1]。リチャーズがハーバード大学にいたときに心身をすりへらしてめんどうをみたGraded Direct Methodによる英語教育について正当な評価をできるのは非英語人間のわたしたちだとおもう。杉山先生をとおしてリチャーズに出会ってから40年たって，わたしは出発点にもどってきた。その手はじめの小論文「文芸批評のランボーはどこに消えたか？」（京都精華大学研究紀要，第一号，1991年）の抜刷を先生によろこんでいただこうと送ったのであったが，行きちがいになってしまった[2]。

NOTES

1. 本書，第28章.
2. 片桐ユズル『メディアとしてのベーシック・イングリッシュ』（京都修学社，1996年），第6章. 英文要約，本書第29章.

第24章
Changes in the Newly Printed *English Through Pictures*

I am one of the group of the teachers who have been teaching *English Through Pictures* more than fifty years in Japan. I am happy that Pippin Publishing in Toronto took interest in this great work in the field of the English language teaching, and made new prints in 2005. There are some changes in words and pictures in the new prints. "In updating *English Through Pictures*," says Archie MacKinnon in the opening notes, "the greatest care has been taken at all times to maintain the integrity of the learning system." Certainly it goes true as far as page 9 of Book 1 (EP1, 9), but on pages 10 and 11 the words are placed away from the pictures. In the old print, where the words are near the pictures, the man in the picture seems to say those words himself. This feeling of words and pictures together making a unit is frequently not present in the new print. This unit of words and pictures was named by I. A. Richards "SEN-SIT" (sentence-situation), and it was the key idea on which Richards' way of teaching English is based. (See his "Notes on Principles of Beginning Language Instruction", given to UNESCO meeting in Paris on June 19, 1947.)

This feeling of unit comes back again on page 12, but it goes out on page 13 and after that. It comes back sometimes, but most of the time the printing of the words is started at the upper left end of the top of the frame having little relation with the pictures. It seems that not enough care was taken in the placing of words in relation to the pictures.

Another change which may give trouble to starting learners is the use of letter "a" in the new print, while in the old print letter "ɑ" is used: "I ɑm here → I am here; They ɑre there → They are there; Thɑt is ɑ mɑn → That is a man." On the other hand, letter "g" is kept in the new print as in the old: "These are the fingers. This is my right hand. He is taking it off the table."

The purpose of this book was not only teaching English as a second language, but helping boys and girls to whom early steps in reading are hard going, said Richards in his "Notes" in the first printing of the book when it came out as *The Pocket Book of Basic English* in 1945. Richards himself was in touch with numbers of Chinese who had no experience of reading or writing in any form, and with numbers of persons in the war time who came from Europe to the U. S. without any knowledge of letters. He saw how important the experience of reading and writing was to the development of the mind of men and women and boys and girls. *First Steps in Reading English* came out in 1957 as a development out of *English Through Pictures* and was used in the first stage of reading and writing in some Primary Schools in New York State and experts made observation of its good effect on learning in general. Richards had his theory of using "ɑ" and "g" in places of "a" and "g". The use of letter "a" in the new print gives a serious question to teachers of early stage reading and writing. In addition the letters in the new print are thinner than they were in the old print, which may make reading a little harder for the new-comers to the book.

When I. A. Richards was a boy, he saw horse carriages going in the streets and cries of carriage drivers came to his ears. He came to America by ship when the war was started in Europe in 1939. He came back to England by airplane after giving his last talks in China in 1979. He had experience of all these changes in transport. There are changes in the pictures and words and numbers about transport specially on page 63 of Book 2:

"A train may go eighty (→ one hundred) miles in an hour. An airplane may go three hundred (→ six hundred) miles in an hour. Automobiles and *horses* and *carriages* are other sorts of transport. → Automobiles and *buses* are other sorts of transport. Airplanes, trains, ships, automobiles, (+buses) and horses and carriages take us from one place to another." Here is an addition of a picture of a bus. The old picture of a horse carriage is moved from its old left frame to the right. On pages 12 and 13 of Book 2, the pictures of a taxi and a train engine are changed. The new electric engine has no bell on it, while these words are kept together with the old picture of a bell: "This is the bell on the engine."

There are changes in prices: on page 14 of Book 2, "He gave \$132.35 (→ \$841.80) for his ticket." The price of the newspaper is changed (EP2, 71): "The price of the paper was five (→ sixty) cents. I got the paper and ninety-five (→ forty) cents from him."

When the book came out in 1945, the voice for the women's

rights was not as strong as it is now. We are happier now to see these changes: Men (+ and women) go up mountains (EP2, 65). Men (→ We) are making new discoveries every day (EP2, 98). Fire is of very great use to men (→ us). They [wheels] are of very great use to man (→ us) (EP2, 99).

But it seems to go farther than is necessary when *Mrs.* Smith is changed to *Ms.* Smith in the new print (EP1, 61). But Mary Smith has to come back as *Mrs.* Smith in EP2, 2-19, when Mr. John Smith goes to California and sends a card to Mrs. Smith in New York State.

And who is responsible for changing the old "housekeeper" to the new "homemaker" in EP2, 112? This page is where the idea of "work" is made clearer: "What sort of work does this man do? He keeps a store. It is a fruit store. He is a storekeeper. What sort of work does this woman do? She keeps a house. It is her house. She is a housekeeper." Putting -er ending to the acts like "keep", the learner gets the new way of making words like "keep-er" who keeps something. On this page, there is no room for "a homemaker" to come in. And strangely, my copy of 2005 Pippin print keeps the page unchanged, but a homemaker comes in only in the book printed in Japan by IBC Publishing. This change seems to be unnecessary.

Another unnecessary and almost shocking change is made on page 56 of Book 1, where answers to questions on pages 52 and 53 are given. The new placing of answers downward has a better look than the old left-to-right placing. To the question, "Where is the dog?" the old answers are started with "He is ..." In place of pointing to the dog as "He", the new answers are started with "The dog is …" Certainly this is better, because we have no knowledge of the dog if it is male or female. But the trouble comes with these answers: "The dog is under the chair. The dog is between the chair and the table. The dog is on the chair." The reader of this book has no way to say "chair" because it is not on any page, but "seat" is used. Learners will be at a loss and unhappy to see these answers when they had in their mind their own answers as "The dog is under the seat. The dog is between the table and the seat. The dog is on the seat." The word "chair" comes in suddenly from nowhere without any reason. This may be a blow to the steps of learning the reader has been taking. The person responsible for answers to questions on pages 52-53 may have seen only the questions on page 52, without taking care how a "seat" not a "chair" came into the past learning. It is quite possible that these changes are made without good knowledge of Basic English. "Chair" and "home" are not on the Basic English word list.

English Through Pictures first came out under the name of *The Pocket Book of Basic English* in 1945. "The book puts 500 of the 850 words of Basic English before you," says Richards in his opning notes. "Basic gives you a good start on the way to the rest of English. For a full account of Basic English, see *Basic English and Its Uses* by I. A. Richards (W. W. Norton, 1943)… This opening note itself is in Basic English." At Harvard School of Education where the teacher training of English as a second language was done by Richards and Christine Gibson, they were "forced" to get the knowledge of Basic English, said Barbara Reutlinger, the last Director of Language Research,

Inc. when I saw her in 1992. Without the knowledge of Basic English, you may not get the complete picture of what Richards had in mind in making *English Through Pictures*.

This is not a place for discussion about "chair or seat" or "home or house." But those whose mother tongue is English have to make some control of their own language so that international exchange goes on clearly and smoothly. Users of English as a second language up to now have been working much harder and longer time than the happy users of English as their first language. Do not give us any more trouble by changing without good reasons like: "These are windows → the windows (EP1, 26)"; "The dog is in a (→ the) room (EP1, 56)"; "We make clothing of (→ from) cloth. We make cloth of (→ from) threads (EP2, 100. IBC only)."

There is one clear error in the new print EP2, 276. Question 3. "Is the woman than _____ the man?" is impossible. The old print says, "Is the woman _____ than the man?"

There is another point about answering questions on pages 53 and 56 of EP1. To the question "What do you see?"

new answers are:	old answers:
a) I see a clock.	a) I see a clock.
	The time is four.
b) I see a man.	b) I see a man's face.
c) I see a woman.	c) I see a woman's face.
d) I see a baby.	d) I see a baby.
	He is on his hands and knees.

第24章　Changes in the Newly Printed *English Through Pictures*

e) I see two books.　　　　e) I see two books.
　　　　　　　　　　　　　　　One of them is open.
　　　　　　　　　　　　　　　The other is shut.
f) I see two girls and a book.　f) I see two girls.
　　　　　　　　　　　　　　　One of them is giving a book
　　　　　　　　　　　　　　　to the other.
g) I see two babies.　　　　g) I see two babies.
　　　　　　　　　　　　　　　One of them is on his hands
　　　　　　　　　　　　　　　and knees.
　　　　　　　　　　　　　　　The other is on his feet.
h) I see a chest of drawers.　h) I see a chest of drawers.

Do you see how interesting the old way of answering was, and how uninteresting the new way is? In the new print, answers are given in an automatic way, while in the old print there were additions from the side of the learners, making use of what came on earlier pages. The pictures of the questions naturally let learners say more than the automatic answers. This is the third purpose of the book, "Making the business of language learning in general brighter," as Richards said in his Note in the first print of the book in 1945, or as the back cover of some later prints says, "The book makes learning seem more like play than work."

第25章
Questioning the Question-and-Answer Work: Direct Method vs. Graded Direct Method

Started in the early days of Direct Method, question-and-answer work has been playing an important part in fixing in learners' minds the statement forms or "sentence patterns" of the language which they are learning. But "dialogues", or forms of talking between two persons, give more troubles in the language structure to learners than simple statements of facts, as pointed out by Henry Sweet in 1899. Piaget's observations of boys and girls between three and five years old make it clear that doing well in dialogues is not as simple as it seems. Another trouble in question-and-answer work is that learners become more dependent on teachers, as teachers themselves do more work.

In the Graded Direct Method learners are put in a "situation" where the desire to say things in a newly learned way comes naturally to them, without being "cued" or pushed by teachers' questions.

Reading and writing have much more weight in the Graded Direct Method than in the Direct Method. It is common knowledge of psychology that what is learned through the most senses together will be most readily kept in the memory. The history makes it clear how the invention of writing gave us a great instrument for "feed-back." The process of reading and writing is, in I. A. Richards' words, "the growth of an instrument for comparison and control of meaning." The power of letters, which is a completely new system of signs, has to be handed over to learners of a new language. (Outline of Chapter 7)

第26章
Sensing or "Sensory Awareness"
—A letter to GDM Nagoya Group

The idea of doing Sensory Awareness [1] in Basic English came to me when Charlotte Selver said, "Let us come to standing." This is almost Basic English! I was pleased that she did not say, "Let us stand up." It seemed to be a strange way of using the English language.[2] Was it because she came from Germany? Not only Charlotte, but Charles Brooks, a man of letters from an old New England family, said it. I came to see that what they were doing about the body was almost the same as what C. K. Ogden was doing about the language. By saying "come to standing" we become more conscious of the process of the motion of "standing", in the same way as we say "get off the ship" in place of "disembark". In Sensory Awareness, the process of our acts is seen in the smallest possible units. This is parallel to a development which has been taking place in science, where there is a division into smaller and smaller units. A particle of water is seen as a coming together of hydrogen and oxygen and then an atom is made up of electrons, etc. Then it became possible for us to make new substances in chemistry, and today we have a number of man-made materials

第26章 Sensing or "Sensory Awareness"

which were not in natural existence a hundred years back. In the same way, our behavior will become freer if we see it as made up of separate acts. New ways of living will then be opened up. This is what Moshe Feldenkrais said in his book *Awareness Through Movement* (1977). He made out more than a thousand tricks to make detailed observations of the separate workings of our muscles. His way is named the Feldenkrais Method.

He came from Poloand to Paris and was working with Joliot-Curie, a great man of science. While he was doing judo he had his knee damaged. Without the help of the doctor, he put his knee back into the normal condition again. In this process of getting better, he made discoveries which he later put into the system of his teaching, the Feldenkrais Method. From France he went to Israel and was working there, freeing a number of persons from their diseases. A great number of men and women came to get his teaching.

I first came across Sensory Awareness in the General Semantics Seminar-Workshop in the summer of 1974, when Charlotte Read was teaching it in a group everyday for two weeks. It had no name then. Charlotte said it was "experiencing experience." Any way, everybody was very happy after the work. Then the book by Charles Brooks came out in the same year, and it was named Sensory Awareness. Charlotte Read had a very high opinion of her teacher Charlotte Selver, who came from Germany to the U.S. in 1938.

Then after ten years, when I was living in San Francisco, I got the news that Charlotte Selver was teaching a group there.

I was so happy to be able to come to the teacher of my teacher. Charlotte Selver had had a teacher for whom she had a great respect. This was Elsa Gindler. She had a disease of her lungs. It was before World War I, and it was almost impossible to get better, if one had that disease. The doctor said to her that she would not be living for long, if she did not go to Switzerland or to the warm part of Europe. Being a working woman of a poor family, she had little money. Elsa made the decision that she would make herself better without the help of the doctor. By taking breath only into the better lung, she gave rest to the ill lung, and she became healthy again.

In this process of getting better, she made important discoveries which were to be a help to other persons. A group was started, but it had no name. Sometimes Elsa said it was the "work", and at other times it was the "class" or the "teaching". Later, after World War II, she did work together, with Heinrich Jacobi, a great teacher living in Switzerland. Their idea of a person is that everybody has the power to do alomost anything, but it has to be uncovered, and that process of uncovering was their work.

Feldenkrais says that everybody has a wrong map of him or her self which puts limits to his or her power. In the Sensory Awareness and Feldenkrais Method, we come to have a better map of ourselves, letting more of our power come out. (11/2/1988)

NOTES

1. Sensory Awareness is a training in senses to become more conscious of what is taking place within ourselves.
2. Later it came to my knowledge that "come to standing" is commonly used among dancers.

第27章
Language Learning Is Not an Automatic Behavior

While working on *I. A. Richards: Collected Works 1919-1938*, John Constable of Magdalene College, Cambridge, came across Richards' writing on Basic English in three pages of letter paper, which is printed in Japan Basic English Society's Year Book of 2000. Probably the writing was done in 1931, and Richards might have had the idea of it being printed in *The Japan Advertiser*, an English language newspaper. His argument is so interesting to me that I put into Basic the opening part of his discussion:

THE NEW WORLD LANGUAGE

Essentially, Basic English is an attempt to substitute insight for habit as a working principle in language. What this means in practice any adult who is trying to learn a foreign language can easily realise. Children, as we all know, pick up languages with a very mysterious ease. How they do it no psychologist will venture, as yet, to explain. Language learning is, perhaps, the only thing which children do much better than adults, and their superior ability here has something to do with the readiness with which they adopt new habits. On the other hand the adult—unless his education has gone very wrong—is incomparably more intelligent than the child. He has much greater insight, much more ability to understand how things work and to use his understanding consciously. The idea behind Basic English is, simply, this. Is it not possible to devise a language which can be learnt and used by the light of this superior insight and reasonable, directed, ingenuity?

Prodigious feats of memorisation are performed and a prolonged drill is required to stamp in new language habits. Why not try instead a language-apparatus which reduces to a minimum the quantity of material to be memorised, and gives as much scope as possible to insight or intelligence rather than to habit-formation?

(IN BASIC)

The most important point about Basic English is that it is an attempt to let reasoning take the place of automatic behavior. It seems that young boys and girls "pick up" and get used to languages without any pain or trouble. How it is done is not yet clear even to experts in psychology today. On the other hand, things in other fields are done much better by men and women of full growth with the power of their reasoning. The idea at the back of Basic English is this. Is it not possible to make a language learned and used by the light of this reasoning power?

All of the languages used today have to be learned half automatically through hard work full of pain. Memory has to do a surprisingly great amount of work, and a long training is necessary for the new language forms to be stamped upon the learner's nervous system. Why don't we make an attempt at a language apparatus which makes least weight on memory, and gives as much range as possbile to reasoning and brain-work than to making new automatic behaviors, or "habit-formation" which most schools of language teaching have strong belief in?

NOTES

A development out of this idea was *English Through Pictures* (1945) and the Graded Direct Method of second language teaching worked out by I. A. Richards and Christine Gibson at Language Research, Harvard University. Yuzuru's Japanese language teaching material is based on the same idea.

In a Graded Direct Method schoolroom, learners have to "inhibit" or to have control over their impulse for talking in their mother tongue, but are guided to make observation of what is going on. To see this process clearer and in more detail, we will be helped by F. M. Alexander's discoveries about the use of ourselves. In place of our natural impulse, our reasoning power is to be used "in order

(1) to analyse the condition of the use present;
(2) to select (reason out) the means whereby a more satisfactory use could be brought about."

The point of the argument may not be clear even in Alexander's own words until one has the experience of the Alexander work with a trained teacher. In place of acting on impulse, it is better to be waiting without doing anything. This process, which will not take long but a second or two, will give birth to a new and better way of acting. Then your act is not an unconscious, automatic reaction to the new condition, but you make a conscious selection out of all the possible answers. Alexander made such a detailed observation of the process of getting to the desired end.

In the earlier stage of learning a new language, the number of ways by which one gets the desired outcome is more or less limited, and the learner does not have to take so much time in decision making. The range of selection may be narrow, but the learner makes a conscious decision, not an automatic reaction. You will see examples among babies of conscious process in the act of language: they are testing the effect of what they say to other persons. This is opposite to the idea of "habit-making" school of language teaching.

第28章
The 100th Year of I. A. Richards' Birth

On the weekend of May 22-23, 1993, at Kyoto Seika University, the Faculty of Humanities made a special event of the 100th year of the birth of I. A. Richards (1893-1979), one of the greatest experts in the theory of language in the last hundred years.

About two hundred persons came to this two-day meeting, hearing talks by experts, and experiencing learning a new language in the Graded Direct Method which came out from Richards' Language Research at Harvard University, where he was working between the years 1939 and 1973.

In the 1920s and 1930s Richards was seen, together with T. S. Eliot, as the guide of the new writers. Eliot says it is simple to be a writer of verses before you are 25 years old, but after then to keep writing quality work good enough for the name of "poetry" is truly hard. But Richards' first book of verses came out in 1958 when he was 65 years old. In his later years he became more interested in writing verses and plays. One example was *Why so, Socrates?* in which Socrates was talking in Basic English. On Sunday at 1:00 p.m., Morgan Gibson of Japan

Women's University was on stage as Socrates, and the loud cries of the men of Athens came from among the persons on the floor.

More sides of Richards were put before us in the "Symposium" on Sunday morning. Richards' idea of the "teacher" was made clear by Professor Yutaka Umemoto of Tachibana Women's University, and Professor Hiroshi Harada of Seika let us see how Richards was different from Chomsky.

We had the feeling of the expansion of the mind almost to the point of bursting, specially with talks by two experts from Cambridge University: Dr. John Constable, now teaching at Kyoto University, and Dr. Richard Luckett of Magdalene College, who was Richards' friend in his last years. It was pointed out by Dr. Constable that Richards was one of the first men of letters who took science very seriously, and made an attempt to keep a place in present day society for the art of language named "poetry". Then a great number of writers came after him, taking poetry seriously but separately from "science". Dr. Constable said that it was an error which made language art or "literature" uninteresting for most of us today.

It was good for language teachers to be hearing talks about literature, and for those who are interested in literature to see how language teaching is started in the way programmed by Richards. Teaching language and teaching literature are the same thing in that they have to do with language, but are different only in degrees of how complex their structures are. As the one who was responsible for the program, I am happy that teachers of language and literature got together, and at least were able to get the feeling of something taking place very near, though out of their normal field of work.

Richards frequently said how important the mixing of senses, or "the channel interplay" was in learning. So this meeting was a mixed media event: talks, discussions, experience of learning a new language, videos, an act from a play about Socrates, pictures, book stores, and party on Saturday night.

At the same time four new books came out:

1) *A Semantically Sequenced Way of Teaching English: Selected and Uncollected Writings by I. A. Richards.* Edited with an Introduction by Yuzuru Katagiri and John Constable, 423 pages, published by Yamaguchi Publishing House, Kyoto, 5,000 yen.

2) *Richards Now: Studies Celebrating the 100 Years of His Birth.* Edited by Yuzuru Katagiri, 185 pages, Seiji Shobo, Tokyo, 3,200 yen.

3) *Teacher's Guide for Learning the English Language.* 76 pages. Reprint by GDM publications, 2,200 yen.

4) *An Outline History of the United States,* by J. B. Wight, in Basic English. Reprint by GDM Publications, 1,000 yen.

This event was made possible by the help of the Graded Direct Method Association of Japan, and the AV Center of Seika University. The British Council sent out news, and Professor Shoji Yagasaki first made the suggestion of making it an event of the Faculty of Humanities. In the process of getting materials together, we were helped by Dr. Richard Luckett and

Magdalene College Library, Harvard University libraries, and Barbara Reutlinger, President of Language Research, Inc. specially in the AV materials. And lastly I say "thank you" to Basic English which has been a great help in my teaching and learning English.

第29章
Where Has the Rimbaud of Literary Criticism Gone?
― I. A. Richards and "World English"

This paper is an attempt to make clear what was driving I. A. Richards out of Literature into Education, out of the high position in society which he had as a man of letters, and into a place where he had the feeling of being looked down on as if he had become some sort of a man of religion giving help to the poor. His great hope for China was gone because of the start of the war with Japan in 1937. As he was going from China on a boat, the idea of making an English language teaching film came to him, which was the start of later developments in the coming thirty years.

Learning about "media" makes it clear that the special qualities of motion pictures—"sequencing" and "channel interplay"—go specially well with the theory of language which took the form of Basic English, a development from his book with C. K. Ogden, *The Meaning of Meaning* (1923).

"Sequencing" is the key to everything, says Richards. This idea is sometimes named feed-forward and feed-back; sometimes he takes examples from the science of the growth of the seed, "embryology," which he came across in G. W. Corner's book in 1944. But this idea, that everyone has the natural learning power necessary for future development, was in his book *The Philosophy of Rhetoric* (1936), and goes back even earlier to his reading of S. T. Coleridge, a great English man of letters (1772-1834).

Richards' Graded Direct Method is specially different from other ways of teaching languages in that he makes a strong point about the power of reading and writing, supported by Jerome Bruner's theory of the working together of the three ways of knowledge processing, and by Eric Havelock's discovery of the great change in the history of the mind caused by the invention of the alphabet between the times of Homer and Plato in Greece.

第30章
I. A. Richards' Uncollected Writings on Teaching English

I. A. Richards (1893-1979) was one of the greatest teachers of literature, the art of language, in the 20th Century. In the 1920s and 1930s, he was noted for his books, *Principles of Literary Criticism* (1924), *Science and Poetry* (1926), *Practical Criticism* (1929) and *Coleridge on Imagination* (1934), and was seen as the guide of the new writers.

The Meaning of Meaning (1923), which he did with C. K. Ogden, is taken to be one of the most important early works in semantics, the science of signs. Out of the process of writing this book came the idea of Basic English, a limited form of English which made it possible to say almost anything with 850 words. Making use of Basic English, Richards did a great amount of work in teaching English as a second language at Harvard University between the years 1939 and 1973.

At one time there were more copies of his *English Through Pictures* (first named *The Pocket Book of Basic English*, 1945) than any other book but the Bible. But Richards' work in this field seems to be undervalued by those whose mother tongue is English. It is impossible for fish to see the water, and, in the same way, the value of Basic English is very hard to see for those who have English as their natural language. Now it is our turn to say what important work Richards did in the field of teaching English as an international language, because we, the users of English as a second language, see English from a very different angle.

As one of those who got so much out of the teaching materials from Richards' Language Research, and Ogden's Orthological Institute, I have the idea that I am responsible for getting those who are interested in language to see the value of his work as a teacher of English as a second language.

In this book, I am putting together some of Richards' papers on teaching the English language. About half of the writings here have never been printed in book form. Some others are from books which are now out of print. The others are from Language Research materials in the process of development, and are printed here for the first time. They are so important in the history of language teaching, but this is not common knowledge. Something has to be done. In order to give help to serious teachers at schools, numbers of examples and detailed suggestions are offered, though they may seem uninteresting to outsiders. By taking into account the need of teachers, and the interest of the theory and history of language education, this book became 400 pages long.

Though I have great respect for Ann Berthoff's selection of Richards' writing, *Richards on Rhetoric* (Oxford University Press, 1991), the organization of my book is the opposite of hers. To make Richards' points clear, she took away what seemed to give unnecessary trouble to the reader. But I have kept everything as it was put down on paper by Richards. The reader will see that Richards said the same things over and over again, but, as a writer myself, it seems to me that taking words out may do some damage to his special way of saying things.

In this book, I have put Richards' works in four parts, starting with an account of his experience in China in 1930, and ending with his ideas of "Every Man's English", a development from Basic English. Part I is made from papers done in the years 1930-39, before he went to the United States. Part II has to do with the years 1940-45, with *Learning the English Language* (LEL, 1942-5), the most important fruit of these years. Part III has to do with the making of *English Through Pictures* (EP, 1945), and its relations with language teaching films. Part IV is the work of his later years, 1966-1974.

In the opening page of *The Philosophy of Rhetoric* (1936), Richards says that he kept that book very near to the words as they were given in a talk at Bryn Mawr College in 1936. Though writing and talking are two very different ways of saying things, talking sometimes seemed better to him because it gave the hearer the feeling that the ideas were in the process of development, and may be made better. Today's readers may not be used to this way of writing, taking it as a sign that an argument is not well based. But it is important to keep in mind that only a quite limited field may be talked about in what is named "linguistics". A great number of interesting things have to be put to one side, if everything is to be based on numbers in order to have the look of "science". Richard's writing is not based on numbers, or on hard, special words, but makes special uses of common words. It is not simple reading. The reader has to give thought to what he or she is reading. It is rewarding. *The Philosophy of Rhetoric* has been giving food to my thought since my first reading of it about forty years back.

Almost no other men of letters or teachers of language took more interest in science than Richards, from his days at Cambridge in the 1910s and 1920s till his last years with computers and electronics. As did Marshall McLuhan, he saw what an important part was played by writing in the development of the mind, though for Richards writing was a good thing. Taking this power of writing as important put him in a very different position from language experts whose linguistics was a development from observations of persons who had no writing systems. To Richards, learning a new language and reading the work of a great writer are like one another. They are different only in degrees. One has a simpler structure than the other, that is all.

In *The Philosophy of Rhetoric* Richards says that metaphor, or the power to see the same quality in different things is working at all times when we are using language, and that it is important to give attention to delicate changes in the sense of a word. This has to be done not only in reading great writers but in teaching a new language. He says that it is possible to make clear the system of the changes in the sense of the word. This was done by C. K. Ogden in *The Basic Words* (1932) for the Basic English words. It made possible the detailed ordering of the teaching materials: a new word is given to learners first in its clearest root sense, and later in different uses, step by step, through metaphors. Making moving pictures for teaching English was a simple development from the idea that language is chiefly made of metaphors. It came to Richards on a boat from Tientsin to Shimonoseki in May 1938, after working very hard on a new sort of teaching book, testing it out with Chinese learners in a Jesuit College in Tientsin, and making discoveries in the process of teaching. He said that the good thing about film was that it would not be troubled by the mother tongue of the learner.

　Richards' hope of teaching Basic English in all Chinese middle schools was almost coming true when the war was started by the Japanese in China in July 1937. Going farther inland away from the Japanese attack with high officers of the Chinese government, he kept working at *A First Book of English for Chinese Learners*. After some months, he came back to Peking, which was then in the hands of the Japanese, and the book was printed there in 1938.

　When the Germans were attacking England in 1939, Richards had the idea of teaching mountain fighting to the army (he was an expert on mountains), but some friends (T. S. Eliot was one) made another suggestion, and in September 1939, he went to Harvard University to do more work on Basic English. Mary L. Guyton, Charlotte Tyler, and others had been using Basic English in teaching a second language to newcomers to New York, Massachusetts and Washington, D. C., for some time before Richards came. But they had trouble, specially in teaching talking. Richards' *A First Book of English for Chinese Learners* was used at their schools, making them much happier. And the book itself was made better by being used by a number of teachers; new ideas came, were tested, changed, and made better. In this way a great number of teachers were working together, and the outcome was the three books of *Learning the English Language* (LEL, 1942-3). Some things about these books are surprising. The teaching of the question form, for example, comes as late as Book Two, when the word order of the statement form is strongly fixed in the learner's mind. For ten years in Canada, the use of LEL was publicly supported for teaching English to newcomers from other countries.

In war time it was necessary for the teaching of English to be done in groups of great size, sometimes 100, sometimes 500, the greatest number being 1000 Chinese seamen at Miami in 1945. Together with the use of films for this purpose, *The Pocket Book of Basic English* was produced in 1945. Later its name was changed to *English Through Pictures* (EP). At first this book was designed as a self-help book to be used with the films. It is different from LEL in that the three time-forms of *verbs*, present, future and past, come in at the same time, and the question form comes much earlier, while in the LEL these are teaching points to be given in Book Two. Richards said that EP was a development out of the Basic English teaching films. His idea of using "film-strips" and tape-recorders together to make teaching simpler in schoolrooms was later taken up at CREDIF in the development of their teaching materials which are highly-valued as a "breakthrough in language teaching technology". Basic English seems to have a strong effect on the selection of words in *Le Français Fondamental* which was the base of CREDIF material.

In 1950 Language Research, Inc. was formed to make teaching materials, and do the business side of things. Christine Gibson became its first President. Based on EP, other "Language through Pictures" books came out: French and Spanish in 1950, German in 1953, Hebrew in 1954, Italian in 1955, and Russian in 1961. More than 3 million copies of "Through Pictures" books were printed by Pocket Books, and about 20,000 copies are sitll on the market every year all over the earth.

French Through Television was given the Ohio State Award for Instructional Television Programs in 1956. From 1957 to 1961 on the lower West Side of Manhattan, films for English and Spanish teaching were viewed in the Chelsea Closed Circuit TV, where the School, the Community Center, and the learners' houses were all in connection through TV. It seemed to those who did the test that teaching by TV was at least as good as "conventional" teaching, in other words that TV might take the place of teachers!

In 1961 a group of sixty Israeli teachers of English were trained in the "Graded Direct Method" using EP, and comparisons were made with other ways of teaching English by Professor Morris Eson from the Psychology Department, State University of New York at Albany. He made observation of the groups learning in the Graded Direct Method and of "control" groups who were learning in other ways of teaching. His opinion was that learners with EP got used to the sounds of English while almost half of the learners in the control group did not, that learners with EP were using two times more words in talking, and in more complex forms and with less errors than the control learners, and that these fact were "statistically significant".

In the Delmar Project (1958-65) some first year learners near Albany, N. Y., were started on reading by using "Language For Learning" (LFL), and later when they were in junior high schools, a comparison was made with other learners who were not started on Language Research reading materials: about three times more LFL learners were on the "honor rolls", the top division of marks in tests, than the control group. Though the comparison was done with greatest care, it was pointed out that the number of the learners tested was not great enough to be of value in "science".

In his later years, Richards became more interested in teaching the start of reading. In the first pages of *First Steps in Reading English* (1957) only seven letters of the alphabet, a, h, i, m, n, s, and t were used, making simple statements like: "That is a man. This is his hat." Their senses were clearly seen in the pictures on the same pages. Then other letters were given one by one until all the twenty-six letters were learned in 149 pages. This way of teaching reading was named "Language For Learning", with the future development of the learner in view. Using pictures and words together in the earlier stages of learning, Richards says, it is possible for readres to see things as science sees them, by making comparisons. He says that the only hope for better thought and the future of man is in making a wise use of the eye and ear together in teaching and learning.

Richards is different from other language teachers in that he sees the greatest driving power for learning to be the learner's own self-rewarding sense of his or her increasing power and knowledge. This comes when the learner is conscious of how he or she has been learning, and makes use of what was learned as an instrument for going farther. This process is named by Richards "feed-forward" and is an important idea in EP2 (1958), where the number of words used is increased from the five hundred words of EP1 to one thousand. The writing of EP2 itself gave Richards a great sense of reward for the hard times he had since he got gripped by the idea of "sequencing", "of putting a before b before c...", in Tientsin in 1938 (Letter to D. E. Richards, 12 October 1956). In his talk with B. A. Boucher and J. P. Russo in 1968, he says that his "program would be for (1) teaching English very, very smoothly and easily and (2) at the earliest possible point, not teaching it as English, but teaching it as the necessary vehicle of modern world views!" Maybe Richards' desire to make use of language teaching as a way of teaching thought is what makes the narrow "experts" of the schoolroom keep away from his work.

In learning English as a second language, I have been greatly helped by Basic English. This writing itself is in Basic English.

Kyoto
February 1993

第31章
Teaching the Referential Use in the Early Stage of a Second Language Learning

It seems to be the common opinion that the English language education in Japan so far has been of little use. But what is the "use" of language? In *The Meaning of Meaning* (1923), C. K. Ogden and I. A. Richards made clear two different uses of language, "referential" and "emotive". Later in his *Practical Criticism* (1929), Richards put language uses into four groups: Sense, Feeling, Tone and Intention. This discussion gave me the framework through which better observation of language behavior was possible. Going over examples of happy experience when one is helped by the knowledge of a second language, which process is so different than that of the mother tongue, I come to see that making sense clear by the referential use is the most important in international exchange. At the same time, it is the simplest and clearest of the uses of a second language in teaching and learning in the first stage. First things first. Put the sense first, and the other uses will come with it. (Outline of Chapter 10)

第32章
Learning a New Language is More Like a Play than Work—A language teacher's view of *The Philosophy of Rhetoric*

In *The Philosophy of Rhetoric* (1936), I. A. Richards says that "metaphor is the omnipresent principle of language." Then the sense of the word "metaphor" is stretched almost to the bursting point. By this, all examples are covered where a word gives us two ideas for one, naming something as though it was another. He took it further still so that the processes of sensing or thought or feeling about one thing under the name of another— as when looking at a "building" it seems to have a "face", overcoming us with a strange look. Richards says that this sort of thing is normal in our process of knowledge, clearly seen specially in memories of the time when we were young boys and girls.

Becoming conscious of this process of metaphor makes our feeling brighter which is a better condition for learning a second language. Detailed discussion about "shifts of meaning," smaller changes in the sense of a word, which commonly do not come under the name of metaphor, made possible a smoother way into a new language, as seen in the order of taking-in of the new words in *English Through Pictures*. In this way, language learning becomes more like a play, full of pleasures of discoveries and inventions, than a tiring and uninteresting training toward an automatic behavior. (Outline of Chapter 9)

第33章　I. A. リチャーズ小伝

I. A. リチャーズ（1893–1979）
Courtesy of Dr. John Constable

　Ivor Armstrong Richards。1893年，イギリス，チェシャー州サンドバックに生まれる。ウェールズに近いので，昔の吟遊詩人の血が流れていたらしく，のちにベーシック訳のホメロスを野外劇場で朗唱したりするようになる。今日ではC. K. オグデンとの共著『意味の意味』（1923）によって思い出されることが多いかもしれないが，1920–30年代にはT. S. エリオットとならんで新しい文学をきりひらく批評家として知られていた。『文芸批評の原理』（1924），『詩と科学』（1926），『実践批評』（1928）などで科学的態度を文芸批評にもちこんだ。ケンブリ

ッジ大学での彼の講義では街頭までひとがあふれ出たという。

　1930年，中国で客員教授をしたことで深いカルチャー・ショックを受け，ベーシックで英語をおしえることに希望を託すようになる。1939年第2次大戦とともにハーバード大学へ移る。1956–7年にボストンWGBHのテレビでホメロスの『イリアッド』を演じ，学習のメディアとしてのテレビの可能性にかかわりはじめる。1971年の論文はコンピューター学習を視野に入れている。1979年，中国講演旅行中に病気になり，ケンブリッジで亡くなる。

第34章　ベーシック・イングリッシュとは

"Basic English is English made simple by limiting the number of its words to 850 and cutting down the rules for using them to the smallest number necessary for the clear statement of ideas. And this is done without change in the normal order and behaviour of words in everyday English...Even with so small a word list and so simple a structure it is possible to say in Basic English anything needed for the general purposes of everyday existence," said I. A. Richards in his *Basic English and Its Uses* (1943).

　ベーシック・イングリッシュは850語の制限単語で，ほとんどすべてのことを言える英語のシステムですが，その語法や文法は普通の英語と同じであることは，上記のベーシックの例文でごらんのとおりです。

　それを可能にしたカギのひとつは動詞の排除でした。たとえば "dis-

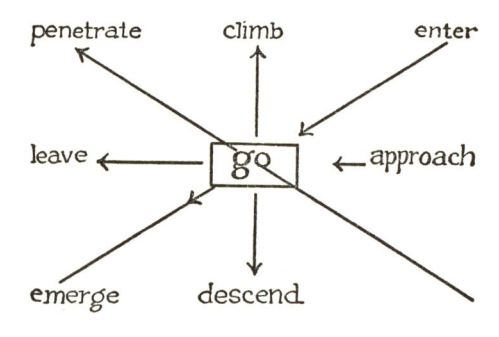

図1

"embark" は "get | off | a ship" を圧縮して1語にしています．多くの動詞は圧縮語ですから，もとの要素に分解することができます：

"Go"+in, out, from, up, down などの方向語を使えば，図1の7つの動詞は不必要になります（Walpole, 1941）．このようにして圧縮語をもとの要素に分解することで多数の語を減らすことができると同時に難解な語をわかりやすくすることにもなります．ベーシック・イングリッシュをまとめあげたC.K.オグデンはベーシックに「動詞」はないと宣言し，そのかわりに16の基本的な「動作語」があります：go, come, give, get, take, put, make, keep, let, see, say, send, be, do, have, seem．

動詞がないことで文法的にかんたんになりました．Buy–bought, teach–taughtのような語形変化を覚えなくても，get somethingでよろしいし，He teaches (taught) English ではなくて，He is (was) teaching English とか，He is (was) a teacher of English のように "–ing, –er" を付けていえるという規則があります．リストにある語には "–ed" をつけることもできますから，たとえばattack, attacked, attacker, attackingということができます．しかし "Acid attacks metal" というと "attacks" は動詞になってしまいますから，動詞を使わないベーシックでは "Acid gives damage to metal" のようになかみをあらわせばよいのです．また特定の動詞は特定の文型を選り好みしますから，"I asked a question to him" はダメで，"I asked him a question" といわねばならないという文型の問題が起こってきますが，ベーシックには "I said a question to him" の1文型しかありませんから，迷うことがありません．このようにして不規則な文法に悩まされることが大幅に減りました．

圧縮語を要素に分けて表すときに起きることは，感情的なもやもやが消えてしまうことです．たとえば "bitch" は女のひとの悪口をいうときに使われますが "female dog" には何の悪いこともありません．"Lust"

というと何かいやらしい感じがするらしいのですが，"sex–desire" と Basic Dictionary に出ているので，わたしたちは，ああ，そうかと思うだけです。感情語を大幅に整理することもベーシック成立の過程で起こりました。使用頻度で語をえらぶと good, fine, nice, wonderful など好感をあらわす語は上位を占めますが，bad は漏れ落ちる可能性があります。しかし論理的に good/bad の対立は必要ですから，ベーシックには bad が入っています。そのかわり good で置き換えられる類語はリストに入っていません。ベーシックは統計ではなくて，論理で選んであります。

　ベーシック・イングリッシュは C. K. オグデンによって考案されたというよりは，彼と I. A. リチャーズが共同で『意味の意味』(1922)を書いている過程で「発見」されました。語の定義をしようとすると，ある特定の少数の語がくりかえし，くりかえしあらわれてくるのです。これらの少数の語を整理したら，それだけですべてのことを言い表せる普遍言語の体系が作れるのではないか，という思いが浮かんできたのです。1928年頃から部分的に発表され，最終的な形をとったのは1931年でした。『意味の意味』は意味を指示的用法と感情的用法に分けたことが画期的でした。その執筆の動機としては「ことばの魔術」による人類の破滅への危機感でした。ベーシックはそのような背景から生まれました。

　ベーシックには3つの目的があると言われました。1) 国際共通語として，2) 外国語としての英語への基礎として，3) より深く意味をしらべる道具として。いま日本でわたしたちにとって2番目の目的は GDM によって，かなりの成果をあげています。3番目は英語圏では I. A. リチャーズたちの批評活動があり，日本では室勝，後藤寛などの仕事がありました。また海外の言語関係の研究で直接的には言及されていなくても，間接的にベーシックの恩恵が認められる場合が多くあります。たとえば英語教授法で機能語と内容語を分ける考えは，ベーシック・リストで OPERATIONS として100語を1欄にまとめたことがきっ

かけであったとも言われています。国際共通語は実質的にすでに英語になってしまっていますが，ネイティブの英語がむしろわかりにくいことが多いので，彼ら自身が反省してほしいです。それと国際よりも学際的に異なった専門間で急速に分化しつつある情報が共有されるために，発信者のみなさんが，もうすこしベーシック的に発想してほしいのです。日本における直接的影響としては土居光知が「基礎日本語」を1933年に発表しましたが，その目的は専門家でない普通のひとにとって「たやすく知識を伝える文体を作る」ことでした。つまり知識とか思想が文化人だけのものでなく大多数のひとによって共有されたいというねがいがあったのです。ベーシック以外でオグデンの大きな功績は編集者として，専門のタコツボから学者を引き出して共通の広場を活性化したことにありました。『意味の意味』の共著者リチャーズは1945年にベーシック850語から500語をえらんで*The Pocket Book of Basic English*（のちに*English Through Pictures*と改題）を作りましたが，人類が生き残るために必要な最低限の共通理解を確かなものにしておきたかったのです。

人名索引

ア 行

アービング, ジョン　215
アーン, F.　34
相沢佳子　29, 139, 149, 151, 177, 203
阿江美都子　226
青木直子　140
浅田稔　182, 183
足立正治　222
天野郷子　20
アリストテレス　88
アレクサンダー, F. M.　115, 129, 169, 171, 173, 215, 218
アレナス, アメリア　143-147
イーソン, モリス　157
イーユン・リー　6
イェスペルセン, オットー　28
池澤夏樹　109
石井恵子　188
石井桃子　99
イシャーウッド, クリストファー　26
犬養道子　14
上野行一　147
ヴィトゲンシュタイン, L.　2, 118, 125, 162
ウォーフ, ベンジャミン・リー　110, 164, 211
ウォルポール, ヒュー　93, 200
梅本裕　165
江草清子　160
エリオット, T. S.　86, 143, 203, 231, 232, 268, 293
オーウェル, ジョージ　23-28
オウエン, ウィルフレッド　39
大江健三郎　108

大久保忠利　141
大谷登　178
小川芳男　161
オキーフ, ジョージア　138
沖原勝明　149
オグデン, C. K.　5, 18, 24, 32, 58, 72, 82, 87, 113, 114, 117, 131, 139, 143, 149, 156, 164, 190, 192, 215, 217, 223, 228, 268, 271-273
尾崎明人　140
尾崎敏　19
小田実　16
小田稔　180
オッレンドルフ, H. G.　52

カ 行

ガードナー, ハワード　131
片桐ユズル　iv, 12, 18, 103, 104, 139, 142, 175, 184, 185, 232
加納秀夫　227
北原白秋　141
橘高真一郎　149, 150
木下哲夫　144
ギブソン, クリスティン　103
キャロル, ジョン・B　161
久郷ポンナレット　6, 110, 112, 134
草薙裕　65
草野心平　123, 127, 141
久野雅樹　183
クリップス, スタフォード　215
クリフト, モンゴメリー　138
グルンワルド, ピーター　i
黒沢文子　8, 10
黒柳徹子　224
グワン, フランソワ　57, 58

索　引

ゲーブル, クラーク　138
ケルテス, アンドレ　101, 102
コージブスキー, アルフレッド　59, 68, 72, 88, 114, 129, 132
ゴールマン, ダニエル　141
コールリッジ, S. T.　45, 46
小泉允雄　105
コクラン, アン　160
後藤寛　150, 177, 272
コナント, ジェイムズ　144
此枝洋子　185
コンスタブル, ジョン　169, 232

サ 行

斎藤秀三郎　iii
サッチャー首相　107, 114
三宮庄二　iv
シェリントン, C. S.　21, 171
シェークスピア, ウィリアム　98, 136
柴田元幸　108, 109
清水義範　65
ジャーマン, デレク　125
朱鎔基　106, 107, 114
ショー, ジョージ・バーナード　31, 32, 215
ジョーデン, E. H.　153, 217
ジョイス, ジェイムズ　39
新崎隆子　122
ズーコフスキー, ルイ　147
スイート, ヘンリー　32, 34, 35, 36, 49, 50, 51, 53, 54
須賀哲夫　183
杉山玉朗　230, 231, 232
スタイナー, ジョージ　147
ソーヴール, ランベール　45-48, 52, 54
ソシュール, F.　162, 217

タ 行

高橋百合子　122
高見澤孟　153, 219
立原道造　141
田中春美　152, 153, 155
谷中安規　142
チェイズ, スチュアート　114
チャーチル, ウィンストン　114, 149, 223
チャペル, コンスタンス　226, 227
チョムスキー, N.　100, 162, 218, 223
土屋京子　141
鶴見俊輔　86, 115, 140
デューイ, ジョン　20, 165, 215, 218
寺村秀夫　65
土居光知　18, 227, 273
戸川行男　87
土岐哲　140
トムソン, デニス　143
トルストイ　148

ナ 行

ナイポール, V. S.　107
中尾ハジメ　103
中川吉晴　165
中山容　136
ニイル, A. S.　87
西垣通　107
西脇順三郎　231
縫部義憲　140
ノイラート, オットー　24
野矢茂樹　3

ハ 行

パーマー, H. E.　17, 36, 39, 54, 63, 149, 161
バーメイ, ヒーラット　14

パウンド, エズラ　3, 21, 25, 111, 139, 147
萩原朔太郎　21, 111, 139
ハクスリー, オルダス　i, 12, 112, 135, 139, 164, 171, 215, 218
ハクスレー (→ハクスリー)
長谷川潔　142
ハヤカワ, S. I.　87, 114, 127, 141, 228
原田弘　100, 162, 217, 219, 222
ピアジェ, ジャン　56
東倉洋一　156
日高敏隆　184, 219
ビナード, アーサー　6, 110, 112
ヒューストン, ジョン　138
平田武靖　103
フィエトル, W.　36, 50
フェルッチ, ピエロ　i
フェルデンクライス, モーシェ　116, 133, 134, 140, 141
フォースター, E. M.　26
フクシマ, グレン　109
藤川鉄馬　106
プラトン　60, 103
フリーズ, C. C.　17, 49
フリントン, ドリス　157
ブルーナー, ジェローム　61, 68, 115, 132, 177, 178
ペスタロッチ, J.　37, 35, 45, 46
ヘネス, ゴットフリート　45, 46
ベルリッツ, M. D.　37, 44, 45, 47
ホーンビー, A. S.　36, 54, 134
ホッパー, エドワード　138
ホメロス　60, 103, 229, 268, 269
ポロック, ジャクソン　127
ホワット, A. P. R.　63

マ 行

マカーシー, J. R.　229

マクルーハン, マーシャル　25, 176
升川潔　220, 221
松原仁　182
丸山真男　108
水谷修　55
水谷信子　55, 65
水谷広子　69
水戸黄門　101
ミゼンコ, ジェニファー　i
ミラー, ジョン・P　20, 165, 166
室勝　9, 150, 177, 200, 272
モーガン, ロイド　89
孟子　5
モリス, チャールズ　114, 115, 118, 140
モンロー, マリリン　138

ヤ 行

ヤコビ, ハインリッヒ　133
ヤコブソン, ローマン　68
安井武　140, 141
吉沢郁生　iv, 104, 139, 185
吉沢美穂　76, 87, 103, 154, 193, 201, 220, 224-228
吉田敦彦　165
吉本卓郎　106

ラ 行

ライヒ, ウィルヘルム　87, 103
ランガー, スーザン　57, 68, 151, 161
ランボー, アルチュール　232
リースマン, デービッド　27
リード, ハーバート　86, 87, 227
リービス, F. R.　147, 232
リチャーズ, I. A.　iii, iv, 5-12, 24, 25, 36, 45, 46, 51, 58-60, 43, 64, 68-70, 72, 73, 76-78, 80, 82, 85-89, 91-93, 95, 98-101, 103, 113, 114, 117, 118,

索引 277

130, 131, 134, 135, 138, 142-147,
155-157, 159, 162-169, 171, 174,
177, 183, 184, 186, 190, 201-203,
212, 213, 215-218, 222, 223, 228-
232, 268, 272, 273
ルートリンガー, バーバラ　167, 204
ルコルビュジエ　24
ルドゥー, ジョゼフ　121
レクスロス, ケネス　137
ローズヴェルト, F. D.　114
ローレンツ, コンラート　177, 184,
212, 219
ロザノフ博士　179

ワ 行

ワーズワス, ウィリアム　45
渡辺時夫　180

A

Ahn, Franz　33
Alexander, F. M.　129, 140, 169,
215, 248, 249
Anderson, J. R. L.　139, 140
Arenas, Amelia　144

B

Berthoff, Ann　162, 257
Bell, Alexander Graham　31
Bell, Alexander Melville　31
Bentham, Jeremy　139
Berlitz, Maximilian　39, 44
Berthoff, Ann　162, 257
Boucher, B. A.　66, 264
Brooks, Charles　242, 243
Brower, Reuben　66
Bruner, Jerome　61, 66, 82, 140,
255

Burlingame, Roger　18

C

Carpenter, Edmund　29
Chappell, Constance　227
Chomsky, No-am　251
Cochran, Anne　160
Coleridge, S. T.　45, 64, 255, 256
Constable, John　83, 141, 107, 155,
157, 185, 187, 204, 205, 231, 245,
246, 251, 252
Corner, G. W.　254
Crystal, David　39

D

Dewey, John　219

E

Eckersley, C. E.　199
Eliot, T. S.　3, 250, 260
Eson, Morris　262

F

Feldenkrais, Moshe　140, 141, 243
Flesch, Rudolf　114
Florence, P. Sargant　139, 140
Fries, C. C.　49, 99
Frost, S. E.　40, 65
Fujii, Sadakazu　66

G

Gelb, Michael　219
Gibson, Christine M.　83, 103, 142,
207, 237, 248, 262
Gibson, Morgan　250

Gindler, Elsa 244
Goleman, Daniel 141
Gouin, François 57
Gowers, Sir Ernest 114
Guyton, Mary, L. 260

H

Harada, Hiroshi 251
Havelock, Eric 255
Hayakawa, S. I. 87, 103, 141
Heness, Gottlieb 37, 45
Hollander, John 66
Homer 255
Hornby, A. S. 36, 54
Howatt, A. P. R. 40, 63-66, 142, 200
Huxley, Aldous 139

I

Isherwood, Christopher 26, 29

J

Jacobi, Heinrich 244
James, Lloyd 113
Jespersen, Otto 28, 29
Joliot-Curie 243
Jorden, Eleanor H. 153

K

Katagiri, Yuzuru 3, 83, 141, 155, 157, 185, 187, 204, 205, 227, 248, 252
Kertész, André 102
Klinghardt, Hermann 50
Korzybski, Alfred 88, 129, 141, 142
Kroeh, C. F. 40

L

Langer, Ellen J. 179, 185
Langer, Susanne K. 65, 82
Lanir, Emilio Aquinaldo 3
Leavis, F. R. 147
Lee, Irving 82
Lorenz, Konrad 184
Luckett, Richard 251, 252

M

McGuiness, B. F. 2
MacKinnon, Archie 233
McLuhan, Marshall 29, 259
Maisel, Edward 140
Mansfield, Katherine 124
Miller, John P. 165
Morris, Charles 140
Myers, Adolph 13

O

Ogden, C. K. 40, 41, 92, 104, 139, 141, 242, 254, 256, 257, 259, 265
Ollendorff, H. G. 34, 52
Ong, Walter J. 28, 29, 40, 66
Orwell, George 28, 29

P

Palmer, H. E. 54
Paxton, Tom 136, 142
Pears, D. F. 2
Pestalozzi, Johann Heinrich 37, 45
Piaget, Jean 240
Plato 255
Pound, Ezra 3, 4, 5, 21, 139
Pratt, William 29
Pula, Robert P. 66

R

Read, Charlotte Schuchardt 243
Read, Herbert 86, 102, 103
Reich, Wilhelm 103
Reutlinger, Barbara 202, 237, 253
Rexroth, Kenneth 137, 142
Richards, D. E. 264
Richards, I.A. 5, 21, 28, 40, 64-67, 62, 83, 85, 102, 104, 140-142, 146, 150, 154, 156, 157, 165, 166, 169, 174, 175, 185, 201, 204, 207, 219, 231, 233-235, 237-239, 241, 246, 248, 250-252, 254, 256-261, 263-266, 268, 270
Riesman, David 29
Rimbaud, Arthur 254
Romero, Ruth M. 142
Russo, John Paul 7, 66, 83, 140, 174, 200, 229, 231, 264

S

Sauveur, Lambert 37, 45
Selver, Charlotte 242-244
Shaw, George Bernard 39
Sherrington, C. S. 21
Skeat, W. W. 32
Socrates 250, 251, 252
Stein, Gertrude 141
Sweet, Henry 31, 49, 240

T

Thompson, Denys 143, 147
Tyler, Charlotte 260

U

Umemoto, Yutaka 251

V

Vendler, Helen 66
Vermeij, Geerat 14
Viëtor, Wilhelm 32, 40, 50

W

Walpole, Hugh 104, 141, 191, 271
Weisse, T. H. 33
Whitehall, Harold 104
Whorf, Benjamin Lee 3, 104
Wight, J. B. 229, 252
Wittgenstein, Ludwig 2
Wolfe, T. P. 103

Y

Yagasaki, Shoji 252
Yiyun Li 6

Z

Zukerman, Lord 140
Zukofsky, Louis 143

BASIC ENGLISH

OPERATIONS ETC 100	THINGS		QUALITIES		EXAMPLES OF WORD ORDER
	400 General	200 Pictured	100 General	50 Opposites	

OPERATIONS ETC 100	THINGS 400 General	THINGS 200 Pictured	QUALITIES 100 General	QUALITIES 50 Opposites	EXAMPLES OF WORD ORDER
COME	ACCOUNT	EDUCATION	METAL	SENSE	ANGLE	KNEE	ABLE	AWAKE	THE
GET	ACT	EFFECT	MIDDLE	SERVANT	ANT	KNIFE	ACID	BAD	CAMERA
GIVE	ADDITION	END	MILK	SEX	APPLE	KNOT	ANGRY	BENT	MAN
GO	ADJUSTMENT	ERROR	MIND	SHADE	ARCH	LEAF	AUTOMATIC	BITTER	WHO
KEEP	ADVERTISEMENT	EVENT	MINE	SHAKE	ARM	LEG	BEAUTIFUL	BLUE	MADE
LET	AGREEMENT	EXAMPLE	MINUTE	SHAME	ARMY	LIBRARY	BLACK	CERTAIN	AN
MAKE	AIR	EXCHANGE	MIST	SHOCK	BABY	LINE	BOILING	COLD	ATTEMPT
PUT	AMOUNT	EXISTENCE	MONEY	SIDE	BAG	LIP	BRIGHT	COMPLETE	TO
SEEM	AMUSEMENT	EXPANSION	MONTH	SIGN	BALL	LOCK	BROKEN	CRUEL	TAKE
TAKE	ANIMAL	EXPERIENCE	MORNING	SILK	BAND	MAP	BROWN	DARK	
BE	ANSWER	EXPERT	MOTHER	SILVER	BASIN	MATCH	CHEAP	DEAD	A
DO	APPARATUS	FACT	MOTION	SISTER	BASKET	MONKEY	CHEMICAL	DEAR	MOVING
HAVE	APPROVAL	FALL	MOUNTAIN	SIZE	BATH	MOON	CHIEF	DELICATE	PICTURE
SAY	ARGUMENT	FAMILY	MOVE	SKY	BED	MOUTH	CLEAN	DIFFERENT	OF
SEE	ART	FATHER	MUSIC	SLEEP	BEE	MUSCLE	CLEAR	DIRTY	THE
SEND	ATTACK	FEAR	NAME	SLIP	BELL	NAIL	COMMON	DRY	SOCIETY
MAY	ATTEMPT	FEELING	NATION	SLOPE	BERRY	NECK	COMPLEX	FALSE	WOMEN
WILL	ATTENTION	FICTION	NEED	SMASH	BIRD	NEEDLE	CONSCIOUS	FEEBLE	BEFORE
ABOUT	ATTRACTION	FIELD	NEWS	SMELL	BLADE	NERVE	CUT	FEMALE	THEY
ACROSS	AUTHORITY	FIGHT	NIGHT	SMILE	BOARD	NET	DEEP	FOOLISH	GOT
AFTER	BACK	FIRE	NOISE	SMOKE	BOAT	NOSE	DEPENDENT	FUTURE	THEIR
AGAINST	BALANCE	FLAME	NOTE	SNEEZE	BONE	NUT	EARLY	GREEN	HATS
AMONG	BASE	FLIGHT	NUMBER	SNOW	BOOK	OFFICE	ELASTIC	ILL	OFF
AT	BEHAVIOUR	FLOWER	OBSERVATION	SOAP	BOOT	ORANGE	ELECTRIC	LAST	DID
BEFORE	BELIEF	FOLD	OFFER	SOCIETY	BOTTLE	OVEN	EQUAL	LATE	NOT
BETWEEN	BIRTH	FOOD	OIL	SON	BOX	PARCEL	FAT	LEFT	GET
BY	BIT	FORCE	OPERATION	SONG	BOY	PEN	FERTILE	LOOSE	OFF
DOWN	BITE	FORM	OPINION	SORT	BRAIN	PENCIL	FIRST	LOUD	THE
FROM	BLOOD	FRIEND	ORDER	SOUND	BRAKE	PICTURE	FIXED	LOW	SHIP
IN	BLOW	FRONT	ORGANIZATION	SOUP	BRANCH	PIG	FLAT	MIXED	TILL
OFF	BODY	FRUIT	ORNAMENT	SPACE	BRICK	PIN	FREE	NARROW	HE
ON	BRASS	CLASS	OWNER	STAGE	BRIDGE	PIPE	FREQUENT	OLD	WAS
OVER	BREAD	COLD	PAGE	START	BRUSH	PLANE	FULL	OPPOSITE	QUESTIONED
THROUGH	BREATH	COVERNMENT	PAIN	STATEMENT	BUCKET	PLATE	GENERAL	PUBLIC	BY
TO	BROTHER	GRAIN	PAINT	STEAM	BULB	PLOUGH	GOOD	ROUGH	THE
UNDER	BUILDING	GRASS	PAPER	STEEL	BUTTON	POCKET	GREAT	SAD	POLICE
UP	BURN	GRIP	PART	STEP	CAKE	POT	GREY	SAFE	
WITH	BURST	GROUP	PASTE	STITCH	CAMERA	POTATO	HANGING	SECRET	WE
AS	BUSINESS	GROWTH	PAYMENT	STONE	CARD	PRISON	HAPPY	SHORT	WILL
FOR	BUTTER	GUIDE	PEACE	STOP	CARRIAGE	PUMP	HARD	SHUT	GIVE
OF	CANVAS	HARBOUR	PERSON	STORY	CART	RAIL	HEALTHY	SIMPLE	SIMPLE
TILL	CARE	HARMONY	PLACE	STRETCH	CAT	RAT	HIGH	SLOW	RULES
THAN	CAUSE	HATE	PLANT	STRUCTURE	CHAIN	RECEIPT	HOLLOW	SMALL	TO
A	CHALK	HEARING	PLAY	SUBSTANCE	CHEESE	RING	IMPORTANT	SOFT	YOU
THE	CHANCE	HEAT	PLEASURE	SUGAR	CHEST	ROD	KIND	SOLID	NOW
ALL	CHANGE	HELP	POINT	SUCCESSION	CHIN	ROOF	LIKE	SPECIAL	
ANY	CLOTH	HISTORY	POISON	SUMMER	CHURCH	ROOT	LIVING	STRANGE	

							RULES
EVERY	COAL	HOLE	POLISH	SUPPORT	CIRCLE	SAIL	LONG	THIN	
NO	COLOUR	HOPE	PORTER	SURPRISE	CLOCK	SCHOOL	MALE	WHITE	
OTHER	COMFORT	HOUR	POSITION	SWIM	CLOUD	SCISSORS	MARRIED	WRONG	
SOME	COMMITTEE	HUMOUR	POWDER	SYSTEM	COAT	SCREW	MATERIAL		
LITTLE	COMPANY	ICE	POWER	TALK	COLLAR	SEED	MEDICAL	NO 'VERBS'	ADDITION OF 'S'
MUCH	COMPARISON	IDEA	PRICE	TASTE	COMB	SHEEP	MILITARY	IT	TO THINGS WHEN
SUCH	COMPETITION	IMPULSE	PRINT	TAX	CORD	SHELF	NATURAL	IS	THERE IS
THAT	CONDITION	INCREASE	PROCESS	TEACHING	COW	SHELF	NECESSARY	POSSIBLE	MORE THAN ONE
THIS	CONNECTION	INDUSTRY	PRODUCE	TENDENCY	CUP	SHIP	NEW	TO	
	CONTROL	INK	PROFIT	TEST	CURTAIN	SHIRT	NORMAL	GET	FORMS ENDING
HE	COOK	INSECT	PROPERTY	THEORY	CUSHION	SHOE	OPEN	ALL	IN 'ER', 'ING', 'ED'
YOU	COPPER	INSTRUMENT	PROSE	THING	DOG	SKIN	PARALLEL	THESE	FROM 300 NAMES
WHO	COPY	INSURANCE	PROTEST	THOUGHT	DOOR	SKIRT	PAST	WORDS	OF THINGS
AND	CORK	INTEREST	PULL	THUNDER	DRAIN	SNAKE	PHYSICAL	ON	
BECAUSE	COTTON	INVENTION	PUNISHMENT	TIME	DRAWER	SOCK	POLITICAL	THE	'LY' FORMS
BUT	COUCH	IRON	PURPOSE	TIN	DRESS	SPADE	POOR	BACK	FROM
OR	COVER	JELLY	PUSH	TOP	DROP	SPONGE	POSSIBLE	OF	QUALITIES
	CRACK	JOIN	QUALITY	TOUCH	EAR	SPOON	PRESENT	A	
IF	CREDIT	JOURNEY	QUESTION	TRADE	EGG	SPRING	PRIVATE	BIT	DEGREE
THOUGH	CRIME	JUDGE	RAIN	TRANSPORT	ENGINE	SQUARE	PROBABLE	OF	WITH
WHILE	CRUSH	JUMP	RANGE	TRICK	EYE	STAMP	QUICK	NOTEPAPER	'MORE' AND 'MOST'
HOW	CRY	KICK	RATE	TROUBLE	FACE	STAR	QUIET	BECAUSE	
WHEN	CURRENT	KISS	RAY	TURN	FARM	STATION	READY	THERE	QUESTIONS
WHERE	CURVE	KNOWLEDGE	REACTION	TWIST	FEATHER	STEM	RED	ARE	BY CHANGE OF
WHY	DAMAGE	LAND	READING	UNIT	FINGER	STICK	REGULAR	NO	ORDER,
AGAIN	DANGER	LANGUAGE	REASON	USE	FISH	STOCKING	RESPONSIBLE	'VERBS'	AND 'DO'
EVER	DAUGHTER	LAUGH	RECORD	VERSE	FLAG	STOMACH	RIGHT	IN	
FAR	DAY	LAW	REGRET	VESSEL	FLOOR	STORE	ROUND	BASIC	FORM-CHANGES IN
FORWARD	DEATH	LEAD	RELATION	VIEW	FLY	STREET	SAME	ENGLISH	NAMES OF ACTS,
HERE	DEBT	LEARNING	RELIGION	VOICE	FOOT	SUN	SECOND		AND 'THAT', 'THIS',
NEAR	DECISION	LEATHER	REPRESENTATIVE	WALK	FORK	TABLE	SECOND		'I', 'HE', 'YOU',
NOW	DEGREE	LETTER	REQUEST	WAR	FOWL	TAIL	SEPARATE	A	'WHO', AS IN
OUT	DESIGN	LEVEL	RESPECT	WASH	FRAME	THREAD	SERIOUS	WEEK	NORMAL ENGLISH
STILL	DESIRE	LIFT	REST	WASTE	GARDEN	THROAT	SHARP	OR	
THEN	DESTRUCTION	LIGHT	REWARD	WATER	GIRL	THUMB	SMOOTH	TWO	MEASURES
THERE	DETAIL	LIMIT	RHYTHM	WAVE	GLOVE	TICKET	STICKY	WITH	NUMBERS
TOGETHER	DEVELOPMENT	LINEN	RICE	WAX	GOAT	TOE	STIFF	THE	DAYS, MONTHS
WELL	DIGESTION	LIQUID	RIVER	WAY	GUN	TONGUE	STRAIGHT	RULES	AND THE
ALMOST	DIRECTION	LIST	ROAD	WEATHER	HAIR	TOOTH	STRONG	AND	INTERNATIONAL
ENOUGH	DISCOVERY	LOOK	ROLL	WEEK	HAMMER	TOWN	SUDDEN	THE	WORDS
EVEN	DISCUSSION	LOSS	ROOM	WEIGHT	HAND	TRAIN	SWEET	SPECIAL	IN ENGLISH
NOT	DISEASE	LOVE	RUB	WIND	HAT	TRAY	TALL	RECORDS	FORM
ONLY	DISGUST	MACHINE	RULE	WINE	HEAD	TREE	THICK	GIVES	
QUITE	DISTANCE	MAN	RUN	WINTER	HEART	TROUSERS	TIGHT	COMPLETE	
SO	DISTRIBUTION	MANAGER	SALT	WOMAN	HOOK	UMBRELLA	TIRED	KNOWLEDGE	
VERY	DIVISION	MARK	SAND	WOOD	HORN	WALL	TRUE	OF	
TOMORROW	DOUBT	MARKET	SCALE	WOOL	HORSE	WATCH	VIOLENT	THE	
YESTERDAY	DRINK	MASS	SCIENCE	WORD	HOSPITAL	WHEEL	WAITING	SYSTEM	
NORTH	DRIVING	MEAL	SEA	WORK	HOUSE	WHIP	WARM	FOR	
SOUTH	DUST	MEASURE	SEAT	WOUND	ISLAND	WHISTLE	WET	READING	
EAST	EARTH	MEAT	SECRETARY	WRITING	JEWEL	WINDOW	WIDE	OR	
WEST	EDGE	MEETING	SELECTION	YEAR	KETTLE	WINE	WISE	WRITING	
PLEASE		MEMORY	SELF		KEY	WIRE	YELLOW		
YES						WORM	YOUNG		

●著者紹介

片桐ユズル（かたぎり・ゆずる）
1931年，東京生まれ。1955年，早稲田大学大学院文学研究科修士。1959-60年フルブライト計画でサンフランシスコ州立大学に学ぶ。東京都立杉並高校，神戸松蔭女子学院大学，京都精華大学，アンティオク大学などで教え，現在は京都精華大学名誉教授，日本アレクサンダー・テクニーク協会（JATS）代表，GDM英語教授法研究会会員。著書，『意味論入門』（思潮社，1965年），『片桐ユズル詩集』（思潮社，1970年），『ほんやら洞の詩人たち』（共著，晶文社，1979年），『はじめてのにほんご』（大修館書店，改訂再版，1998年），『GDM英語教授法の理論と実際』（共著，松柏社，1999年），オルダス・ハクスリー『多次元に生きる』（翻訳，コスモス・ライブラリー，2010年），その他。

基礎英語の教え方

2014年2月28日　初版第1刷発行

著　者　片桐ユズル
発行者　森　信久
発行所　株式会社　松　柏　社
　　　　〒102-0072　東京都千代田区飯田橋1-6-1
　　　　TEL　03(3230)4813（代表）
　　　　FAX　03(3230)4857
　　　　http://www.shohakusha.com
　　　　e-mail: info@shohakusha.com

装幀　マルプデザイン
組版・印刷・製本　倉敷印刷株式会社
ISBN978-4-7754-0200-9
Copyright ©2013　Yuzuru Katagiri

定価はカバーに表示してあります。
本書を無断で複写・複製することを固く禁じます。

JPCA 本書は日本出版著作権協会（JPCA）が委託管理する著作物です。
複写（コピー）・複製，その他著作物の利用については，事前にJPCA（電話03-3812-9424, e-mail: info@e-jpca.com）の許諾を得て下さい。なお，
日本出版著作権協会 無断でコピー・スキャン・デジタル化等の複製をすることは著作権法上
http://www.e-jpca.com/ の例外を除き，著作権法違反となります。